A MÁSCARA DA ÁFRICA

A marca FSC é a garantia de que a madeira utilizada na fabricação do papel deste livro provém de florestas que foram gerenciadas de maneira ambientalmente correta, socialmente justa e economicamente viável, além de outras fontes de origem controlada.

V. S. NAIPAUL

# A máscara da África
*Vislumbres das crenças africanas*

*Tradução*
Marcos Bagno

Copyright © 2010 by V. S. Naipaul
Todos os direitos reservados.

*Grafia atualizada segundo o Acordo Ortográfico da Língua Portuguesa de 1990,
que entrou em vigor no Brasil em 2009.*

*Título original*
The masque of Africa – Glimpses of African belief

*Capa*
Sabine Dowek

*Preparação*
Ciça Caropreso

*Revisão*
Arlete Zebber
Valquíria Della Pozza

Dados Internacionais de Catalogação na Publicação (CIP)
(Câmara Brasileira do Livro, SP, Brasil)

Naipaul, V. S.
A máscara da África : vislumbres das crenças africanas / V. S.
Naipaul ; tradução Marcos Bagno. — São Paulo : Companhia das
Letras, 2011.

Título original: The masque of Africa : Glimpses of African
belief.
ISBN 978-85-359-1889-2

1. África – Descrição e viagem 2. África – Religião I. Título.

11-05238                        CDD-200.960951

Índice para catálogo sistemático:
1. África : Crenças             200.960951

[2011]
Todos os direitos desta edição reservados à
EDITORA SCHWARCZ LTDA.
Rua Bandeira Paulista, 702, cj. 32
04532-002 — São Paulo — SP
Telefone (11) 3707-3500
Fax (11) 3707-3501
www.companhiadasletras.com.br
www.blogdacompanhia.com.br

*Para o Esquadrão Classe-A*
*N. S., G. C. G., L. F. de R., Ev. de R., T. T., P. E., D. P. J.,*
*e para Andrew Wylie*

# Sumário

1. A tumba de Kasubi . . . . . . . . . . . . . . . . . . . . . . . . . . . . . . . . . 9
2. Lugares sagrados . . . . . . . . . . . . . . . . . . . . . . . . . . . . . . . 77
3. Homens possuídos . . . . . . . . . . . . . . . . . . . . . . . . . . . . . 139
4. O rei da floresta . . . . . . . . . . . . . . . . . . . . . . . . . . . . . . . . 176
5. Filhos da antiga floresta . . . . . . . . . . . . . . . . . . . . . . . . 193
6. Monumentos particulares, terras arrasadas
    particulares . . . . . . . . . . . . . . . . . . . . . . . . . . . . . . . . . . . . 245

# 1. A tumba de Kasubi

Passei de oito a nove meses na África oriental em 1966. Um mês na Tanzânia; cerca de seis semanas nos planaltos do Quênia; o resto do tempo em Uganda. Alguns anos mais tarde, até usei uma versão de Uganda num trabalho de ficção; só se pode fazer isso quando se sente que se tem uma ideia justa do lugar, ou uma ideia suficiente para suas necessidades. Quarenta e dois anos depois dessa primeira visita, retornei a Uganda. Esperava começar ali este livro sobre a natureza das crenças africanas e pensei que seria melhor me entregar à tarefa num país que eu conhecesse bem ou em parte. Mas descobri que o lugar se esquivava de mim.

Eu tinha ido a Uganda em 1966 para ser um escritor-visitante na Universidade Makerere, em Kampala, a capital. Morava no campus, num pequeno bangalô cinzento, espaçoso, aberto e bem cuidado, com ruas asfaltadas, meio-fio e vigias na entrada bloqueada. Minha bolsa (concedida por uma fundação americana) era suficiente para me proporcionar um motorista e um cozinheiro. Minhas obrigações não eram rigidamente definidas, e eu vivia mais ou menos isolado, absorvido em um livro que trouxera comigo, trabalhando nele com afinco a cada dia e prestando menos atenção na África e nos estudantes de Makerere do que deveria. Quando eu desejava alguma distração do livro e do campus, dirigia os cerca de 25 quilômetros até Entebbe, onde ficava o aeroporto e onde, às margens do lago Vitória, que era magnífico, o maior lago da África, havia também (como em outras cidades coloniais britânicas) um jardim botânico, agradável para passear. Às vezes (como a recordar a natureza selvagem que nos rodeava, mas da qual estávamos protegidos), o solo do jardim ficava parcialmente inundado pela água do lago que se insinuava através dele.

O percurso de Kampala a Entebbe era um percurso em meio ao campo, o que o tornava repousante em 1966. Agora era diferente. Era possível ver do ar, à medida que o avião pousava, como a própria Entebbe tinha crescido, já não sendo mais o conjunto de aldeias espalhadas ou de assentamentos dispersos ao longe sobre o solo verde e úmido abaixo das pesadas nuvens cinzentas da estação chuvosa; e se concluía que o que antes era mato numa área desimportante de uma colônia pequena tinha se tornado um terreno valioso para construção. Os novos telhados de zinco brilhante davam a sensação de que, apesar do passado recente cruel, dos quarenta anos tão cruéis quanto tudo o mais na África — tirania assassina seguida de guerra e de pequenas guerras —, devia haver um frenesi de dinheiro lá embaixo agora.

O percurso até a capital não era mais um percurso em meio ao campo. Uma vez passados os antigos prédios administrativos e residenciais da Entebbe colonial, que ainda sobrevivem de algum modo (telhados de zinco vermelho e empenas pintadas de branco ainda em bom estado), a pessoa se encontrava num assentamento semiurbano improvisado, de aparência frágil, onde muitos dos prédios erguidos (mercearias, oficinas, apartamentos) pareciam à espera apenas de ser derrubados e, nesse meio-tempo, mostravam-se brilhantes e repetitivos, com paredes pintadas com anúncios de telefones celulares.

Era assim por todo o caminho até a capital. Em nenhum trecho havia uma vista da cidade e dos morros verdes pelos quais Kampala costumava ser famosa. Todos aqueles morros estavam agora cobertos por construções; e muitos dos espaços entre os morros, os sopés, estavam aparentemente tomados pelo zinco velho das moradias pobres. Mas com todas aquelas moradias havia chegado dinheiro e carros e, para as pessoas que não tinham dinheiro, os *boda-bodas*, bicicletas e motocicletas que, por uma pequena quantia, ofereciam uma rápida corrida de garupa através do tráfego engarrafado, uma corrida de garupa que nos tempos coloniais deve ter sido ilegal. As ruas não davam conta do tráfego; mesmo nessa estação chuvosa, as ruas eram empoeiradas, descascadas para além do asfalto até a fértil terra vermelha de Uganda. Eu não conseguia reconhecer esta Kampala e, mesmo neste primeiro momento, parecia que eu estava num lugar onde tinha ocorrido uma calamidade.

Mais tarde, consegui os dados demográficos. Eles contavam a história. Em 1966, havia cerca de cinco milhões de pessoas em Uganda. Agora — apesar do governo de Idi Amin entre 1971 e 1979 (que, dizem, mandou matar 150 mil) e do governo comparável, entre 1981 e 1985, do feroz Milton Obote, que gostava que seu cabelo formasse uma colina alta a partir da risca, numa versão do estilo conhecido aqui como inglês, apesar desses dois e de todas as pequenas guerras subsequentes, que ainda prosseguem quarenta anos depois (diz-se que 1,5 milhão de pessoas foram deslocadas no norte); e apesar da epidemia de aids — havia entre 30 e 34 milhões de pessoas em Uganda. Como se a natureza, contrariando a lógica, desejasse se superar, compensar o sangue que Uganda perdeu e não quisesse que o pequeno país e seu grande sofrimento se evaporassem.

Havia uma mesquita ou igreja no topo de cada morro e grandes prédios eclesiásticos por toda parte. Todas as denominações cristãs estavam representadas. E nas áreas pobres superconstruídas havia estruturas cristãs "evangélicas" mais simples, às vezes com nomes fantasiosos e letreiros: como se a religião fosse um negócio que atendesse ao consumidor desesperado em todos os níveis. Havia mesquitas concorrentes de vários tipos: sunitas, xiitas e ismaelitas; a comunidade ismaelita, considerada herética por alguns, era poderosa na África oriental. Havia até mesmo uma mesquita e uma escola da seita ahmadi, que venerava um profeta do Islã nascido na Índia no século XIX e não era aceita por todos os muçulmanos. Para se juntar à mescla, o Irmão Líder Kadafi da Líbia era esperado em poucos dias, com suas roupas estilosas, seus óculos escuros e sua famosa escolta feminina (além de seus duzentos homens de segurança), para inaugurar uma grande mesquita líbia num proeminente local elevado da Kampala velha. Na área comercial da cidade havia dois novíssimos templos indianos de pedra perto dos locais de negócio dos indianos. Os indianos haviam sido convidados a voltar depois de terem sido expulsos por Idi Amin; e voltaram para receber uma recepção ambígua: um jornal local se perguntava se eles não tinham sido compensados em dobro e pedia aos leitores que comentassem. Assim, as bandeiras vermelhas tremulavam sobre os templos de pedra para indicar que eles estavam em uso.

Até os anos 1840, Uganda tinha ficado isolada, vivendo para si mesma. Então chegaram mercadores árabes vindos do leste. Queriam escravos e marfim; em troca, davam armas baratas e coisas que, de fato, eram brinquedos. O *kabaka*\* Sunna, conhecido por sua grande crueldade, acolhera bem os árabes. Gostava dos brinquedos deles. Gostava especialmente dos espelhos: nunca ti-

---

\* Kabaka: chefe tradicional do povo Baganda, de Uganda. (N. T.)

nha visto seu rosto antes e ficou obcecado por eles. Foi o filho e sucessor de Sunna, Mutesa, que em 1861-62 conheceu, entreteve e por alguns meses frustrou o explorador John Hanning Speke, que estava a poucos dias de descobrir a nascente do Nilo. Mutesa tinha só 25 anos, era quase tão cruel quanto o pai, mas ao mesmo tempo era aberto ao que vinha de fora, um homem de intuição e inteligência. Gostou das armas que conseguiu de Speke; gostou da bússola e de outros instrumentos que viu Speke usar. Mas o povo de Mutesa, os *baganda*,* com seu dom para a organização social, sua disciplina militar e seu sofisticado ritual de corte, elaborado durante alguns séculos, possuía sua própria civilização. Construíam estradas tão retas quanto as dos romanos; tinham a higiene em alta conta; dispunham de uma frota no lago Vitória, com seu almirante e suas próprias técnicas navais, e podiam lançar invasões ao reino busoga, do outro lado do Nilo. Fabricavam suas próprias lanças e facas de ferro; sabiam como fazer tecido de cortiça e eram habilidosos construtores de casas de palha — com telhados tão bem-acabados como se feitos por um alfaiate londrino, na opinião de Speke. Sabendo que seu povo podia fazer todas essas coisas, Mutesa, de modo muito admirável, chegou à conclusão de que a verdadeira diferença entre ele e Speke — um perfeito cristão vitoriano, sempre disposto a pregar para o gentio — era filosófica e religiosa. Mutesa se voltou contra o islã, que tinha adotado parcialmente; disse que os árabes eram mentirosos e, treze anos depois, quando encontrou o explorador H. M.

---

* Para evitar confusão, é preciso esclarecer que o nome do povo, propriamente, é Ganda. No entanto, como ocorre com as línguas do grupo banto, ao nome do povo são acrescentados prefixos que especificam o significado das palavras. Assim, *muganda* é o indivíduo; *baganda* é o plural (e portanto o nome do povo); *luganda* é a língua e *buganda* é o país. (N. T.)

Stanley, pediu sua ajuda para conseguir que missionários ingleses viessem para Uganda.

O fruto dessa decisão de 130 anos atrás podia ser visto agora em Kampala. A religião estrangeira, a julgar pelos edifícios eclesiásticos que competiam entre si nos morros, era como uma doença impregnada e contagiosa, que não curava nada, não oferecia nenhuma resposta definitiva, mantinha a todos num estado de nervos, travando batalhas erradas e estreitando a mente. E dá para se perguntar se o próprio Mutesa, se pudesse retornar, não pensaria ter cometido um erro e que a África, se deixada por conta própria nessa matéria, não teria chegado a uma síntese própria e mais valiosa do velho e do novo.

Por que as religiões trazidas de fora tinham operado semelhante devastação na crença africana? Essas religiões estrangeiras possuíam uma teologia complexa. Não acredito que tenha sido fácil, partindo do zero, transmiti-las a alguém aqui. Perguntei ao príncipe Kassim. Ele era um descendente direto de Mutesa, mas do lado islâmico, uma divisão familiar que refletia a meia conversão inicial de Mutesa ao islã. O príncipe disse que eu estava enganado. Tanto o cristianismo quanto o islamismo teriam sido atraentes para os africanos por uma simples razão. Ambos ofereciam um além-vida, davam às pessoas uma visão de si mesmas vivendo depois da morte. A religião africana, por seu turno, era mais etérea, oferecendo apenas o mundo dos espíritos e os ancestrais.

2.

Achei que devia procurar meu antigo bangalô. Eu tinha plantado no jardim um tulipeiro (comprado no jardim botânico de Entebbe) e no fundo de minha mente, na época, estava a ideia de que, por uma ou outra razão, eu poderia voltar a Kampala algum dia e seria bom então ver como a árvore tinha se saído. Mas o campus de Makerere estava irreconhecível. Parecia-me que ele havia se tornado parte da cidade empoeirada e apinhada. Aparecera uma carta no jornal local dizendo que as cercas da universidade tinham sido derrubadas e não substituídas, para confirmar o que eu sentia. Mas então ouvi de um conferencista que, apesar dos altos e baixos da história do lugar (um vice-reitor morto na época de Idi Amin e outras pessoas de idade presas e espancadas), alguns registros, incluindo a moradia do pessoal, estavam intactos. Lá se declarava que em 1966 eu morava na Vista Kasubi, 80.

O nome da rua ecoou na lembrança, mas eu não tinha certeza acerca do número; e quando fui levado ao bangalô, que estava deteriorado pelo abandono, senti que jamais tinha morado ali. Imaginei que a casa havia sido selecionada para mim porque uma grande árvore do jardim tinha sido posta abaixo um pouco antes e o toco permanecia lá. Fui levado a olhar para ele, mas eu não sabia com o que se pareceria um toco de tulipeiro, assim como ninguém do meu grupo. Mas o cenário estava errado. Minha lembrança do bangalô e de seu jardim era uma lembrança de ar livre. Aquele era escuro e fechado. O solo se inclinava para o lado e havia um monte de lixo onde o solo se inclinava.

O lixo era um problema em Makerere: parecia não ser coletado regularmente. Aqui e ali, nas trilhas ou nos passeios movimentados, os marabus, sem se incomodar com a passagem dos estudantes, beliscavam com seus longos bicos pacotes de lixo rasgados. (Speke chamava essas aves de ajudantes de ordens e, de fato, com suas grandes asas recolhidas e suas pernas longas, finas e amarelas, elas tinham uma aparência oficial, arqueadas, avaliadoras, com longos casacos.) Aquelas aves magníficas haviam se tornado aqui comedoras de detritos, e o lixo com que se alimentavam parecia descolorir e deformar suas faces, fazendo surgir nelas excrescências feias e pendentes. Agora eram obrigadas a viver com suas deformidades, pelas quais a natureza não tinha responsabilidade. Era triste de ver e triste, também, para os estudantes: eles viviam apinhados em salas e dormitórios bolorentos, de onde pendiam cordas bambas com roupas sujas; e, do lado de fora, viviam desamparados em meio ao lixo. Isso era contrário a seus instintos. Speke, 140 anos atrás, escreveu com admiração sobre o cuidado dos ugandenses com a higiene.

Aqui, tudo parecia trabalhar contra a universidade e a ideia de aprendizagem. E, novamente, os números contavam a história. Em 1966, havia cerca de quatro mil estudantes. Agora havia trinta mil. A pista principal que levava, nos velhos tempos, ao que eu recordava como uma entrada bloqueada era agora algo como uma rua comercial movimentada. A sufocada Kampala se estendia logo ali fora.

Ocorreram pelo menos dois assassinatos (cometidos por gente de fora contra gente de fora) no campus de Makerere enquanto estive em Kampala. No primeiro incidente, um jovem paquistanês vendedor de carros foi atraído ao campus por falsos clientes que disseram querer um *test drive*. Aquilo teria parecido seguro o bastante para qualquer um, mas tão logo o carro chegou ao campus o vendedor foi estrangulado por um homem sentado atrás e esfaqueado no pescoço até a morte. No segundo incidente, um guarda de segurança, nem mais nem menos, foi morto de manhã cedo enquanto tentava roubar um passageiro de *boda-boda*.

A Vista Kasubi, onde disseram que morei, em alguma época permitiu a visão do túmulo de Mutesa I, de 1884: um morro de onde se via outro morro do outro lado da cidade. A cidade agora tinha construções demais, que impediam a vista. Não creio que eu tenha visto o túmulo nem mesmo em 1966. Ocupado com meu livro, sem acompanhar a situação local com total interesse, achando que dispunha de todo o tempo do mundo para eventos locais e passeios locais, jamais imaginando que na pacífica Kampala haveria caminhões do Exército nas ruas, fui adiando Kasubi até ficar tarde demais. Eu tinha conseguido uma carta de apresentação ao kabaka, *sir* Frederick Mutesa, aliás, Mutesa II. Mas só a tinha enviado em março. Recebi uma resposta polida — surpreendente nas circunstâncias —, porém já era tarde demais.

Obote, o primeiro-ministro, tinha despachado o Exército (sob o comando de Amin) contra o palácio do kabaka, praticamente indefeso. A maioria das pessoas achava que algo tão sacrílego — o uso da violência contra um homem que, mais do que um rei africano, era a encarnação da alma de seu povo — jamais aconteceria. De algum modo, o kabaka tinha conseguido escapar. Encontrou um tipo terrível de asilo para miseráveis na Inglaterra, doloroso para um kabaka, e morreu ali três anos depois, em 1969, aos 45 anos. Sua tragédia, e especialmente sua morte prematura, ainda é pranteada por algumas pessoas em Uganda. (Embora Sunna tivesse morrido aos quarenta e Mutesa I aos 48.)

Perto do final de minha temporada na África oriental em 1966, fui ver os túmulos de Kasubi, onde (na época) estavam enterrados dois kabakas. Não me lembro de ter ido visitar o palácio do kabaka; suponho que ainda fosse uma área proibida. E eu tinha apenas uma vaga lembrança das tumbas. Suponho que ainda havia uma presença do Exército desencorajadora. Fiquei somente por um tempo breve e (imagino) não me foi permitido ver por dentro. Mas o que vi naqueles momentos apressados permaneceu comigo, tornou-se cada vez mais mágico ao longo dos anos: uma estrutura redonda de palha, de belas proporções, com um telhado cônico elevado, mais alto do que qualquer coisa de palha que eu já tivesse visto, a palha finíssima, os beirais lindamente aparados: um país das maravilhas africano.

Agora, pelo menos, tive a oportunidade de ver mais.

Kasubi tinha se tornado um sítio tombado pela Unesco.

Havia um pequeno escritório fora da área sagrada. Apanhamos um guia ali, ou talvez tenhamos sido apanhados por ele. De cara, dentro do sítio propriamente dito, havia uma portaria de palha. Era escura, com pilastras de madeira em duas fileiras sustentando o teto. As pilastras foram uma surpresa; eu não sabia que pilastras abaixo do domo de palha eram um traço daquela arquitetura. Depois da portaria, à esquerda, ficava a cabana dos tambores. Repleta de tambores. Os tambores eram secretos; cada um tinha seu próprio som, e diferentes tambores eram usados em diferentes ocasiões. Mas nosso guia não nos mostrou os tambores e, embora dissesse que vinha do clã dos tocadores de tambor que serviam ao kabaka, não se ofereceu para nos fazer uma demonstração. Acrescentou que os tocadores de tambor do kabaka precisavam ser castrados, já que estavam sempre ao redor do kabaka e tinham chance de espiar as mulheres dele. Isso foi dito mais para nos assustar do que qualquer outra coisa. Ele mesmo não era castrado.

A partir da portaria, uma trilha pavimentada tão reta quanto uma estrada buganda conduzia através da luminosidade do solo desnudo até o prédio principal e a escuridão de sua entrada sob os beirais que desciam quase até tocar o chão. Em torno dos limites dessa área desnuda havia pequenas cabanas, algumas retangulares, algumas redondas. Essas cabanas eram para os servidores que cuidavam do lugar e que especialmente cuidavam do fogo no pátio aberto, o qual simbolizava a vida do kabaka. Por que o solo aqui era tão nu? A grama não seria mais acolhedora? Sugeriu-se que era mais fácil ver as cobras num solo nu.

Dentro da própria tumba, à esquerda da entrada, nas trevas abruptas, e não perceptível de imediato, ficava uma mulher idosa, sentada numa esteira de ráfia de listas roxas, uma das muitas esteiras de ráfia logo depois da entrada: essas esteiras de ráfia representavam a única cor nessa parte da tumba. A velha estava toda envolta num longo vestido de algodão de padrões azuis, retraída, meio irrequieta, absorta, uma vez tornada uma guardiã da tumba. Era considerada uma esposa do kabaka morto e, como tal, privilegiada. Se, como podia acontecer, o espírito do rei morto se agitasse e desejasse ser servido de algum modo, ela estava ali para ele. Tinha a boca arruinada de uma velha e estava pálida por causa de sua vida longe da luz. Fazia essa vigília durante um mês seguido; depois passava o encargo a outra idosa tão privilegiada quanto ela. Os kabakas não morriam. Desapareciam e iam para a floresta. A "floresta" ficava bem em frente, na parte mais interna da tumba, resguardada por uma tela de cortiça marrom, que pendia desde o topo do domo, como uma cortina corta-fogo num teatro. Era absolutamente essencial, nesse tipo de construção, que tudo proviesse da terra local. Nada devia ser importado. A exigência religiosa contribuía para uma espécie de unidade e para uma estranha beleza. O domo era sustentado por pilares de madeira, galhos de árvores aparados que não escondiam o que eram, e por 22 vigas circulares feitas de juncos estreitamente entrelaçados. Essas 22 vigas representavam os 22 clãs de Buganda.

O funeral de um kabaka não era simples. Envolvia rituais que teriam vindo do passado distante (distante porque um povo sem escrita e sem livros não consegue recordar o que veio antes de seus avós e bisavós). O cadáver do rei tinha de ser dessecado sobre um fogo brando durante três meses. Então, o maxilar era retirado e adornado com contas ou cauris; isso, junto com o cordão umbilical, também adornado de contas, o pênis e os testículos, numa bolsa de pele de animal, era o que se enterrava aqui. O resto do corpo, o homem não essencial, por assim dizer, seria enviado para algum outro lugar. Mas essa parte do ritual permanecia obscura. Não consegui nenhuma resposta direta.

Numa estante de metal em frente à tela de cortiça da floresta, ficavam as temidas lanças do grande Mutesa — ferro, bronze e latão —, algumas delas objetos realmente imperiais que falavam de

19

riqueza e homicídio: presentes dos mercadores árabes ou obtidos deles por barganha. Eram as únicas coisas estrangeiras na tumba. Havia também uma reprodução do retrato de Mutesa de olhos arregalados. Era usado por toda parte em Kampala, embora existisse um mais interessante e mais nobre, baseado numa fotografia feita por Stanley, em *Through the Dark Continent*. O retrato de Mutesa usado aqui na tumba não tinha assinatura e ninguém podia me dizer se havia sido feito em 1861-62 por Speke ou Grant (ambos excelentes desenhistas) ou por alguém que viera depois. Essas eram as coisas (talvez não o retrato, que deve ter sido colocado mais tarde) por meio das quais Mutesa desejava ser lembrado.

A tumba era também um santuário e, por isso, importante, um dos 52 santuários do povo baganda. Um santuário não era um local para a meditação particular. Era um lugar onde as pessoas podiam vir para pedir favores. Havia três cestas sobre a esteira de ráfia diante das lanças e do retrato de Mutesa. Colocava-se dinheiro numa cesta específica, conforme a necessidade da pessoa; talvez então — mas não descobri — fosse possível ter uma consulta com um adivinho.

Enquanto, enlevado, eu observava as coisas da tumba — observava as relíquias de Mutesa escolhidas para exibição e o modo como o teto era feito, tentando me imaginar em 1884 —, um gatinho preto e branco entrou e tentou se ajeitar para dormir diante da velha senhora. Imaginei que o gatinho pudesse pertencer à senhora ou à sua família. Ele me alegrou. Os gatos aqui são considerados íntimos dos espíritos, em geral dos espíritos ruins, e passam por maus bocados. De repente, um menino parrudo veio de algum lugar por trás da velha e começou, despreocupado, a chutar o gatinho, que se levantou, foi para outro lugar e tentou novamente dormir, até que seu atormentador voltou. Protestei. O guia disse alguma coisa atenuante sobre o menino e o gatinho. Talvez tenha dito que eram de fato amigos. Não acreditei nele.

Alguns dias depois, estava vendo um programa de variedades na televisão de Uganda. Um dos temas eram as tumbas de Kasubi. A apresentadora disse — com certo grau de descontração, como alguém que apenas relatasse um fato acerca do monumento — que nove homens tinham sido sacrificados na época da construção. O guia não havia se lembrado de nos contar tal coisa. Isso lançava uma treva retrospectiva sobre o que eu tinha visto: a tela de cortiça que resguardava a floresta mítica aonde os grandes governantes iam para morrer, a velha pálida sentada na esteira de ráfia no piso estranhamente irregular, à espera de ser chamada. Não consegui imaginar, porém, como os homens tinham sido sacrificados; não se formava nenhuma cena em minha cabeça. Assim, a magia sobreviveu.

Mais tarde, contudo, quando ouvi do príncipe Kassim, o descendente muçulmano de Mutesa, que nos velhos tempos o sacrifício humano era uma prática comum quando se levantavam as pilastras ou se assentavam as fundações de uma tumba, me lembrei do piso estranhamente irregular de Kasubi, coberto pelas esteiras de ráfia.

3.

Quando Speke veio a Uganda em 1861, Mutesa era kabaka, exercendo o mais despótico tipo de poder em sua corte, matando pessoas "feito galinhas" (como disse um visitante) e, certa vez — uma história difícil —, por nenhuma razão aparente, levou a lança consigo ao harém e matou mulheres até que sua sede de sangue fosse saciada. Mas Mutesa, nessa época, ainda não tinha sido coroado. Os preparativos para sua coroação levaram um ano sem jamais se interromper durante todo esse tempo. A maior parte do ritual tinha de ser secreta. Isso talvez explique por que Mutesa e sua mãe, gorda e jovial quando estava de bom humor, deu a Speke um tratamento tão ambíguo, ora amistoso, acolhedor e hospitaleiro (Speke dependia deles para alimentar seus 45 homens), ora distante, deixando-o sentado ao sol na entrada do palácio durante várias horas.

A parte mais famosa do ritual de coroação não era secreta e dizia respeito à mãe de Mutesa. Ela precisava se livrar dos irmãos de Mutesa, com exceção de três deles, para evitar possíveis pretendentes ao trono. Havia trinta irmãos, e a forma ritual de destruí-los tinha de ser pelo fogo.

Como se fazia isso? Temos uma pista. Vinte e quatro anos depois, em 1886, o jovem e voluntarioso sucessor de Mutesa, Mwanga, farto das novas religiões tão inconvenientes, ordenou que seus 22 pajens cristãos fossem queimados. Pareceria um martírio perfeito, tão bom quanto qualquer outro na antiga iconografia cristã, embora a Igreja fosse muito jovem: era algo para ser cuidado, e a igreja de Uganda tirou o máximo proveito dessa desventura inicial. Existem várias escolas secundárias no sítio, de modo que o lugar está sempre movimentado. Há também uma igreja moderna em forma de cone, de arquitetura ousada (no estilo refinaria de petróleo) e que, por seu formato, sugere uma fogueira, tendo também outros símbolos: uma quantidade de vigas no telhado, como as varas numa fogueira, representando o mesmo número de mártires. E como se não bastasse, um grande painel pintado diante da igreja mostra aos transeuntes como os pajens foram queimados em 1886.

Os pajens, com túnicas brancas que lhes caem do ombro direito, foram inicialmente espancados a pauladas e chicoteados pelos carrascos do palácio e logo picotados a machadadas. Sete carrascos são vistos, incluindo um que se ajoelhou e está usando uma longa vara, como uma pá de padeiro, para manter o fogo aceso. Todos os carrascos vestem túnicas marrons que lhes caem do ombro esquerdo; a roupa, muito provavelmente, é de cortiça, o tecido oficial e religioso correto. No primeiro plano, um carrasco, empunhando uma lâmina e abrindo espaço para um novo golpe, decepa o punho esquerdo de um pajem, cuja túnica branca já está manchada do sangue que jorra de uma ferida mortal no braço esquerdo. O pajem está de costas para nós e já tem os dois joelhos no chão. Ele se vira para olhar o carrasco, como que se queixando (embora, como pajem da corte, ele decerto tivesse preparado muitos para uma execução brutal), e os dedos da mão esquerda estão muito separados: esse gesto involuntário é o único sinal de dor na pintura.

Depois de seu massacre, os pajens teriam sido envolvidos em esteiras de junco do pescoço aos dedos dos pés — e o painel pintado (de um artista não muito bom, afinal), por algum motivo, parece mostrar isso como uma espécie de atenção delicada da parte dos carrascos, como se os pajens tivessem sido acomodados para passar a noite — antes de serem lançados com seus companheiros na fogueira, onde, de um modo perturbadoramente prosaico, o artista, em meio às chamas e à fumaça, mostra uma face exposta na ponta de cada esteira rígida e enrolada.

Os irmãos de Mutesa eram príncipes, filhos do kabaka Sunna. A tradição buganda ditava que o sangue de príncipes não era algo que pudesse ser espalhado; era uma proibição religiosa e, por isso, não poderia haver pauladas e chicotadas para eles. Só podiam ser queimados — sem dúvida em esteiras de junco. Esse era o destino deles, essa era a providência que a mãe de Mutesa tinha de tomar. Enquanto isso, eles andavam à volta de Mutesa; frequentemente tocavam música juntos: flauta, lira, marimba e tambor. Uma vez Mutesa os levou todos até o alto de um morro para lhes mostrar a extensão de seu reino. Se o leitor não soubesse o que estava para acontecer, não perceberia o drama nas páginas de Speke. Ficar junto aos irmãos era o modo de Mutesa e de sua mãe controlarem os irmãos, potenciais pretendentes ao trono, e mantê-los afastados de intrigas perigosas. Speke menciona apenas uma vez que, durante uma sessão de música, metade dos irmãos estava algemada.

Uma boa história, no entanto, chegou até nós dessa parte do medonho ritual. Podemos imaginar Mutesa e a mãe discutindo sobre quem seria queimado a seguir. A mãe de Mutesa pronuncia um nome, mas então Mutesa diz: "Gosto desse homem". Assim, o homem em questão é poupado: era o bisavô do príncipe Kassim, que lhe contou a história.

4.

Houve também mais uma parte dos preparativos de coroação que Speke testemunhou. A mulher que cortou o cordão umbilical de Mutesa era agora uma figura de honra na corte. Era uma espécie de adivinha. Para a coroação ela tinha uma missão especial. Precisava ir à tumba de Sunna, pai de Mutesa, e examinar como determinadas ervas e plantas (talvez plantadas por ela) haviam crescido. Conforme o que ela encontrasse, Mutesa, após a coroação, ficaria quieto em seu palácio ou faria guerra contra seus vizinhos. Mutesa fez guerra. Combinava com seu temperamento; mas ao mesmo tempo ele estava em sintonia com os espíritos aos quais servia; jamais estaria completamente livre agindo por conta própria. Segundo o que disse o historiador romano Tito Lívio ao dar início a sua grande história de Roma, os romanos tiveram êxito porque eram o povo mais religioso do mundo; sempre agiam depois de consultar os deuses. Mutesa poderia dizer o mesmo de si.

A Kampala moderna nem sempre segue o traçado da cidade antiga. A tumba de Sunna fica perto da de Mutesa em Kasubi, mas para ter acesso a ela é preciso fazer um longo rodeio. Speke, caminhando certo dia nas proximidades do palácio de Mutesa, topou com o palácio de Sunna. Ele desviou a vista, porque não era permitido olhar muito de perto um palácio, mesmo o de um rei morto. A tumba de Sunna devia ficar perto daquele palácio. O lugar se chama Wamala, o que significa "bastante longe". Conta-se que foi isso que Sunna exclamou quando escolheu o local para sua tumba. E, de fato, hoje em dia é preciso saber onde procurar. Os taxistas nem sempre sabem; presumem que a pessoa está querendo ir a Kasubi. Sunna ficaria magoado. Era um guerreiro temível, que construiu para a eternidade: desejava que seu nome fosse lembrado, estabeleceu o padrão para Kasubi. Mas palha é palha e, apenas 150 anos após sua morte, grande parte de seu legado desapareceu. Sua tumba está em péssimas condições. O príncipe Kassim considera o fato uma desgraça para a família real buganda; e outras pessoas acham que se trata de uma perda para a cultura de Uganda, já tão reduzida.

Para ir a Wamala, é preciso percorrer uma das estradas retas dos bugandas até os limites de Kampala, a cidade que não para de se estender. O motorista diz a certa altura que é melhor sairmos da estrada asfaltada e pegarmos um atalho; é uma estrada poeirenta de terra vermelha, e está chovendo esta manhã. O pó da estrada é impregnante, mas a chuva começou a se alojar nos campos de grama áspera de cada lado. Esta é uma terra de águas. Se a chuva não parar, é possível haver uma inundação que pode levar embora a estrada vermelha. Será uma aventura inútil; mas só podemos seguir adiante, e o motorista é valente.

Viramos numa outra estrada vermelha, estreita e sinuosa. Parece que estamos pedindo encrenca. Felizmente, porém, o motorista está certo. Estamos perto da tumba agora, mas nada anuncia isso. Nenhuma entrada vigiada, nenhuma portaria, nada de cercas de junco, nenhum jovem oferecendo serviços de guia. O mato começa a parecer comum: nenhum mistério, nenhuma história parece possível nesta terra úmida e vermelha.

E de repente lá estamos, dirigindo-nos de carro a uma tumba que parece um Kasubi menor, mas com o telhado partido, grandes moitas de grama espessa insinuando-se aqui e ali, e com uma trepadeira verde brilhante, igual a musgo, tecendo seu caminho através da palha. É como se tivéssemos chegado ao celeiro abandonado de uma fazenda em ruínas. O mágico e o maravilhoso talvez sejam restaurados algum dia, mas não estão aqui agora. Não há um pátio bem definido nem pequenas cabanas, redondas ou retangulares, para os serviçais; nem portaria nem casa dos tambores. Existe um galpão cinzento e retangular de madeira num dos lados do lote. É de carpintaria moderna, sem nenhum sentido religioso, e fora de sintonia com o estilo da tumba. Deve servir para alguma coisa, mas não há ninguém a quem eu possa perguntar. Já sei, sem precisar ir à tumba, que não haverá uma velha esperando, 150 anos depois, que o espírito do rei morto solicite algum serviço. Não existe dinheiro para isso agora, e é estranho que rituais que antes pareciam necessários e vitais, servindo ao que era divino, para além do dinheiro, tenham de ser negligenciados quando não há dinheiro.

A tumba de Mutesa em Kasubi ficava no nível do chão. A de seu pai, aqui, fica numa plataforma de sessenta centímetros de altura. Degraus de concreto nos levam para cima e o telhado deslizante toca nossa cabeça. Os degraus podem ser modernos, mas a plataforma, com toda a probabilidade, deve ter sido criada com as fundações e os sacrifícios. Dentro agora, passado o telhado, é a treva e a desolação, embora as seções à esquerda e à direita do telhado tenham desabado e a luz mortiça do dia chuvoso penetre. Leva um tempo para se perceberem os detalhes. Existem os dois pilares que sustentam o teto condenado, ao estilo dos reis. À esquerda, debaixo do telhado ausente, está uma parede de tijolos modernos, sem dúvida para oferecer sustentação ao teto e também, talvez, numa lembrança da velha crença, para esconder a "floresta" aonde os kabakas vão para morrer. Os tijolos da parede, feitos com a terra do lugar, bem que seriam aceitáveis do ponto de vista religioso; mas a argamassa, feita de cimento importado, não seria correta. As noções de certo e errado, porém, importantes em 1860, quando Sunna morreu, já não importavam aqui, onde reinava o caos.

Por três meses após sua morte (por varíola), mulheres de idade devotas teriam dessecado amorosamente o corpo do kabaka Sunna sobre um fogo brando. Onde estavam as partes preciosas dessse corpo — o cordão umbilical, adornado com contas ou cauris, o maxilar tratado do mesmo modo, o pênis e os testículos numa bolsa de pele de animal? Tinham sido enterradas aqui, como deveriam, para serem protegidas da violação, para evitar que outras pessoas usassem indevidamente os poderes extraordinários do kabaka? A parede de tijolos escondia as relíquias ou elas estavam ocultas no galpão de madeira cinzenta do lado de fora?

Ainda havia símbolos de realeza no que sobrevivia da estrutura. Juncos estreitamente amarrados serviam de caibros circulares sob o domo, cada caibro representando um dos clãs dos baganda. Mas abaixo desse simbolismo orgulhoso — os clãs: o kabaka: o domo do mundo — era uma abjeta decadência. Nenhuma tela de cortiça aqui, erguendo-se do chão ao teto, com magia teatral, para preservar o mistério da floresta onde o espírito do kabaka reside eternamente. Longe, à direita da parede de tijolos, do outro lado da tumba, onde a luz do dia cinzento vinda através das lacunas do telhado parecia um vapor, pendia um pedaço de cortiça, como um farrapo num prego, úmido da chuva, marrom-escuro e de aparência suja. O chão estava molhado. Mas bem em frente à estante com as lanças curtas de ferro do velho kabaka ainda havia uma esteira de ráfia no chão e três velhas cestas de ráfia para oferendas ao espírito assassino de Sunna; e talvez — embora fosse difícil divisar na escuridão — houvesse algumas moedas escuras nas cestas.

A tumba não fora completamente abandonada. Ainda era um santuário; algumas pessoas ainda estavam dispostas a enfrentar a jornada para pedir ao temperamental kabaka um favor especial.

Diz Stanley que Sunna nasceu em 1820, tornou-se kabaka em 1836 e morreu em 1860. Estava morto quando Speke veio a Uganda em 1861-62, e Speke, geógrafo acima de tudo, só escreve a respeito dele superficialmente. Para notícias vívidas de Sunna, é preciso recorrer a Stanley, embora tenha vindo a Uganda vários anos depois, em 1875, durante sua travessia do leste ao oeste do continente. Ainda estavam vivas muitas pessoas que tinham conhecido o terrível Sunna, e Stanley, com seu apetite de jornalista por uma boa história, botou-as para falar.

Sunna tinha um cão que adorava. Obrigou algumas aldeias a produzir batatas-doces para alimentar o cão (obviamente um cão ugandense) e, quando o animal morreu, obrigou algumas aldeias a produzir tecido de cortiça para o enterro do cão. Assim, é quase certo que foi Sunna (e Mutesa em seus primeiros dias) quem deu a Uganda seus emblemas heráldicos, por assim dizer: o cão, a espada e a mulher.

Sunna era de pequena estatura e de compleição poderosa. Tinha o hábito de olhar para baixo. As pessoas não conseguiam ver seus olhos e ficavam tensas em sua presença, já que acreditavam que, se Sunna olhasse para cima, alguém estava para morrer. Conta-se que num só dia ele condenou oitocentas pessoas.

A mais famosa história a seu respeito foi sua vingança contra o povo de Busoga. O povo vivia no lado oriental do Nilo. Tinha rompido sua vassalagem para com Baganda, e Sunna quis castigá--lo. Houve guerra. Os busoganos eram grandes guerreiros e resistiram a Sunna por três meses. Finalmente, porém, encurralados numa ilha do lago, ficaram esgotados, ofereceram rendição e o retorno à vassalagem. Sunna pareceu satisfeito, deu até mesmo a impressão de desejar que a ocasião de firmar a paz fosse festiva.

Alimentou generosamente os chefes e guerreiros wasogas e lhes deu muito vinho de banana verde. Naquele que pareceu um gesto adicional de perdão, pediu aos wasogas que fizessem sua dança de guerra durante a tarde. Eles ficaram felizes com o pedido, mas disseram que normalmente faziam aquela dança com suas lanças. Sunna disse que naquela tarde não deviam usá-las; haveria guerreiros entre sua própria gente que consideraria aquilo uma ofensa, depois de três meses de guerra árdua; era melhor para eles, wasogas, que usassem varas em sua dança naquela ocasião especial.

A dança furiosa começou. Trinta mil wasogas se entregaram ao som dos tambores e ao ritmo das pisadas, ao arremesso das varas e ao atletismo competitivo de seus movimentos. Eles não perceberam que, sendo apenas trinta mil, estavam sendo rodeados por cem mil pessoas de Baganda. O povo de Sunna tinha recebido cordas, o instrumento dos carrascos, feitas de fibra de aloé. A um sinal, todos caíram sobre os dançarinos, os amarraram e os lançaram aos guerreiros de Sunna, que, com lanças e outras armas afiadas, começaram a cortar em pequenos pedaços os wasogas amarrados, sem se preocupar em matar as vítimas primeiro. Fazia muito tempo que Sunna desejava construir um pequeno monte, uma pirâmide, com a carne e os ossos dos wasogas para castigá-los por sua desobediência, sua bravura e por todas as tensões de uma guerra de três meses.

Esse ato de terror pôs os outros rebeldes na linha. No final, contudo, essa reputação de monstruosidade virou contra Sunna. Ele tinha um filho predileto, fisicamente muito grande e forte, a quem treinara à sua maneira. Queria que o rapaz lhe sucedesse como kabaka. Mas os chefes dos baganda, já atormentados o bastante pelas extravagâncias do pai, temiam que a selvageria do rapaz, se lhe subisse à cabeça, provocasse a ruína de todos. E quando, após a morte de Sunna, o rapaz se declarou kabaka, os chefes não lhe permitiram agir. Eles o rodearam, o amarraram e logo o queimaram. Foi esse o destino de quase todos os mais de trinta filhos de Sunna. Assim, tão logo morreu, tão logo foi construído seu maravilhoso túmulo, a glória de Sunna começou a esmaecer.

Foi Mutesa, o filho de olhos arregalados, que chegou ao trono, e a primeira coisa que fez foi decapitar os chefes que lhe tinham dado o poder. E é possível que o estilo de crueldade gratuita de Mutesa, antes de sua coroação formal, fosse instigado por seu desejo de se mostrar tão forte quanto Sunna.

"Pelo túmulo de meu pai", era o voto mais poderoso de Mutesa. Se eu não tivesse visto o túmulo do próprio Mutesa em Kasubi, teria considerado o túmulo de seu pai em Wamala a mais esplêndida estrutura coberta que já tinha visto. No tempo de Mutesa, ele devia ser perfeito nos mínimos detalhes, com uma turma de senhoras religiosas se revezando para servi-lo. Agora não havia senhoras, nenhum sopro de vida por assim dizer. O rei morto estava realmente viúvo, e seu túmulo, apesar dos sacrifícios que devem ter acompanhado o assentamento das fundações e o levantamento das pilastras, estava em ruínas. A chuva entrava, dizia-se que havia cobras no teto de palha, e as relíquias sagradas do cordão umbilical e do maxilar não estavam no lugar destinado a elas.

As lanças na estante de ferro eram curtas e pretas, diferentes das longas lanças imperiais envernizadas que o filho obteria dos árabes e que viriam a produzir tal espetáculo em Kasubi. À direita das lanças curtas e comuns, estavam os escudos de Sunna, surpreendentemente estreitos, com um punhado de pontas de lança ou pontas de flecha pretas perto do chão, aparentemente empoeiradas ou encardidas, e difíceis de ver no escuro sem pisar na área sagrada.

Tínhamos vindo por um caminho tão tortuoso, e perto do final tão parecido com uma zona rural verdadeira, que eu não fazia ideia de onde estávamos. Mas agora eu via, quando deixamos a tumba e olhamos através das árvores no final do pátio, que se tratava de um dos muitos morros de Kampala que, em alguma época, se consideraria capaz de dar a Sunna ou a seu espírito uma clara visão da aproximação dos inimigos. Mas agora era somente a desafortunada Kampala, com suas favelas e seu lixo sempre esparramado, que fazia pressão sobre a tumba do rei. Contra aquela mediocridade, que consumia todas as coisas, não havia defesa. *"Contemplai minhas obras, ó poderosos, e desesperai-vos."* *Nada mais resta...*\*

5.

Em 1875, quando passou por Uganda em sua travessia leste--oeste do continente, Stanley viu Mutesa, então com cerca de 38 anos, em guerra contra o povo wavuma no litoral norte do lago Vitória. O exército de Mutesa era enorme. Stanley, fazendo um cálculo grosseiro e rápido (e talvez exagerado), avaliou-o em 150 mil, adicionando cem mil seguidores e mulheres (Mutesa ia para todo lado com seu harém), o que perfazia um total geral de duzentas e cinquenta mil pessoas no acampamento de Mutesa.

Agora havia mosqueteiros no exército de Mutesa, mas isso não lhe dava nenhuma vantagem esmagadora. Os wavumas, que só usavam lanças, sabiam dos mosquetes e não tinham medo deles. Também eram habilidosos guerreiros na água. O povo de Mutesa era melhor em terra; na água, ficavam nervosos com a ideia de o barco virar; e na maior parte do tempo a vantagem parece ter ficado com os wavumas. Vieram pessoas às colinas acima do lago Vitória para ver a batalha. As gravuras no livro de Stanley, várias delas baseadas em fotografias que ele mesmo tirou, mostram o que os observadores teriam visto. Elas apresentam os belos

---

\* Citação de um célebre soneto de Shelley, "Ozymandias" (1817). Versos originais: *'Look on my works, ye Mighty, and despair'. Nothing beside remains...* (N. T.)

barcos alinhados e as formações dos dois exércitos disciplinados, embora os detalhes dos barcos e dos lutadores se superponham na distância e nem sempre estejam nítidos. A batalha seria frustrante para os observadores, já que os guerreiros não se apressavam e pareciam retirar-se depois de cada pequeno episódio. Quando Stanley procurou Mutesa para lhe dar conselhos sobre a batalha, Mutesa parecia ter perdido o interesse nela e só queria falar sobre religião.

Guerra era barulho para assustar o inimigo. Mutesa tinha cinquenta tocadores de tambor, o mesmo número de flautistas e um número indefinido de homens prontos para sacudir cabaças cheias de pedrinhas. Havia também mais de uma centena de curandeiros, homens e mulheres, especialmente selecionados, fantasticamente vestidos (sem dúvida para que os wavumas notassem), que tinham trazido consigo seus mais poderosos amuletos para afastar de Mutesa o mau-olhado e fazer afundar os wavumas. Antes de qualquer ação, apresentavam seus amuletos a Mutesa, que, já meio muçulmano, meio cristão, aceitava essas preciosas coisas da África — lagartos mortos, unhas humanas etc. — com grande estilo, apontando o dedo indicador ao que lhe era apresentado, sem tocar, e então, como um soberano numa recepção formal, aguardava para ver o que viria a seguir.

Assim protegido, Mutesa começou a ameaçar seus comandantes. Iria despojar os covardes de toda a sua dignidade e de todas as bênçãos que ele lhes dera. Tinham começado a vida como camponeses: voltariam a essa condição. Alguns ele queimaria em fogo lento. (Queimar: a mente de Mutesa frequentemente retornava a esse castigo, do qual ele escapara por um triz quando jovem.) O ministro-chefe, reconhecendo a paixão de seu governante, atirou-se no chão diante do kabaka e disse: "Kabaka, se amanhã tu vires meu barco fugindo do inimigo, podes me cortar em pedacinhos ou me queimar vivo".

Quando Stanley voltou a ver Mutesa, ele estava cheio de ânimo. Seus homens tinham conseguido capturar um velho chefe dos wavumas e Mutesa pretendia queimar o velho vivo, para dar uma lição aos wavumas. Stanley o convenceu a não fazer isso e também, para o alívio de todos, mediou uma paz entre as partes. Isso ocorreu em 1875. Em 1884 Mutesa tinha morrido e estava sendo enterrado na tumba de Kasubi, que ele havia planejado com base na tumba de seu pai Sunna em Wamala. De fato, ele se parecia com o pai. O país não lhe tinha dado outro modelo.

Portanto, Amin e Obote têm uma espécie de ancestral. O período colonial britânico, com lei e sem guerras locais, tem de ser visto como um interlúdio. Mas como os africanos vivem com sua história africana? Talvez a ausência de uma escrita e de registros escritos turve o passado; talvez a história oral só lhes ofereça mitos.

Tive de ir conhecer Susan. Ela era uma poeta de mérito e professora de literatura em Makerere. Tinha menos de quarenta anos, esguia e delicada, com uma bela voz. Pensar em sua história familiar sem sofrimento era quase impossível. Ela havia perdido o avô e o pai. Viviam no que hoje é conhecido como o triângulo de Luweero, ao norte de Kampala. Era uma área fértil e populosa e as piores batalhas da guerra civil (ou guerras civis) ocorreram ali.

Seu avô criava vacas. Amava essas criaturas ao modo pastoral africano. Conhecia todas pelo nome e pelo temperamento, sabia suas cores, suas formas e seus chifres. Quando a luta começou, ele teve de fugir. Isso foi no segundo mandato de Obote, depois de Amin ter sido derrubado, quando os soldados eram cruéis e astutos, só conseguindo pensar em encontrar as pessoas que queriam. Em seu esconderijo, o velho se preocupava com seu gado. As vacas não podiam cuidar de si mesmas, logo começariam a sofrer. Pensava em uma por uma delas, em suas necessidades e seus hábitos. Por fim, veio-lhe a ideia de passar um momento com seus animais. Voltou. Os soldados esperavam por ele. Mataram-no com um machado e esquartejaram seu corpo. Enfiaram os pedaços num cupinzeiro, num dos cupinzeiros vermelhos de Uganda, e foi ali que seu corpo espedaçado ficou enquanto durou a guerra. Mais tarde, a família recuperou os ossos e deu a eles um enterro adequado.

O destino do pai de Susan foi pior. Tinha sido levado embora antes, na época de Amin, e nunca mais foi visto. Ninguém sabia como havia morrido ou onde. O não saber favorecia um tipo especial de sofrimento. O assunto nunca se encerrava; a mente ficava sempre lidando com possibilidades terríveis. O tema era demasiado doloroso para a mãe de Susan: ela nunca falava disso.

Não era uma história familiar excepcional, disse Susan. Muita gente podia contar histórias assim. O triângulo de Luweero, de onde vinha sua família, tinha sido devastado pelos soldados de Obote.

"Inauguraram um reinado de terror que incluía estupro e morte. Pode-se ver a devastação até hoje. Luweero é um distrito vazio. Pode-se ver terra desocupada. Parece um distrito-fantasma."

Como foi viver com o terror por tanto tempo?

"Eu era muito pequena. Tinha cinco anos e só me lembro de que não havia açúcar. Se você pedisse açúcar, ele não estava lá. Quando Amin foi derrubado" — em 1979 —, "eu tinha oito anos. Mas quando Obote foi derrubado, eu tinha doze e, portanto, estava consciente do que se passava ao meu redor. Você se sente muito inseguro com relação aos pais e aos vizinhos. Você não consegue uma resposta porque seus pais, que normalmente lhe dariam uma resposta, também estão sofrendo. Você começa a ver o governo como um monstro. Alguém se apoderando desse lugar onde Deus colocou você e tratando o lugar com impunidade. Eu ainda não entendo por que existem tiranos e por que se permite que eles governem."

As pessoas sentiam que os ancestrais as abandonaram?

"Me lembro das pessoas depositando sua fé em Deus por um amanhã melhor. Opunham-se ao desespero. Isso não faz você lutar com o inimigo. Você olha por cima dele" — ela se referia a se concentrar no que devia existir no tempo bom — "e não entra em luta com ele. Eu fui criada para entender que Deus era bondoso. Deus resgata você das garras do mal. Sei que alguns amigos acham que nós desagradamos aos nossos ancestrais por termos adotado outras religiões ou por ter negado a existência dos ancestrais e que o preço a pagar por isso logo seria cobrado. Fui criada como cristã, por isso não tinha essa religião tradicional. Mas sei que ela existe e eu a respeito. Nasci depois do período colonial. Acho esse período traumático."

Aqui, então, para Susan e pessoas como ela, estava mais um motivo de perturbação, algo anterior aos horrores de Amin e Obote, algo que remontava ao tempo do protetorado britânico (desejado por Mutesa). Algo que agora completava um século inteiro de desordem.

Susan disse: "É o caso de tomar consciência de que existem muitas influências competindo pelo meu ser. Eu me tornei um caldeirão de experiências. Tenhos várias partes que se encaixam uma na outra em vez de formarem um todo holístico".

Ela se preocupava com seu nome.

"Meu primeiro nome é Susan. Ele me foi dado por meu pai." Que havia desaparecido na época de Amin. "Ele tinha uma tia que ele adorava, e esse era o nome dela. De modo que foi uma escolha sentimental. No entanto, sei que é um nome judeu-cristão e, quando vim para a universidade, acrescentei o nome do meu clã — Naluguwa —, que significa 'do clã da ovelha'. Sinto que ele é uma parte importante da minha identidade: aqui você tem seu próprio nome. Eu poderia seguir como Susan Naluguwa, mas também uso o sobrenome do meu pai — Kiguli —, porque é assim que a escola me registrava."

Agora, apesar de ser um nome dado por seu pai, ela sentia amor e ódio pelo nome Susan.

"Sinto que ele pertence demais à experiência colonial, o que não é agradável. Quando uma pessoa ou uma raça chega e se impõe sobre você, ela expulsa tudo, e isso é uma coisa cruel de se fazer. Por mais que eu considere o Ocidente e a modernidade algo bom, eles expulsaram nossa cultura e civilização e, mesmo que sejam suaves, nos fazem duvidar de nossas raízes. Por exemplo, os missionários fizeram lavagem cerebral na gente para rejeitarmos os deuses e impuseram suas próprias ideias, dogmas e doutrinas, dizendo que os deles eram melhores. Não houve um diálogo recíproco, em que eles tentassem entender como nossa mente, nossa herança e cultura funcionavam. Sinto que meu povo tinha uma civilização. Era diferente, mas era dele. Ensinei a mim mesma a escrever em luganda." Depois de ter escrito seus poemas em inglês. "Me sinto humilhada pelo fato de a escola não nos ensinar nossa língua materna."

Sua irmã estava escrevendo um livro sobre Speke, Grant e os missionários.

"Eles levaram embora nossa terra, religião, costumes e estruturas sociais. Nosso rei, nosso tudo. Quando os reinos foram restaurados" — de um modo bastante estranho, num lance tático de Amin, que atacara o palácio em 1966 —, "nosso rei pediu o retorno de 'nossas posses.'" Ela se referia a tudo o que se associava à realeza e à cultura de Buganda. "O palácio foi devolvido. As pessoas sofreram grande humilhação. Acharam que o que tinha sido feito ao palácio fora um sacrilégio. Foi um grande trauma ver o rei deposto e, para ele, morrer no exílio. Amin, então, trouxe o corpo de volta para o enterro."

Susan, no começo, dissera ser cristã; respeitava a religião tradicional, mas não acreditava, como alguns africanos tradicionalistas, que Uganda estava para sofrer um castigo por ter adotado outras religiões e rejeitado os ancestrais. Mas havia tanto em seu coração e em sua mente acelerados que não poderia caber numa definição religiosa simples, tantas ideias e emoções separadas tinham lhe escapado, que ela emergia como outra pessoa.

Não lhe perguntei, depois disso, sobre a história africana, a tradição oral, o mito. Obviamente não existia nenhum modo africano especial de tratar, neutralizar, uma história ruim ou um presente ruim. Parecia-se bem mais com lidar com uma doença muito longa. Ela se anunciava certo dia, e a partir de então você sonhava acordar bem certa manhã. Gradualmente, porém, você mergulhava na doença e perdia a noção de um rápido retorno à saúde e à completude. Você fazia as pazes, por assim dizer, com sua doença; e o tempo começava a passar. Você começava a viver de um modo meio a meio. Ele se tornava tudo o que você conhecia; tornava-se vida.

## 6.

Os antigos povos germânicos, segundo o historiador romano Tácito, dos séculos I-II, consideravam um insulto a seus deuses aprisioná-los em templos ou entre as paredes de qualquer edifício. O melhor era adorá-los a céu aberto, em lindos bosques, clareiras ou rios: lugares que então ficavam imbuídos do espírito da divindade. E existe algo parecido na ideia baganda de santuários. As tumbas dos kabakas são óbvios santuários. Mas existem outros e todos estão espalhados por Baganda — cachoeiras, por exemplo, ou rochedos incomuns —, e até mesmo para o visitante que não tem a ideia baganda de santidade, que não sabe se comportar em tais lugares e não consegue corresponder às complicadas histórias tribais, eles são ao mesmo tempo uma celebração do mundo natural e uma reivindicação desse mundo.

O mais espetacular desses santuários naturais é a cachoeira Sezibwa, no distrito de Mukono, a menos de cinquenta quilômetros de Kampala. O príncipe Kassim me contou depois que Mukono era célebre por seus sacrifícios. Creio que ele se referia a sacrifícios humanos. Mas eu não sabia disso quando estive lá. Se soubesse, tudo teria adquirido um valor diferente.

Deixamos Kampala pela estrada de Jinja e, como sempre, parecia que a bagunça do desenvolvimento semiurbano tinha destruído a natureza da terra e quase destruído antigos sistemas de comunidade. Perto de um "centro comercial", saímos da estrada principal e percorremos por algum tempo uma estrada de pó vermelho: a velha Uganda de novo, a mata verde agindo como tela, de modo que frequentemente é uma surpresa o que existe no final dessas estradas notáveis. Havia uma placa indicando a cachoeira e, então, no meio da mata simples, um alto portão de ferro barrava a estrada vermelha.

Alguns jovens estavam sentados no alto do portão, na interrupção da estrada, aparentemente à toa. Mas um deles era o nosso guia; um acordo havia sido feito com ele por telefone. Ele começou a trabalhar imediatamente. Deslizou portão abaixo e disse que o lugar tinha valor cultural. A coisa prometia, mas o inglês dele de fato era escasso. Na verdade, essa frase era praticamente tudo o que ele conseguia dizer.

Ouvimos as cataratas antes de vê-las: na clareira à nossa frente, um córrego ou rio, vindo da nossa esquerda, caía sobre um despenhadeiro rochoso, que tinha cerca de trinta metros de altura. Tudo inesperado: aquela clareira no solo, aquele fluxo de água, aquela violência. A água se dividia em vários canais à medida que deslizava rocha abaixo e desabava no poço do rio. Em torno do poço, longe da queda-d'água violenta, havia uma bacia de grama, luxuriante graças à espuma. Tudo aqui era muito verde. Bastante diminuído agora, mas ainda enérgico, o rio prosseguia para fora da extremidade mais calma do poço, correndo da esquerda para a direita e logo serpenteando ao pé de um morro baixo até se perder de vista. Num varal de roupas em frente a nós, depois da cachoeira sublime, havia roupas masculinas penduradas para secar, talvez a roupa suja dos guardiões do santuário. Acima do fluxo que desaparecia, sobre o flanco ensolarado de um morro do outro lado, à direita, havia telhados cônicos de pequenas cabanas, talvez os aposentos dos guardiões.

O ponto mais sagrado fica no topo da cachoeira. Ali reside o espírito do lugar e há uma história tribal que nos conta por quê. A água ali limpa as maldições. Porém você tem de estar descalço, para mostrar respeito por um lugar santo, e é preciso lavar o rosto e as mãos nove vezes.

Eu tinha visto uma cerca de paus verdes lá em cima e pensado que era para impedir que as pessoas chegassem perto demais da catarata.

Era fácil entender como as pessoas se comoviam com a beleza do lugar. Sua beleza sempre fora conhecida e a ideia de sua sacralidade devia remontar a um tempo remoto, mas a história desconcertante era que a primeira pessoa a visitar o lugar e a reconhecer suas qualidades foi o kabaka Mwanga, o sucessor de Mutesa I, que em 1886 ordenou que seus pajens cristãos fossem queimados.

Mwanga também plantou uma árvore, que ainda é venerada, e o mesmo fez Mutesa II, que foi mandado para o exílio por Obote e morreu em Londres em 1969.

Uma passarela conduzia através do poço até uma ladeira rochosa. Nesta havia um grupo de eucaliptos jovens. Nosso guia disse que tinham sido plantados dez anos antes, mas que agora se reconhecia que foram um equívoco (talvez por serem árvores estrangeiras) e que havia um plano para serem substituídos por árvores exclusivamente locais. A parte superior dos eucaliptos tinha sido cortada a facão, deixando pequenos tocos. Uma trilha escorregadia ziguezagueava até o alto da ladeira rochosa, acima das raízes expostas de árvores plantadas para além dos eucaliptos.

No topo da trilha ziguezagueante, ficava a primeira parte do santuário formal, religioso. Parecia modesto: uma gruta baixa na rocha, não muito profunda, onde havia garrafas de barro, lanças e algumas cestas com oferendas. O guia disse que as oferendas típicas eram ovos. Um píton vivia na pequena gruta e vinha de vez em quando comer os ovos. Não consegui ver nenhum sinal da passagem do píton, dentro ou fora da gruta.

Estávamos a caminho da cabana-santuário. Ela ficava oculta por árvores, mas não havia nenhum adivinho presente naquela manhã e ninguém se ofereceu para nos levar mais acima. Quando o adivinho estava presente, havia tarifas a pagar, é claro. Mas éramos apenas visitantes, não tínhamos nenhuma necessidade da atenção de um adivinho. Não tínhamos perguntas para o oráculo da cachoeira, e eu sentia que nossa intrusão não devia ir além.

Mais tarde eu soube que o santuário — possivelmente apenas a cabana-santuário — tinha sido incendiado mais de uma vez por cristãos que, curiosamente, reivindicavam aquele sítio ancestral para si mesmos. Um alto dignatário da igreja viera ao santuário e o purificara dos espíritos antigos. Para se livrar de espíritos, portanto, a igreja precisava reconhecer que eles existiam. E, para aumentar a confusão, havia uma placa (perto da passarela que cruzava o poço) que parecia fazer uma reivindicação legal do lugar em nome da Kabaka Foundation.

Era hora de partir. E hora de pagar. O guia tinha de ser pago pelo serviço e por ter me ajudado a subir a trilha escorregadia acima das raízes expostas junto aos eucaliptos. E, quando chegamos ao portão de ferro, havia uma taxa suplementar, pela entrada. Teria sido assim também nos oráculos do mundo clássico. O mundo sempre teve seus tributos.

Mais tarde ouvi as palavras do príncipe Kassim sobre os sacrifícios do distrito de Mukono e especialmente na cachoeira Sezibwa.

Eu perguntara sobre o incêndio do santuário. Me parecia uma coisa estranha de acontecer num lugar santificado pela visita do kabaka Mwanga nos anos 1880.

O príncipe Kassim disse: "O santuário foi incendiado porque era um lugar onde estavam ocorrendo muitos sacrifícios humanos. Três meses atrás encontraram o corpo de uma criancinha toda mutilada".

Como sempre, o sagrado apresentava muitas faces.

O príncipe Kassim representava um segmento importante do quebra-cabeça de Uganda. Era um príncipe da casa real de Buganda e tinha parentesco com os kabakas. Ao mesmo tempo, por essa mesma ascendência real, mas pelo lado muçulmano de Mutesa I, era o líder muçulmano de Uganda.

Ele disse: "É verdade que as religiões estrangeiras assumiram o comando da sociedade. Elas converteram os líderes, e os rebanhos os acompanharam. Fizeram isso criando instituições educacionais onde os jovens aprendiam que os deuses africanos eram muitos e que exigiam sacrifícios animais e humanos. Não sou uma autoridade em religião tradicional. Não sei onde começa a religião tradicional e onde principia o vodu, mas sei que ambos estão entrelaçados. O kabaka era o chefe da religião tradicional nos velhos tempos, mas ele abdicou em favor da igreja anglicana e agora é visto como o chefe desta igreja aqui. Minha opinião é que a religião tradicional é mito e superstição. Por causa da minha formação educacional, aprendi que ela é um monte de mentiras. Cresci no conforto da ideia de um único deus. Os árabes vieram à corte do kabaka Sunna atrás de marfim e escravos e, segundo nossa história, um negociante de escravos chamado Ibrahim

Battuta contestou a brutalidade de Sunna para com seus súditos. Disse que o rei não podia se comportar daquele modo violento com seus súditos já que existia vida após a morte e contas a prestar. O rei, que era um deus de pleno direito, ficou surpreso e fascinado por existir vida depois da morte. Antes de Sunna havia a crença de que a morte era o fim e que a pessoa simplesmente ia para o mundo dos espíritos. Quebrava-se a mandíbula do rei para tornar seu fantasma impotente, e ele simplesmente caía no vazio. A expressão 'ele deixou cair a mandíbula' significava que o rei estava morto. Muitas coisas aconteceram depois disso. As guerras religiosas de 1888 a 1894 puseram a sociedade buganda de pernas para o ar".

Eu quis saber sobre a tradição real de produção de música. Havia muita coisa a esse respeito na obra de Speke.

O príncipe disse: "Sim, isso sempre esteve aí. O que mais havia para fazer no palácio? Tudo se resumia a banquetes, festejos e vadiagem".

Mas não era triste que se tivesse perdido tanto da tradição? Um tanto que provinha de tão longe e que ligava o povo à terra?

O príncipe começou a falar como um homem da família real baganda: "Bem, há tanta coisa por que se lamentar. Em 1966, o kabaka foi para o exílio. Foi, e ainda é, um período de degeneração moral, e um período de anarquia, no qual não havia respeito por nada e em que até mesmo o meio ambiente foi destruído. O kabakado é uma instituição. O kabaka é a fonte da honra para os baganda e, quando ele foi para o exílio, a instituição política ficou destruída. Era inimaginável que isso pudesse acontecer. Que o kabaka e o palácio pudessem ser atacados. Buganda era uma nação de pleno direito, que falava sua própria língua. Quando as pessoas lhe falam daquele mundo onde a honra significava tudo, você sente vergonha".

Dentro dessa decadência, como o senhor vive a sua vida?

"Tenho um dever dinástico e vou cumpri-lo. Temos de ser honrados em consideração a nossos pais e nossos avós."

O senhor tem alguma lembrança de seu passado? (Eu estava pensando no palácio.)

"Tudo foi destruído. Nossa herança foi roubada e destruída." A tumba de Sunna estava em más condições, e havia outras. "Temos de despertar para nossa responsabilidade. Aquilo nos pertence por direito. É uma arquitetura única. Aquele espantoso teto de palha onde, apesar das chuvas pesadas, não há vazamento. Lá existe muito conhecimento e temos os recursos humanos, gente que ainda se apega à sua cultura e é leal ao rei."

Mas, já perto do fim, o príncipe Kassim deixou escapar uma frase que parecia reafirmar seu pessimismo. Disse: "Com a nova religião, as pessoas ficaram insubordinadas". E isso, é claro, valia tanto para a cristã quanto para a islâmica. Pertencer a uma delas era fazer parte de uma grande fé internacional, aprovada e organizada, com uma grande literatura e famosas construções sólidas: era grande a tentação de se apartar da coisa muito menor, da palha, que pertencia só ao indivíduo.

7.

Nos anos 1840, os mercadores árabes do leste do continente, à sua maneira grandes viajantes e exploradores, chegaram a Uganda em busca de escravos e ouro. Em troca do que obtiveram, eles deram armas ruins e quinquilharias. Deram ao kabaka Sunna um espelho e aquele assassino ficou encantado por ver seu rosto pela primeira vez. Talvez por gratidão, permitiu que os árabes falassem de sua fé e especialmente da vida após a morte que aguardava os crentes no paraíso. Os árabes já não tinham o que suplicar em Uganda. Suas mesquitas, de todas as denominações, estavam sobre cada morro de Kampala e o Irmão Líder da Líbia, o coronel Kadafi, de riqueza ilimitada, estava vindo para inaugurar a maior mesquita de Uganda, a líbia, na presença de quatro ou cinco presidentes africanos.

Habib, um empresário muçulmano ugandense, agora muito rico, tinha fomentado a conexão líbia. Vinha de uma das mais antigas famílias muçulmanas de Uganda. O avô de Habib havia se convertido em 1846, quase no início da presença árabe, e a família tinha atravessado os piores anos das guerras religiosas entre muçulmanos e cristãos no fim dos anos 1880. Os muçulmanos perderam a guerra e foram exilados pela administração colonial britânica nas florestas do oeste.

O avô de Habib não abriu mão de sua fé. Tornou-se um pregador do islã. Ia para todos os lugares a pé e viveu até os 104 anos. Caminhava com uma das mãos nas costas: era assim que Habib recordava o bravo ancião. Caminhando e pregando, chegou até Ruanda, que ficava a uma distância bastante grande, e tomou mais duas esposas lá, uma hutu e uma tutsi. Teve 21 filhos.

No início, a vida do pai de Habib foi de pobreza. Ele não tinha muita educação. Criava vacas — o curral ficava a cinco quilômetros da casa — e cuidava também de um pequeno negócio de reparos de pneus de bicicletas e motocicletas. Não se fazia muito dinheiro com isso e, mais tarde, ele foi para o Congo, que ficava logo do outro lado da fronteira. Ali — sem dúvida seguindo outras pessoas — ele começou a garimpar ouro, depois a comerciar ouro, e se tornou rico.

"Vivíamos de maneira coletiva. Todos comíamos juntos. Cada esposa tinha sua própria horta e cada uma precisava cozinhar durante uma semana do mês. Era seu dever cozinhar para todos os familiares, enquanto as outras a ajudavam. Éramos por volta de trinta pessoas nas refeições. Perto das dez horas da manhã, as outras esposas e suas filhas iam colher verduras na horta da esposa a quem cabia cozinhar e descascavam as bananas verdes. Depois, chamavam os meninos ou os homens para levar a comida ou as bananas descascadas para a cozinha. A água era trazida do poço pelos meninos. A água, a lenha e a colheita do café eram exclusividade dos meninos. Nenhuma mulher podia fazer isso."

Agora eram uma família rica, com um carro, e as únicas pessoas da aldeia a terem uma casa de concreto com janelas de vidro. As outras pessoas tinham cabanas de barro e palha. A família de Habib tinha latrinas externas, mas cada esposa tinha um cômodo para se lavar e tomar banho.

Quando Idi Amin foi derrubado, em 1979, o povo da aldeia saiu matando muçulmanos. Mas a família de Habib era respeitada — costumava emprestar o carro nos casamentos da aldeia, para levar a noiva — e não foi atingida.

Habib se deu bem na escola e o pai o levou a Buganda para que pudesse aprender inglês, além do árabe. Em 1971, aos dezoito anos, foi um dos 32 rapazes selecionados para uma bolsa de estudos.

Foi para a Líbia e estudou a xariá, a lei muçulmana. Tornou-se fluente em árabe; foi o ponto de virada em sua vida. Tornou-se intérprete para a embaixada de Uganda e fez bem o serviço. Não havia muita gente que soubesse as línguas e entendesse ao mesmo tempo os costumes africanos e árabes. Impressionou Amin (que na época ainda era o governante de Uganda). Mais tarde, depois de Amin, chamou a atenção do Irmão Líder Kadafi. Foi o início de sua conexão líbia, que floresceu das mais diferentes maneiras.

Ele era líbio ou ugandense? Africano ou muçulmano?

"Eu me vejo como muçulmano. Meu avô foi circuncidado com um bambu, meu pai e eu com uma lâmina Gillette. Ainda me lembro. Quando o homem vinha circuncidar os meninos, eles eram levados para um lugar separado e ficavam por trás de uma espécie de tela. Eu tinha cinco anos e muita curiosidade de ver o que acontecia. Fui ver, eles me viram e me agarraram também. Ainda sinto raiva disso."

Na condição de criança muçulmana, foi educado para não ter nada a ver com a religião africana. "Éramos criados na fé, que decretava que a religião africana era paganismo. Fomos treinados para desprezá-la. Não permitirei que meus filhos se aproximem dela."

E em seguida, falando na mesma voz, no mesmo tom firme, Habib disse: "Agora que me tornei adulto e tomei consciência, vejo que foi um instrumento para controlar a mente africana. É assim que o imperialismo funciona."

Eu não esperava por isso. Perguntei se ele de fato queria dizer o que parecia estar dizendo: ele incluía o islã entre os imperialistas que buscavam controlar a mente africana? Ele disse que sim.

Eu teria gostado de ouvir mais. Porém naquele momento ele foi chamado por alguns amigos negociantes — o hotel estava cheio deles depois da visita de Kadafi. Disse que voltaria a falar conosco, mas não voltou. E no dia seguinte tinha partido para Dubai.

8.

Acreditar na religião tradicional africana era ficar na defensiva. Não havia doutrina à qual se apegar; havia somente um senso de integridade à moda antiga, a sacralidade da terra local. Era, em certa medida, algo como o conflito dos séculos IV e V entre o cristianismo e o paganismo na época da transformação religiosa do mundo clássico. O paganismo não podia ser uma causa: o máximo que se podia dizer dos antigos deuses e templos é que tinham estado por ali durante um tempo longuíssimo e haviam servido bem ao povo. As doutrinas do islã e do cristianismo, fés mundiais, tinham uma base filosófica e podiam ser expostas e comentadas. A religião africana tradicional não possuía doutrina: ela se expressava melhor nas práticas e em coisas como a centena de amuletos temíveis que os curandeiros apresentaram a Mutesa I antes da batalha naval contra os wavumas em 1875.

E agora as pessoas que acalentam a velha religião africana começaram a desenvolver — ou talvez a redescobrir — uma cosmogonia, um tipo de Paraíso Perdido, para o povo de Buganda: uma história de Deus e dos anjos, as primeiras pessoas, sua desobediência, a substituição dos anjos pelos ancestrais, o surgimento de médiuns que conseguem invocar os ancestrais. Os poderes de Deus, o ser-guia que tudo sabe e tem existido desde sempre, só podem residir numa pessoa da realeza, num kabaka. O kabaka está ligado ao mundo espiritual; os médiuns estão ligados aos ancestrais. É aqui que a cosmogonia toca a terra e os baganda.

Essa teologia — difícil quando se separa do Paraíso Perdido — foi delineada no salão Bambara do hotel Serena por Madame Sehenna, uma ex-ministra da cultura, que agora faz palestras culturais e religiosas no rádio e guia os jovens baganda culturalmente desorientados. Susan a trouxe até nós certa tarde: uma mulher educada, de meia-idade, com um sotaque às vezes próximo do britânico. Nós nos sentamos abaixo de um belo painel de madeira entalhada — o Serena é repleto de entalhes africanos sofisticados — e ouvimos a respeito dos estigmas ou signos do kabaka.

Ele tem uma marca na mão direita e nasce com dois cordões umbilicais. Somente as pessoas do clã dos macacos, um dos 52 clãs dos baganda, podem empossar um kabaka. Quando está oficiando, ele ouve uma voz vinda do alto que fala somente a ele. É preciso construir uma casa separada, onde ele se senta em isolamento e nenhuma mulher pode entrar. É ali que os anjos vêm e o guiam. Agora que as coisas começaram novamente a ir mal para os baganda — o governo está até reivindicando cerca de quinze mil quilômetros quadrados da terra sagrada de Buganda —, há pessoas que dizem que o empossamento do kabaka não foi bem-feito.

Talvez alguns rituais tenham sido deixados de lado; agora, em consequência disso, o povo sofre e se sente perdido.

Madame Sehenna disse: "Mas você não deve pensar que isso vai terminar. Estamos trabalhando. Muitos dos anjos que estavam protegendo o kabakado estão de volta. Temos um príncipe de sangue real que tem a conexão. Ele recebe revelações e nos conta. O príncipe pode ser consultado. Ele vive em seu santuário. Você compra um caderno e escreve o nome de seu primeiro ancestral, seu nome e seu problema".

O primeiro ancestral, conhecido por Deus, não nasceu, mas foi criado; e esse ancestral não morre: desaparece.

"O caderno com seu nome e seu problema é levado ao santuário, e a resposta é dada. É preciso comprar a resposta de volta. O tambor real é batido por alguém do clã do leão, e o leão é o símbolo de Buganda. Existem também os anjos decaídos que vivem e estão no submundo. Se você oferece a eles grandes sacrifícios, como sua mãe ou seu filho, alguma coisa muito próxima e querida de você, eles lhe dão grandes riquezas. Uma fortuna nunca sonhada. Nesse caso, você vai até um médium e vai ao lago e, se for uma mulher, encontra um belo homem, um espírito, que leva você para o fundo do lago. Se você for um homem, será uma bela mulher que vai levar você e lhe dar a riqueza que você quer. Mas uma vez que se invoca o mundo espiritual, é preciso obedecer às regras. Não se pode casar com um humano depois, pois o espírito do homem ou da mulher viverá com você. Vê todas essas pessoas dirigindo carrões e vivendo em casas feito palácios aqui? Não se pode escapar das regras. Senão, as riquezas se evaporam e você é punido."

Por alguns dias, Luke foi meu guia. Ele não tinha muito o que me mostrar porque não sabia de muita coisa e porque vivia numa periferia de Kampala onde as ruas não eram asfaltadas. Quando chovia, as ruas em torno de sua casa ficavam intransitáveis e então ele telefonava para cancelar qualquer arranjo que tivéssemos combinado. Mais tarde, quando tentamos calcular o que eu lhe devia, ele cobrou aqueles dias parados como dias trabalhados porque os reservara para mim.

Ele trabalhava numa universidade, uma das várias universidades novas de Uganda. Recebia 170 mil xelins por mês, um pouco menos que seiscentas libras ou 1200 dólares, que eu considerava suficientes para suas necessidades. Mas ele e os outros professores, e muitos dos estudantes também, estavam em greve. Isso queria dizer que passava grandes necessidades. E quando, no final de uma manhã, ele chegou dizendo que queria me levar a um adivinho ou curandeiro, fiquei ansioso. Eu me preocupava com as taxas que essa gente podia cobrar. Disse que achava que íamos visitar Bassajadenzi naquela manhã, um famoso rochedo santuário. Luke havia falado longamente sobre isso no dia anterior. Mas ele disse que não, que eu tinha pedido um curandeiro. Por isso ele pedira a um amigo seu que viesse conosco, um homem que possuía ligações com curandeiros. Esse homem nos esperava num posto policial. Esse detalhe com evocações oficiais me fez duvidar de minha memória. Íamos passar para pegar o amigo.

O posto policial ficava numa parte horrenda da cidade, com o chão de pura terra vermelha, crianças por todo lado, sarjetas repugnantes e lixo espalhado entre os barracos sórdidos.

A estrada suja e inclinada que pegamos tinha trincheiras diagonais cavadas pela chuva, e o carro pulava para cima e para baixo de modo preocupante. Uma estrada vicinal mais adiante, estreitando-se, repentinamente cheia de vegetação, nos levou à casa do curandeiro.

Era um verdadeiro chalezinho, moderno e recém-pintado, bonito, cercado por blocos de concreto. Luke e o amigo, em atitude subserviente, como se não quisessem fazer muito barulho, abriram as duas partes do largo portão lateral, entraram no pátio e esperaram pelo curandeiro. Ele saiu da residência usando o que sem dúvida eram suas roupas de ficar em casa, uma camiseta sem mangas branco-gelo e calção de corrida vermelho. Parecia mal--humorado, como se não gostasse de ser perturbado. Muitas palavras foram trocadas entre os três homens, as do curandeiro firmes, Luke e o amigo falando mais baixo, como se não quisessem que eu ouvisse.

O motorista me informou que o curandeiro estava dizendo que era quarta-feira e que ele não recebia nas quartas. Era o seu dia de coletar ervas.

Essa era uma parte menor, porém valiosa, do negócio do curandeiro. As pessoas em Uganda acreditam no poder mágico das ervas; os homens gostam de ter ervas em suas carteiras, para proteger o dinheiro que têm e atrair mais.

Assim, depois de tentarem me convencer, Luke e o amigo agora tentavam convencer o curandeiro. Tinham me dito: "Não é um curandeiro qualquer. É moderno. É por isso que vamos levar você lá. Vai ser bom você conhecê-lo". Eu não sabia o que estavam contando ao curandeiro; houve uma torrente de palavras entre eles. Suspeitei que estivessem tentando-o com a promessa de um bom pagamento.

Num cômodo semelhante a uma garagem ao lado da casa, vi através da grande porta aberta uma mulher lavando o piso de concreto, mergulhando um pano num balde e arrastando o pano pelo chão. Não tinha a menor pressa, lavava o mesmo pedaço de chão vezes e vezes; parecia bem mais interessada no que estava sento dito no pátio pelos homens. Estava parada no modo africano extraordinário de ficar de pé, com a cintura curvada e as pernas retas; um bebê nu engatinhava no chão atrás dela.

Luke e o amigo voltaram ao carro e disseram que estava tudo acertado. O curandeiro ia nos receber. Mas precisava se purificar antes de entrar na seção sagrada de seu pátio. Era um terreno independente e cercado, conectado à casa. Devíamos ir para lá, tirar os sapatos e esperar por ele. Deixamos o pátio principal, saímos à rua e quase imediatamente entramos na área santificada, que tinha acesso próprio. Ismail, o motorista do carro do nosso hotel, a esta altura já estava interessado e admirado o suficiente para deixar de lado suas inquietações muçulmanas acerca da situação. Tirou os sapatos também e disse que, se o curandeiro não se purificasse antes de vir até nós, o espírito que o guiava ficaria muito raivoso. O próprio curandeiro dissera isso.

Senti que a conta do curandeiro aumentava a cada minuto.

Havia umas cinco cabaninhas em diferentes partes do pátio-santuário. Eram modernas, com paredes de concreto; no entanto, pensei, pequenas demais para que alguém vivesse ali dentro; e eram ligadas — como num jogo — por uma calçada elevada de concreto vermelho com cerca de um metro de largura e trinta centímetros de altura. Mas talvez aquela calçada de concreto fosse somente mais um toque moderno: nenhum visitante precisaria pisar na poeira da estação seca ou na lama da estação chuvosa.

A um lado da entrada, onde estávamos, havia algo como um pequeno escritório, com alguns livros, um telefone e um pequeno cofre de aço. Na parede, um certificado emoldurado e impresso em letras verdes era a licença oficial do curandeiro; era como o certificado emitido em outros países para profissionais como contadores e farmacêuticos. Tudo aqui era moderno e correto; nenhum crente precisava sentir vergonha.

Abaixo de um espelho, ficava uma pequena bacia com uma barra delgada de sabão usado. Uma placa devidamente pintada de preto e branco apontava, com flechas, a direção dos toaletes. Ficavam logo ao lado, no pátio da casa principal, e podiam ser alcançados através de um portão no meio da cerca. Não ficaria bem ter toaletes na área sagrada.

Enquanto considerávamos todas essas coisas e observávamos algumas (não todas) sutilezas, um assistente ou serviçal do curandeiro atravessou outro portão lateral e começou a abrir os cadeados das cabanas. Numa delas providenciou que uma fogueira se acendesse. Talvez fosse um fogo de boas-vindas, aceso expressamente por nossa causa; ou quem sabe um fogo purificador mais geral, uma obrigação na área sagrada.

Qualquer que fosse o preço, eu agora tinha que ficar. Depois de tudo o que havia sido feito para mim, não podia dizer que queria voltar para o hotel. Até mesmo o motorista Ismail, por mais muçulmano que fosse, teria se voltado contra mim.

Agora vinha o próprio curandeiro. Tinha trocado o calção de corrida vermelho por longas calças e usava uma camisa esporte. Sua purificação lhe dera um frescor e uma formalidade que não apresentava antes. Tinha abandonado o mau-humor e parecia pronto para a cerimônia.

Foi até uma das cabanas do outro lado do pátio e se sentou no chão. A porta aberta o emoldurava. Era como se agora fôssemos verdadeiros clientes e ele nos recebesse, sentado atrás de uma ponta de lança, um dos emblemas do povo baganda.

O amigo de Luke disse que cada cabana tinha um propósito diferente. Numa o curandeiro recebia o cliente e avaliava suas necessidades. Outra era um tipo de farmácia; os remédios, preparados pelo curandeiro, ficavam em pequenas jarras; eram receitados ao cliente segundo o conselho dos espíritos. Era assim que ele curava. Essa era a grande diferença entre ele e as pessoas comuns. E explicava seu sucesso.

Fomos ver o curandeiro na cabana onde estava sentado em sua postura mística abaixo de um retrato do kabaka. A cabana, sólida e moderna por fora, era tradicional e africana por dentro, totalmente forrada de peças de cortiça, costuradas do modo como deviam ser costuradas as telas de cortiça, que ocultavam o material estrangeiro do telhado. Uma qualidade espiritual ou mágica se prendia à tela de cortiça, que era o material específico dos ancestrais, tal como se mostrava na tumba dos kabakas em Kasubi, onde ela pendia do domo até o chão e ocultava a "floresta", onde residiam os espíritos do kabaka depois da morte.

Tudo naquela tumba magnífica tinha de ser feito com materiais locais, e o curandeiro sabia que em sua área sagrada (e talvez também em sua casa) ele estava indo contra a tradição. Ele tinha uma razão para isso. O mundo havia mudado desde Kasubi. Ele agora precisava competir com a igreja cristã e a mesquita islâmica. Precisava construir com materiais modernos; queria que as pessoas se sentissem bem em seu santuário.

O curandeiro saiu da cabana. Foi para onde, não muito longe, havia uma fogueira a céu aberto, com muitas cinzas e um longo pedaço de madeira parcialmente queimada ainda no lugar. Ele disse que era onde às vezes se sentava, no fogo vivo. Era levado a fazer isso pelos espíritos, e quando os espíritos estavam nele, não sentia o fogo. Palavras inspiradas lhe vinham de cima ou de baixo, da terra.

Ismail, retornando à sua fé muçulmana, me disse a meia voz, em inglês: "Eu gostaria de vê-lo fazer isso".

Luke e o amigo não ouviram. Estavam completamente absorvidos pelo curandeiro, que explicava os usos das diversas cabanas. Isso feito, o curandeiro chamou seu assistente e este, como um homem bem treinado, foi até a casa e trouxe um álbum grosso e quadrado de fotografias coloridas. As fotografias eram de pessoas que tinham visitado o santuário daqui. O curandeiro passou as páginas do álbum uma a uma, e Luke e o amigo, e até mesmo Ismail, ficaram em silêncio, porque estávamos olhando para fotografias de pessoas famosas da região que tinham vindo aqui como suplicantes.

Veio à tona então a questão do dinheiro. Luke disse, à sua

maneira perigosa, que aquilo era comigo. Eu dei vinte mil xelins, menos do que sete libras, catorze dólares. Dei essa quantia porque não tinha feito nenhuma pergunta ao curandeiro. Para meu espanto, o dinheiro foi aceito sem problemas, e lamentei que a preocupação com as cobranças do homem quase tivesse estragado a ocasião.

O problema foi depois, quando tive de acertar com Luke. Ofereci a ele cem dólares — isso por telefone —, e ele pareceu concordar. Mais tarde, porém, naquele dia, ele telefonou e quis saber se tinha ouvido direito: eu oferecera cem libras? Eu vinha pensando que cem dólares de fato era muito pouco. Então eu disse sim, tinha lhe oferecido cem libras. Mas, quando ele veio pegar o dinheiro de manhã, deixou claro que na sua opinião a barganha nem de longe estava concluída. Passou por cima do pouco que tínhamos feito juntos e disse que um preço justo seriam duzentas libras. Esse era o seu modo, dobrar uma quantia combinada, em vez de ir negociando pequenos aumentos crescentes. Comecei a entender a exasperação que Speke sentira com um chefe depois do outro, a chantagem que sofrera, 150 anos antes, por causa do *hongo*, a taxa de entrada que devia ser paga a um chefe por estar no território dele, antes que o "tambor da satisfação" pudesse ser tocado e dissesse às pessoas que não incomodassem o visitante.

Ao fim e ao cabo, Luke me enrolou em dólares e libras, sempre misturando as moedas, de modo que, por fim, creio que acabei lhe pagando um *hongo* de 150 libras, um exagero.

9.

Toda semana havia duas ou três matérias no jornal sobre feitiçaria em diversas partes do país.

Em certa aldeia, relatava-se que as pessoas acreditavam que a malária, uma grande ceifadora de vidas em Uganda, era causada por feitiçaria e pelos mangues. Tinham um bom motivo para ligar os mangues às doenças. Os mangues ficavam cheios na estação chuvosa, que era também quando os mosquitos se reproduziam, buscando concentrações de água estagnada. Para outros, a feitiçaria parecia uma explicação mais natural. Disse um aldeão: "A malária é causada por feitiçaria ou espíritos ruins. Quando tive malária, descobri que um vizinho meu era responsável por isso. Quando ele foi expulso da aldeia, eu me curei". Uma providência — uma visita ao curandeiro — teria sido responsável pela descoberta a respeito do vizinho; outra providência, mais violenta, e provavelmente envolvendo a aldeia, teria sido expulsá-lo.

Quando se tratava de feitiçaria, a violência sempre estava por perto. Na semana da Páscoa, numa aldeia do sudoeste, quatro irmãos estrangularam sua tia de 42 anos. Removeram a mandíbula e a língua, decerto para algum objetivo mágico particular, e depois jogaram o corpo numa plantação de bananas próxima. Um pouco mais tarde, cães começaram a se reunir no bananal. O povo da aldeia desconfiou. Foram ver e descobriram os cães se alimentando do cadáver da mulher, que jazia numa poça de sangue. A morta era bem conhecida. A suspeita caiu de imediato sobre os quatro irmãos, que foram considerados praticantes de feitiçaria. Cerca de vinte homens da aldeia foram procurá-los. Quando os encontraram, começaram a bater neles com paus e qualquer coisa que estivesse à mão.

Dois irmãos fugiram e foram à polícia. Os outros dois foram mortos e enterrados numa latrina. Quatro cabras, cinco galinhas e dois porcos pertencentes aos irmãos foram massacrados; era o que acontecia com os animais das pessoas julgadas perversas. A polícia, ao chegar, prendeu quinze pessoas. Recuperaram os corpos da latrina e os levaram para uma autópsia: uma estranha nota legalista nessa história de selvageria rural.

Às vezes, é claro, a coisa ocorre de outra maneira: a feitiçaria num cenário que não lhe cabe. A história começa de modo muito pacífico, numa aldeia, com animais à procura de pasto. Uma vaca entra no pátio de uma escola secundária, vê uma camisa posta para secar e começa a devorá-la. O estudante a quem a camisa pertence enxota a vaca na esperança de recuperar sua camisa. Bate na vaca com uma vara. Poucos dias depois, uma perna do estudante — não da vaca — começa a inchar e fica paralisada. Os estudantes da escola reconhecem magia e feitiçaria quando topam com elas. Lidam com o caso do único modo que sabem. Atacam a aldeia em conjunto, queimam oito casas e tentam linchar o dono da vaca, um ancião de setenta anos, a quem acusam de ter enfeitiçado o estudante paralisado. Em sua incursão pela aldeia, matam um cão, seis vacas, catorze cabras, três ovelhas e onze galinhas; também destroem quatro fossas-latrinas e as plantações de banana e café de oito aldeões. Três dos aldeões, armados com lanças e facões, mais tarde se escondem na escola, para contra-atacar; lá — um tanto injustamente — são presos pela polícia, e o caso então vai sendo esquecido.

Para essa gente, feitiçaria não é brincadeira. Não conseguem rir do que receiam. Os estudantes de uma escola secundária numa cidade importante, um internato, ficam muito agitados quando descobrem certa manhã, no pátio do colégio, uma cabeça de bode recém-cortada e uma pele de bode inteira. Veem isso como objetos de feitiçaria. Culpam o diretor; dizem que a comida do colégio é ruim; e naquela manhã, quando os internos acordam, encontram algumas janelas da escola quebradas e a escola numa bagunça total. É um claro "sinal" de magia prestes a ocorrer. Os estudantes sentem que estão sendo ameaçados de um modo diabólico nada agradável e (falando agora num código que eles esperam ser entendido) dizem que algumas "pessoas grandes" estão por trás de tudo isso. Mais tarde, desfilam pela cidade, rapazes robustos com seus uniformes escolares, calças escuras, camisas brancas, declarando greve. Os policiais, quando chegam, são conciliadores: eles entendem seu país.

Viver num mundo governado pela feitiçaria, um mundo sujeito à dissolução irracional em seus pormenores, é viver sob tensão, numa vigilância constante. Acrescente-se a isso a eterna ansiedade acerca da política, o medo de perder sua terra; acrescente-se a enorme população de Uganda, o sentimento constante de uma multidão enorme para a terra que há disponível, para as estradas, os empregos disponíveis.

A terra pode parecer muito ampla e desocupada (como pareceu aos primeiros exploradores), mas você nunca pode saber se está invadindo charcos protegidos, que agora se sabe serem responsáveis por filtrar e limpar a água do lago Vitória; ou quando, caçando antílopes para comer na área do monte Elgon, uma zona de caça tradicional para seu povo, você está ultrapassando os limites de terras protegidas pela autoridade da vida selvagem de Uganda, cujos guardas carregam armas e atiram para matar e onde, como se diz, caçar ilegalmente é "apertar a mão da morte na floresta". Existem várias regiões onde você, como pastor, nunca sabe dizer se está ocupando terras reservadas para os agricultores ou às vezes coduzindo seu gado para além da fronteira com a Tanzânia, onde eles são indesejáveis. Em Kayunga, você derruba árvores com outras pessoas para fazer carvão; e logo, como já não existe cobertura vegetal, as tempestades de granizo destroem casas, campos e animais, e as pessoas subitamente ficam sem ter onde dormir e o que comer. É muito fácil tornar as coisas piores.

Esse sentimento de viver sob tensão pode facilmente se tornar um sentimento de dilaceração, pode se tornar sofrimento. É desse sofrimento, de pessoas empurradas ao precipício, de um mundo já fora de controle, que muitas reportagens de jornal falam todos os dias.

"Homem mata dez incendiando cabana": é uma reportagem que vem do norte, de um acampamento de cidadãos ugandenses desalojados. O nome do acampamento sugere as tensões. Dentro dele, uma disputa de família: um homem acerta as contas com a esposa de quem está separado. Era uma cabana com telhado de palha: depois de regada com gasolina, deve ter se incendiado com ferocidade. Sete das dez pessoas mortas eram crianças, algumas de outras famílias; a falta de espaço fez com que tivessem sido levadas para aquela cabana em particular. Uma fotografia mostrava os corpinhos carbonizados na cabana reduzida a cinzas deitados juntos, para aquele fragmento de conforto no último minuto, e deitados de rosto para o chão, para instintivamente protegê-los.

"Meu marido foi retalhado até morrer enquanto eu observava": uma matéria da mesma edição. Era o segundo casamento para ambas as partes. O marido tinha quinze filhos do primeiro casamento, seis do segundo. Voltavam para casa de um centro comercial quando foram atacados por um homem com um facão que irrompeu de uma plantação de banana. O atacante, enquanto esfaqueava e retalhava, acusava o marido de ser polígamo. Portanto, além do possível ressentimento da primeira família do homem, havia algum sentimento cristão no caso. Depois que o marido foi morto, o atacante se voltou para a mulher. Decepou uma de suas mãos e teria feito mais, porém saiu correndo quando apareceu um ciclista de *boda-boda* com uma luz forte de bicicleta. A mulher foi levada ao hospital e lá sua outra mão foi amputada. Sem as mãos, tinha de ser alimentada por outras pessoas. Ela disse ao jornal: "Não sei para onde vou ser levada com essas crianças, e agora que elas vão retornar à escola, quem vai me alimentar?".

"Acusada de enterrar o filho vivo": de novo, uma reportagem da mesma edição do jornal. Uma lavradora ocasional de 33 anos, trabalhando numa fazenda de flores (nem mais nem menos), é acusada de ter enterrado o filho de dezoito meses num canteiro de batatas. A criança foi envolvida num saco e teve as pernas amarradas. A fotografia da mãe mostra uma mulher destruída e desamparada. Uma vizinha diz ao jornal que pessoas tão desesperadas deviam ter permissão para levar os filhos indesejados a qualquer delegacia de polícia. E a descrição do bebê enterrado — o saco, as pernas amarradas — revela um estranho eco do conselho da feiticeira a um consulente, para que fizesse uma oferenda de algo muito querido. Como se a pobre mulher tivesso ouvido tal conselho e estivesse tentando cumpri-lo por conta própria.

Tudo isso para o sofrimento dos pobres. Mas para as pessoas ricas, e mesmo para as do clã real, existe um tipo de dor equivalente. "Tivemos a independência e a perdemos. Jamais nos recuperamos dos anos de destruição que se seguiram à independência. Vinte anos até 1984. As tradições estão sumindo à revelia. Está indo a Mbarara? Deve ir até lá para ver a destruição com seus próprios olhos. Veja o palácio abandonado com heras crescendo por causa da política. Quando se removem as restrições culturais, tem-se o caos e a anarquia. Pessoas colocadas nessa situação vão fazer qualquer coisa para sobreviver." Essa era a tese que o príncipe Kassim queria defender. "Vão fazer qualquer coisa e ao mesmo tempo querem os avanços tecnológicos do mundo. A corrida por esses luxos tecnológicos substituiu a cultura. Nossa religião não era selvagem. Era baseada na veneração dos ancestrais. Se seu pai morre, você o venera. Você faz uma libação aos ancestrais antes de beber. A destruição das tradições e a falta de restrição cultural, especialmente para povos que foram reunidos por um poder colonial e obrigados a formar uma nação, só poderiam suscitar o desastre."

E para alguém no meio-termo, uma mulher instruída, não pobre, não do clã real, e de uma parte bem diferente do país, uma pessoa abertamente cristã mas com amor por suas raízes: "A modernidade quer que nós varramos nossa cultura para longe, e isso se manifestará num levante político. Num conflito entre cristianismo e religião tradicional. Na tradição do povo lango, quando ocorria uma seca, ou quando ela se prolongava, todos os anciãos se juntavam e faziam sacrifícios, e chovia enquanto estavam nesse ato. Minha avó me contou. Mas os missionários chamavam isso de adoração diabólica. A cultura não morre — hoje é chamada de feitiçaria. Minha avó teve gêmeos que morreram. Tiveram de ser enterrados de um modo especial, em potes ocos, e uma barraca teve de ser construída sobre o túmulo, para protegê-los e dar-lhes sombra. Todo ano, minha avó ia lá, para cuidar da barraca, cantar e dançar. Quando ela se tornou pentecostal, teve que parar com isso, já que não era permitido. Teve que remover a barraca e vivia com muito medo de que os gêmeos viessem e matassem seus filhos vivos. Eu digo a mim mesma para não ficar confusa. Para mim, tudo tem a ver com crença e com o que trata você bem. Na religião tradicional, não tinha a ver com dinheiro. Era um espírito comunitário e as pessoas se reuniam por uma causa comum, como a seca".

E aos poucos, a partir das tragédias que o jornal noticia, a partir das conversas com gente boa, o visitante chega à perturbadora conclusão de um país pobre e ainda vulnerável — em seu povo, que vive com os nervos à flor da pele, e até mesmo em sua paisagem, que pode ser espoliada — após quarenta anos de conflito civil, ainda à espera de um levante que pode não resolver nada.

10.

Em 1966, eu não tinha pensado em ir procurar a nascente do Nilo. Nenhuma das pessoas que eu conhecia falava disso. Falavam dos parques de caça e pesca nos lagos ocidentais; falavam da política do país; falavam de seus colegas; falavam de fazer longas viagens de carro. Eu mesmo não havia lido Speke naquela época e, por isso, não tinha sido tocado pelo fascínio do grande rio, embora o tivéssemos cruzado em Jinja a caminho de Nairóbi, um passeio habitual, e cruzado novamente o rio ao voltarmos de carro para Kampala. Em Stanley li que *jinja* se referia às pedras, às cachoeiras, que surgiam logo depois que o lago Vitória se despejava no Nilo.

E agora eu estava prestes a ver que esse despejar-se no Nilo, visto do lado de Busoga, era uma das maravilhas da natureza: um grande e liso lençol d'água de força imensa, não lamacenta como o Congo ou o Mississippi, mas límpida, verde-cinza, pontilhado com pequenas ilhas verdes e misteriosas e, entre margens verdes e altas, dividindo-se e ganhando vida acima das pedras. Speke, na primeira vez que viu isso, o objeto dos seus sonhos, sentou-se à margem do lado de Buganda e "viu o dia ir embora" observando o jogo das águas. Esse efeito ainda estava lá, estimulando o visitante apenas a olhar, fazendo a mente retroceder séculos, talvez milênios, quando o que vemos agora já existia (apesar de que uma câmera acelerada poderia mostrar ilhas e vegetação desaparecendo e reaparecendo); e fazendo a mente empreender também uma jornada inimaginável de seis mil e quinhentos quilômetros para o norte, até o Mediterrâneo.

Speke viu milhares de "peixes passageiros" voando nas pedras e muitos rinocerontes e crocodilos no rio. Não estão mais ali agora. O próprio Speke foi um grande caçador, com um elegante vocabulário esportivo vitoriano para combinar; e muitos milhares de esportistas seguiam por onde ele levava. Mesmo durante aquela primeira visão das pedras, enquanto seu amo se contentava em sentar e contemplar, o bem treinado assistente de Speke, Bombay, atirou em um crocodilo adormecido e o matou.

No século seguinte, construiu-se uma represa em Jinja. As represas alteram a vida dos rios e alteram o aspecto das coisas; e o que vemos agora nas pedras não foi exatamente o que Speke viu.

Outra represa está planejada num trecho inferior do rio; quando ficar pronta, o visitante já não verá o que vemos agora.

Numa das ilhas do lago Vitória, uma organização conservacionista internacional instalou uma pequena reserva de chimpanzés — 42 animais, cujos pais foram mortos e comidos por africanos, que se deliciam com o que chamam de "carne do mato" e que, se conseguissem armas e fossem deixados por conta própria, sairiam facilmente comendo toda a vida selvagem do continente em seu caminho.

Os conservacionistas fazem viagens de barco à reserva a partir de Entebbe. Me pareceu um modo sossegado de estar no lago onde, 150 anos antes, Mutesa I, com alguns barcos de sua esquadra, gostava de fazer piquenique com sua corte e seu harém.

Os jardins ou terras da organização conservacionista crescem luxuriantes e verdes até quase a beira d'água. Deveria ser idílico, só que, de manhã cedo, as moscas do lago, penugentas e marrons, enxameiam sobre a água. Depois do que seria uma vida no ar, uma vida curta, elas procuram lugares para se fixar, e fazem isso nos cabelos e nas roupas. Alguns centímetros abaixo do cais, pendiam teias de aranha marrom-claras, pesadas, como guirlandas decorativas, com sua carga de moscas apanhadas — a África prolífica em vida e morte. O barco, ao dar a partida e avançar, corta outra nuvem de moscas do lago, que desabam duas vezes mais rápidas sobre rostos e roupas e vão se fixar onde não há vento para soprá-las, especialmente no chão do barco.

Logo, felizmente, a nuvem de moscas desaparece. A água está encapelada, verde-escura, e começamos a ver canoas de pesca. Há dois homens em cada barco, o qual se assenta tão baixo na água que os pescadores (que podem estar se exibindo um pouco) parecem roçar a superfície com seus corpos, e então fica fácil acreditar na reportagem de jornal que diz que cinco mil pessoas se afogam todos os anos no lago.

As românticas ilhas do lago começam a aparecer, florestas e parques, com suas cores suavizadas pela neblina. O que parece perto está muito mais longe do que se imagina. Muita fumaça branca emerge por trás de uma ilha, de uma colônia de pescadores que lenta mas seguramente está poluindo o lago, transformando-o num portador de tifo e cólera. Deve ter sido assim na época de Mutesa, mas Speke nada menciona a esse respeito, mais preocupado em descrever um ataque de asma que sofreu durante várias semanas.

Levava-se uma hora e meia até a ilha dos chimpanzés. Ordem imediata: grama aparada, cabanas com telhados caprichados, trilhas e placas, com os pássaros tecelões amarelos-brilhantes ocupados com seus ninhos extraordinários. Os chimpanzés são alimentados duas vezes por dia. As lanchas do continente chegam a tempo de possibilitar isso.

Uma trilha de pedregulhos vermelhos conduz até a cerca que separa a área dos chimpanzés e da floresta do resto da ilha. Uma enorme algazarra vinda de algum lugar na mata nos avisou que a alimentação tinha começado. Não havia carne para os chimpanzés, somente frutas cortadas, atiradas de uma plataforma. Elas eram disputadas na base de socos poderosos, que, quando aterrissavam sobre um chimpanzé, pareciam atingir um solo oco. Os gritos dos esmurradores e dos esmurrados eram encobertos por um guincho contínuo, tempero de uma dor indistinguível.

Os chimpanzés podiam ser órfãos, mas na reserva prevaleciam velhos conceitos sobre tamanho e autoridade. O macho líder corria de um lado para o outro no sentido do comprimento da plataforma de observação, e além, espancando os menores do que ele. Só os muito pequenos, mal saídos da infância, e estranhamente melancólicos, podiam comer tranquilos, com seus longos dedos calosos firmes em torno de seus pedaços de fruta. Um ou dois chimpanzés eram treinados para realizar pequenos truques para os visitantes, usando varas ou gravetos para trazer para dentro pedaços de frutas que tinham sido deliberadamente lançados para fora da cerca de arame, de modo que pudéssemos ver o truque.

Gradualmente, a alimentação foi terminando, e nisso também os animais maiores lideravam, sendo os primeiros a saltar de volta para a floresta, movendo-se depressa sobre braços e pernas.

Era inevitável lembrar que, em tempos de emergência nacional, os zoológicos e os animais eram os primeiros a sofrer. Bastaria um leve afrouxamento da autoridade central aqui para que todo o elaborado apoio à reserva dos chimpanzés desaparecesse de vez. Os chimpanzés eram habilidosos, conforme nos disseram; eram próximos dos seres humanos; contra as armas, porém, como todos os animais do mundo, eles eram indefesos. Quinze minutos ou menos com uma arma poderiam reduzir esses animais à carne da mata africana que seus pais tinham se tornado. As trilhas da reserva, hoje mantidas com tanta dificuldade, seriam tomadas pelo mato; os elegantes telhados de palha das cabanas se desfariam e desabariam. Quando Speke e Stanley estiveram nessas bandas, a floresta e a vida selvagem deviam parecer eternas; mas agora, como tudo mais em Uganda, sentia-se sua fragilidade.

Regressamos por outra rota, circundando uma ilha onde havia uma colônia com cerca de mil pescadores. Pelo menos foi o que disse um dos barqueiros; mas a colônia, com as barracas de cores pardas agarradas umas às outras, parecia uma apinhada favela do continente, de modo que calculei que devia haver muito mais gente ali. Era de lá que provinha a espessa fumaça branca da manhã. Na partida, tínhamos visto umas poucas colônias de pescadores, e algumas pareceram lugares românticos e pitorescos, com canoas escuras pousadas em praias brancas. Mas aquela grande colônia que imitava uma favela urbana não tinha eletricidade nem água, exceto a que vinha do lago.

Logo, num dos lados do céu apareceram os redemoinhos pardos, as espirais de moscas que tinham nos incomodado de manhã. Antes que conseguíssemos voltar para Entebbe, cinco ou mais desses redemoinhos de cor clara se delinearam contra o pálido céu baixo: uma forma delgada, que se erguia para o alto, ondulante, em constante mudança — como emanações da água do lago.

## 11.

O povo baganda possuía grandes habilidades como construtores de estradas retas como as romanas e de majestosas cabanas com teto de palha que não vazam nem mesmo na estação chuvosa. Tinham uma complexa organização social; cada clã era como uma guilda, com suas obrigações específicas. Venerando seu kabaka, eram governados pela ideia de lealdade e obediência. Tais qualidades, quando reunidas, fizeram deles uma grande força de combate e deram aos baganda seu império, que durou alguns séculos.

Sua história, contudo, não tem datas nem registros, pois o povo baganda não tinha escrita. Tinha somente uma limitada literatura oral, que é uma pobre substituta para um texto escrito, que pode ser consultado ao longo dos séculos. Estranhamente, a ausência de escrita não parece incomodar os acadêmicos ou os nacionalistas; não é assunto do qual se fale.

Encontrei um único homem que tinha pensado acerca dessa deficiência dos reinos ugandenses ou centro-africanos. Era um melancólico de meia-idade que provinha de um reino vizinho. Era um apaixonado pelos reinos, que acreditava no poder do tambor real aprisionado e insubstituível de sua área, com sua batida particular. Afligia-se com o passado recente. O terrível Milton Obote aprisionara o tambor real e sessenta e dois itens da realeza em 1967; e embora os reinos tivessem sido tecnicamente restaurados, nada voltara a ser o mesmo; e o tambor ainda não fora recuperado. O tambor ainda tinha poderes, mas sofria com seu aprisionamento. Como um patriota ferido, o homem melancólico exagerava o sofrimento por vir: vivia com a fantasia de que toda aquela parte da África seria varrida por alguma nova força política. Apontou para a mulher recatada, uma parenta, que estava com ele: "Daqui a alguns anos, você não a verá aqui". Não estava dizendo que a mulher migraria; dizia somente que, num curto prazo, pessoas do clã real, ao qual pertencia a parenta, pessoas conhecidas por seus traços delicados e distintivos, sofreriam repressão.

Eu o trouxe de volta à questão da ausência de escrita.

Ele disse: "Escrita? Eles nem conheciam a roda".

Era uma novidade para mim. Mas então, revisando tudo o que eu tinha lido acerca da antiga Uganda, senti que o que ele dissera estava certo — embora fosse difícil imaginar tudo sendo carregado por homens ou nas costas dos burros por aquelas retilíneas estradas de Buganda.

Ele acreditava que o isolamento geográfico de Uganda na África central, junto a lagos que o mundo exterior não conhecia, de algum modo explicava por que não havia escrita. E achei que ele estava certo. Os baganda tinham sua própria língua; teria sido razoavelmente fácil, dado o estímulo de vizinhos letrados, que uma forma de escrita fosse criada para representar os sons da língua. No reino vizinho de Bunyoro, Speke encontrou pessoas que escreviam em árabe: alguns povos sentiram necessidade de uma escrita.

Viver sem escrita, como viviam os baganda, era não possuir nenhum meio efetivo de registrar as coisas extraordinárias que eles realizavam. Muito do passado, os 37 reis de que se vangloriavam, está efetivamente perdido e só pode ser mencionado como mito. A perda continua. Numa era letrada, de jornais, televisão e rádio, o valor da história oral vai encolhendo gradativamente.

Os baganda construíram estradas como as romanas, muito retas, morro acima e vale abaixo, preenchendo as depressões disformes com talos de papiros altos, que cresciam nessa terra cercada de águas tal como no antigo Egito. Mas os baganda viveram por tanto tempo com a visão de suas antigas estradas que as tomaram por algo óbvio; alguns chegam a dizer que as estradas foram construídas pelos britânicos. E ficaram esquecidos os instrumentos ou sistemas, decerto sofisticados, para alinhar e nivelar aquelas estradas. Por volta de 1870, Mutesa I travava uma guerra contra um de seus vizinhos. Para essa guerra, ele construiu, ou mandou construir, uma estrada que percorria parte do perímetro do lago. Stanley viu essa estrada militar dois anos mais tarde. Ela ainda existia como estrada. Muito pouca grama tinha crescido nela, o que era bastante admirável numa área fértil sujeita a chuvas pesadas na estação pluviosa.

Patrick Edwards era o embaixador de Trinidad. Era um especialista em África, tendo servido na Nigéria por alguns anos. Estava interessado em minha viagem e fez o que pôde para ajudar. Achava que eu devia me afastar de Kampala e dar uma olhada em outros reinos além de Buganda. Escreveu uma carta oficial ao reino de Busoga (o mesmo que o kabaka Sunna tinha castigado espetacularmente nos anos 1850). Depois de algum tempo, veio uma resposta. Os funcionários estavam preocupadíssimos com as despesas que teriam quando eu fosse visitá-los e especificaram quais seriam: refeições, transporte, hospedagem. Senti que, de um salto, por causa da carta de Patrick, tínhamos retrocedido 150 anos, de volta ao mundo arbitrário do *hongo* tribal, que podia a qualquer momento ser dobrado para o viajante e logo dobrado de novo, antes que o tambor da satisfação pudesse ser tocado para liberar o viajante. Decidi ficar longe de Busoga.

\* \* \*

Patrick achou que deveríamos perseverar e tentou com o famoso e belo reino de Toro, no oeste. No hotel Serena, onde estávamos hospedados, coincidiu de haver um homem que, além de suas funções no hotel, era o chefe do protocolo do reino de Toro. Patrick, do seu modo correto e usual, abordou o homem, que se chamava James, e no devido tempo ele nos comunicou que a rainha-mãe de Toro viria ao hotel em alguns dias.

Na tarde do dia marcado, nos sentamos no salão Bambara do primeiro andar do hotel, à espera da rainha-mãe. Num canto afastado do salão, havia três mulheres corpulentas, de pele marrom. Estavam lá quando chegamos. Formavam um grupo distinto. Uma delas era notavelmente bonita e jovial. Usava uma sombra de olhos vermelha que combinava com sua tez. Suspeitei que fosse a rainha-mãe, mas não podíamos nos aproximar sem uma apresentação. Isso só ocorreu quando James, o homem do protocolo da corte, apareceu.

A rainha-mãe e suas companheiras saíram, então, de seu canto e vieram até onde estávamos sentados. As mulheres com a rainha-mãe eram suas irmãs, e imaginei que fossem suas damas de companhia oficiais.

A rainha-mãe, ao apresentar uma das irmãs, disse que ela era uma cristã "renascida". Isso significava que fazia parte da safra pentecostal de Uganda, na qual havia centenas de igrejas pentecostais, com nomes extravagantes, alcançadas em número apenas pelas escolas particulares primárias e secundárias, cujas placas ("Diária e internato") apareciam em locais improváveis, tal como os quadros de aviso das igrejas, um tipo de empresa privada que perdeu as estribeiras: um cumprimento improvável e distorcido do desejo de Mutesa em 1875 por missionários britânicos.

"O senhor quer ser salvo?", perguntou ironicamente a rainha-mãe.

Mas a ironia não teve efeito algum sobre a irmã "renascida" que, a meia voz, começou imediatamente a nos falar sobre quanto Jesus é necessário.

Com igual ironia, a rainha-mãe disse que a outra irmã era casada com um homem velho, deixando que adivinhássemos o que isso queria dizer. A rainha-mãe contou sua própria história com desenvoltura. Era óbvio que já fizera isso várias vezes antes. Seu marido trabalhara na diplomacia de Uganda. Tinha servido na América Latina e ela, à sua maneira divertida, falou algumas frases em espanhol que ainda recordava: "*¿Cómo está? ¿Todo va bien?*". Era um casal feliz, embora ele fosse mais velho do que ela. Tiveram três filhos, duas meninas e um menino. Uma das meninas ficou muito doente de leucemia. Levaram a filha para o hospital Royal Marsden em Londres. Por três anos, enquanto a menina ficou no hospital, a família permaneceu em Londres. Em determinado momento, o marido diplomata teve de voltar a Uganda para cuidar de vários assuntos. Enquanto estava lá, morreu de um ataque cardíaco; pouco depois, a menina com leucemia também morreu. Assim, aos 27 anos, a rainha-mãe se tornou viúva e regente.

Seu filho tinha agora dezesseis anos. Dentro de duas semanas mais ou menos ele ia abrir o Parlamento em Toro. Seria um esplêndido evento com duração de três dias. O príncipe Kassim tinha se referido àquilo como parte da cultura e da disciplina dos velhos tempos. Era comovente, disse, ver respeitáveis senhores reverenciando o rei-menino. E a rainha-mãe agora nos contava um pouco mais sobre o filho. Ele amava os animais. Não permitia que ninguém chutasse um cão ou matasse um gato. Ela esperava mandá-lo à Inglaterra para ser educado. Ela nos convidou para ir a Toro para a abertura do Parlamento. E Patrick, pagando cortesia com cortesia, convidou a rainha-mãe a ir a Trinidad para o carnaval no ano seguinte.

James, o homem do protocolo, parecia deliciado por ter corrido tão bem o encontro no salão Bambara. Ele tinha uma aparência tão esguia e era tão seco e formal quanto a rainha-mãe era cheia de vivacidade. Mais tarde, jubiloso, disse: "A família real de Toro é uma gente encorpada, bonita e de pele clara".

Foi estranho ouvir isso dele, que tinha a pele muito escura.

Eu tinha começado a sentir que já fizera o que podia fazer em Uganda e planejava seguir viagem. Mas agora, depois do convite da rainha-mãe, achei que devia ficar por ali até a abertura do Parlamento de Toro.

Eu tinha algumas lembranças do reino, de 1966. A principal cidade era Fort Portal, batizada com o nome do primeiro supervisor do protetorado britânico. Em 1966, Toro tinha uma espécie de vida de expatriados. Havia plantadores de chá. Relutante, fui certo dia pescar com um deles no lago Albert, a oeste, e rapidamente me atrapalhei com as coisas, enroscando linha e isca num tronco submerso, o que não foi nada divertido. O bar mais conhecido era o The Gum Pot. O rei de Toro tinha o título de *omukama* e seu palácio ficava no alto de um morro. Havia histórias sobre ele (ou, possivelmente, sobre seu pai). Quando bebia demais, seu mordomo mantinha os visitantes à distância, dizendo: "O omukama está cansado". Certo ano, com ânimo de decorador, ele despejou uma camada de tinta verde sobre as pedras ao lado da estrada que conduzia ao palácio no morro.

Os dias passavam. Nenhuma mensagem vinha de James sobre as providências que teriam sido feitas para nós. Patrick, com suas noções de etiqueta diplomática, não pressionou. No sábado em que o menino-rei ia abrir o Parlamento, Patrick telefonou para James de manhã, e ficamos sabendo que havia muitos convidados e que não tínhamos como ser incluídos. O fim de semana cerimonial passou. James disse: "Vocês conhecem essa gente da realeza. Eles não se incomodam".

Nos dias que se seguiram — Patrick talvez tenha enviado uma reprimenda diplomática —, James ficava cada vez mais agitado. Nós tínhamos sido negligenciados; ele se sentia responsável e queria muito reparar as coisas. Queria que fôssemos a Toro. Queria até mesmo que passássemos a noite lá. Ficou bastante frenético. Disse que tinha planejado tudo e que estava com tanto remorso por causa de sua realeza que achamos que seria grosseiro com ele não irmos a Toro.

No último momento, porém, alguma boa fada nos fez decidir não passar a noite lá, mas voltar para Kampala. Patrick, sempre correto, vestiu um terno cinza formal para o que poderia ser considerado sua visita à realeza; e fomos em seu carro de embaixador, com a bandeira de Trinidad desfraldada.

Era uma viagem de quatro horas até Fort Portal. Pelo menos metade dela se fazia nas retilíneas estradas reais de Buganda que, quando subiam um morro, pareciam desaparecer no céu no alto do aclive. Mas aquelas estradas de Buganda estavam em más condições, apesar do editorial do jornal daquela manhã dizer que o povo de Uganda era "ludibriado" e levado a acreditar que as estradas não eram boas; e os quebra-molas na estrada em cada área povoada faziam sacudir os ossos.

Chegamos a tempo às estradas de Toro construídas pelos britânicos: não retas, sempre sinuosas, dispostas sobre trechos do solo vermelho que frequentemente ocultavam a vista. Mas por alguma razão — talvez a população fosse mais esparsa e houvesse menos tráfego pesado — aquelas estradas estavam em condições muito melhores do que as de Buganda, e pudemos viajar em alta velocidade. Os marcos de pedra na margem da estrada eram gravados a cada quatro quilômetros com a distância até Fort Portal.

Essa distância parecia se desvanecer, e a paisagem ao redor era maravilhosa: campinas entre cadeias de montanhas.

James, ao telefone desde Kampala, nos guiava através da pequena cidade. Chegamos ao morro com o palácio. Enquanto o escalávamos, procurei as pedras do acostamento que teriam sido pintadas de verde por um excêntrico omukama em 1966. Não consegui vê-las. As pedras podiam ter sido removidas por estarem demasiado desfiguradas, ou senão a história devia ser falsa. Para todos os lados a visão era magnífica: contemplávamos a ampla campina, a grama pálida, as árvores mais escuras e os telhados da pequena cidade colonial de Fort Portal.

O morro era isolado, toda vista deslumbrante. Me ocorreu que aquele morro sempre teria sido a sede de um rei ou de um chefe; teria uma história. Se os africanos não tivessem construído com os produtos perecíveis da floresta, teria valido a pena escavar.

Chegamos a uma área com cascalho entre o palácio e um pequeno prédio moderno incaracterístico. Quando saímos do carro, fomos recebidos por um pequeno grupo de homens sorridentes e agitados que vieram correndo em nossa direção, tiraram fotografias de todos nós e conseguiram fazer muito barulho. Deviam ser os funcionários do palácio de quem James nos falara. Portanto, de modo reconfortante, James tinha cumprido com a palavra.

Fomos levados a um pequeno cômodo no palácio onde em dois grandes painéis havia cópias de fotografias da família. Imediatamente, então, sem nos dar tempo de descansar depois da longa viagem, um funcionário de olhos vermelhos, longa casaca e um cajado com um pesado castão, começou a nos arengar sobre Toro e a família real. Ele simplesmente não apontava para as fotografias; usava o pesado castão para bater com força em várias fotografias nos painéis. Produzia muito barulho e tinha um sotaque pesado. Não consegui acompanhar o que ele dizia, mas senti que começava a se repetir.

No alto de um painel havia uma fotografia do antigo palácio: um amplo edifício retangular coberto de palha. Quando os britânicos vieram para Uganda, os africanos sentiram vergonha de suas cabanas redondas; assim que puderam, começaram a construir casas retangulares de concreto. Portanto, o que aconteceu aqui no morro real de Toro foi uma curiosa inversão da prática que se tornara norma em Uganda. O antigo palácio era retangular; o novo palácio, circular. Tinha sido construído assim para preservar a vista dos arredores; mas era também uma espécie de rejeição à antiga ideia colonial de modernidade. O novo palácio, com suas várias mensagens políticas, fora construído na verdade pelo Irmão Líder Kadafi como parte da expansão líbia na África. O novo palácio redondo possuía pilares de concreto e suas calhas ficavam expostas. Essa exposição das calhas era o estilo líbio; a grande mesquita nova de Kampala tinha aparência semelhante.

Eu teria gostado de ver mais do palácio, mas não pudemos fazer isso. Quando perguntei onde poderíamos descansar, fomos levados ao prédio menor, retangular, do outro lado da área de cascalho. No quarto de vestir havia uma velha pele de leopardo, marca da realeza (pobre leopardo, fadado à extinção), atirada sobre uma cadeira acolchoada. Imaginei o jovem rei sentado aqui e discutindo assuntos de Estado com várias pessoas. Havia outro quarto pequeno, com dois divãs simples postos contra duas paredes, suas cabeceiras fazendo ângulo uma com a outra. Era ali que supostamente deveríamos descansar. O vaso sanitário não tinha assento; através de um grande buraco no teto, podíamos ver as vigas e os tabiques do telhado. Foi onde os arranjos de James falharam; estava claro agora que nenhuma quantidade de telefonemas poderia melhorar as coisas.

Arrastamos algumas cadeiras para fora, para a ampla varanda, e o ar morno do pátio de cascalho e da estrada abaixo veio até nós. Patrick telefonou para James e disse, sem se queixar, que Toro era lindo, tão lindo que esperava poder comprar um lote de terra. James, não percebendo a ironia, disse que, se quiséssemos almoçar, devíamos ir ao hotel Montanhas da Lua, na cidade. Decidimos esquecer os funcionários do palácio — tínhamos alguma ideia do que deviam ter preparado como almoço para nós — e escapamos para o referido hotel. Mais tarde soubemos que os funcionários tinham a esperança de ir conosco.

No Montanhas da Lua, novo para mim, nos sentamos na espaçosa varanda dos fundos, na orla do gramado muito verde. Um belo gatinho, de três ou quatro meses, soltava gemidos pungentes por comida. Desejei poder levá-lo comigo. Fui falar com uma garçonete. Ela me contou que o gatinho era o último de uma ninhada; as pessoas tinham se livrado dos outros. O gatinho morava no cano de uma calha de concreto; quando se enfiava lá, ficava perfeitamente escondido. Era sozinho no mundo; mantinha-se vivo — talvez por não muito mais tempo — por seus instintos. Só a fome o fazia se aproximar da varanda traseira. A garçonete trouxe um pires com leite. Essa pequena amostra de alimento reconfortou o bichano; parou de chorar e, um pouco depois, eu o vi no jardim do hotel, não longe do cano onde morava, lambendo as patas.

Não foi muito longe daqui, no reino de Unyoro, a oeste de Buganda, que Speke, perto do fim de sua viagem, comprou um gatinho de um homem de Unyoro. Não disse por que o comprou, mas só pode ter sido para manter a criatura viva por mais alguns dias. O homem de Unyoro queria comer o gatinho; era uma comida boa, disse. Implorou a Speke que lhe devolvesse o gato, se ele desse sinais de que ia morrer. É um episódio estranho em seu livro, que ocupa apenas quatro linhas; e não diz como aquilo terminou.

James tinha falado alguma coisa sobre os funcionários do palácio nos levarem para ver lugares e pessoas relacionadas à religião tradicional africana. Mas, desde nossa chegada, meu interesse nessa parte do programa tinha decaído drasticamente. E foi melhor assim, pois, quando voltamos do hotel para o palácio, o funcionário de olhos vermelhos, ao falar das coisas religiosas que queríamos ver, disse que tinham mandado embora todos os carros; e já que não cabíamos todos no carro do embaixador Patrick, eles teriam de ir à nossa frente numa motocicleta *boda-boda*. Isso custaria três mil xelins. Era apenas uma libra esterlina, mas em xelins ugandenses soava uma quantia amedrontadora; e tive medo de imaginar quanto, se nos mostrássemos indiferentes ao dinheiro naquele momento, teríamos de pagar mais tarde para ter uma audiência com um adivinho local.

Eu disse que íamos cancelar aquela parte do programa. Eles não pareceram se incomodar. Mas quiseram que assinássemos o livro de visitas. Queriam especialmente que Patrick assinasse, já que ele era o homem importante entre nós. E, já que era importante, quiseram que assinasse ao longo de uma página inteira.

Em seguida, levaram Patrick ao pequeno cômodo do palácio onde ficavam os dois painéis fotográficos. Ele saiu depois de algum tempo com o que parecia ser uma fotografia-suvenir emoldurada: tinha sido tirada de manhã em meio a muito barulho e agitação. Patrick agradeceu. Disseram que havia uma taxa. Sete mil xelins. Pouco mais de duas libras. Patrick deu a eles vinte mil xelins. Ficou esperando o troco, mas disseram que ele tinha ouvido mal: a taxa não era de sete mil xelins, mas de 74 mil. Vinte e quatro libras e cinquenta *pence*, ou 37 dólares americanos. Patrick, chocado demais para argumentar, ou para pensar sobre libras e dólares, pagou. Só tomou consciência do ultraje depois que partimos, e por um bom tempo só conseguia pensar no que era de fato o *hongo* que lhe tinham feito pagar.

Por todo o trajeto de volta a Kampala, ao longo das estradas sinuosas de Toro e das estradas retas de Buganda, havia estudantes de uniforme saindo da escola ao final de um dia de aulas, caminhando para casa, para as residências simples sob o sol feroz. Passava apenas um pouco das três da tarde, o horário mais cruel de um dia tropical: o calor no ápice da violência sobre todo o verde, o frescor da manhã há muito reduzido a cinzas, junto com qualquer otimismo que o novo dia pudesse ter suscitado. A luz e o calor lançavam uma claridade sinistra sobre a paisagem que atravessávamos: as casas pequenas, as lavouras pequenas, as pessoas pequenas — parecia que nenhuma outra ascensão era oferecida às crianças que víamos na estrada. Uganda era Uganda. A educação e os uniformes escolares, dando uma ilusão de possibilidades, eram coisa fácil; muito mais difícil era a criação de uma economia adequada. Não haveria emprego para a maioria das crianças que estávamos vendo — algumas perambulando a caminho de casa, matando tempo apesar do calor.

As últimas notícias sobre emprego, apresentadas nos jornais como boas notícias, eram as de que, mesmo com todos os homens-bombas e o caos reinante, havia seis mil ugandenses trabalhando como guardas de segurança no Iraque. Havia também uma matéria sobre uma convocação de professores de inglês ugandenses por parte da Coreia do Norte.

# 2. Lugares sagrados

Alguém tinha me dito — alguém que disse querer me alertar acerca do aeroporto de Lagos — que os nigerianos gostavam de viajar com montes de bagagem. Interpretei isso como um aviso de que haveria problemas na coleta da bagagem em Lagos. Mas tivemos problemas com a bagagem muito antes de deixarmos Londres. Alguém tinha feito *check-in* com sua bagagem e depois desaparecera. Esperamos por algum tempo e logo o piloto disse que o passageiro ausente tinha despachado dezenove volumes de bagagem. Pensei ter ouvido mal. Mas os passageiros nigerianos não moveram um fio de cabelo. Mais tarde, na Nigéria, entendi por quê. Por que se incomodar com dezenove volumes quando, naquele momento, havia um figurão nigeriano viajando pelo mundo com 37 malas, e fazendo isso com um passaporte diplomático ao qual não tinha direito?

Os nigerianos têm sua própria noção de status. Eles se divertem com coisas que outras pessoas levariam a sério; e um passaporte diplomático, com suas várias imunidades, era um dos brinquedos que tinham chegado a eles com a independência e a criação do Estado. Possuir um brinquedo como esse, quase um fetiche, separava os homens dos meninos, e pessoas importantes trocavam cotoveladas para conseguir o título de nobreza. Um homem com 37 malas já seria de um exibicionismo suficiente, alguém poderia pensar. Mas, aos olhos dos nigerianos, semelhante homem seria muito mais do que um exibicionista; ele imprimiria seu selo de majestade se, na Imigração, diante dos olhos da multidão enfileirada, conseguisse passar tranquilamente pelo portão destinado aos diplomatas.

Estávamos esperando naquela manhã ou naquela tarde, em Londres, dentro do avião estacionado, e o homem que abandonara seus dezenove volumes não aparecia. Finalmente, o piloto disse que aqueles dezenove volumes teriam de ser retirados do avião. Isso ia levar tempo, o voo estava lotado; muito mais do que dezenove volumes teriam de ser retirados até que se pudesse chegar às malas sem dono. Por fim elas foram encontradas e retiradas. Agora já havia um atraso de duas horas e meia na partida programada. Por todo esse tempo, ficamos à toa no avião, olhando para os prédios do aeroporto e para a vida agitada das pistas asfaltadas.

Foi horrível quando chegamos a Lagos. Para além do salão de imigração e alfândega, enganosamente ativo e logo esvaziado, reinava o caos. Três voos tinham aterrissado, próximos um do outro, e só havia um equipamento de desembarque de bagagens. Pela rampa de alumínio abaixo, vinham, a intervalos regulares, as estufadas malas pretas da Nigéria, como fragmentos de lava que se resfria. Eram malas surpreendentemente conservadoras no estilo, feitas com um tipo de tecido, e esquisitamente parecidas.

Na luz mortiça, as pessoas contornavam a esteira, enquanto algumas se encostavam na parede. Outras ficavam tão perto quanto possível da desembocadura, quase no meio do perigoso jorro de malas gordas, como gente que acreditasse em magia e pensasse que ficar perto da fonte era meio caminho para o sucesso. Pessoas mais importantes andavam de um lado para o outro com os assessores (com ternos ou elegantes roupas nigerianas), que tinham vindo ao aeroporto recepcioná-las. Agora, porém, como qualquer cidadão, apenas procuravam sua bagagem. Depois do requinte da classe executiva e da primeira classe, todos aqui eram iguais. O descarregamento e o recarregamento do nosso avião tinham feito uma bagunça na ordem original em que as coisas haviam sido acomodadas.

Eu estava de pé contra uma parede, atrás de uma família nigeriana que tinha embarcado em Londres e ainda estava cheia de energia. Eles tinham dois carrinhos, mas até agora nenhuma mala. De vez em quando, por nenhum motivo que eu pudesse ver, a filha adolescente, fechando a cara, dava no irmão muito menor um chute bem forte ou lhe desferia um tapa violento. As pancadas decerto doíam, mas o menino não fazia nenhuma tentativa de revidar; em vez disso, como um cachorrinho ou um gatinho de memória curta, se aproximava de novo da menina e era outra vez chutado e estapeado.

Enquanto eu observava aquela cena da vida familiar nigeriana, fui abordado por um homem de terno escuro e gravata colorida. Ele parecia sugerir que era um motorista e estava à minha espera. Parecia tão bom, correto e lógico no meio daquele barulho e daquele desamparo à minha volta que esqueci tudo o que tinham me ensinado sobre o aeroporto de Lagos. Depois dessa apresentação, procurei, enquanto esperava, o homem de terno e gravata vistosa; ele se tornou minha âncora na multidão tremulante e saltitante. De vez em quando (sem dúvida por algum motivo particular premente) ele desaparecia na turba em volta da esteira e então eu ficava ansioso até vislumbrar de novo a gravata vermelha.

Quando, passada uma eternidade, ele me guiou até um carro (depois de já encontrados meus dois pequenos volumes de bagagem), fiquei feliz por partir.

O edifício do aeroporto era caótico por dentro. Por fora, era repleto de ameaças: vigas de concreto aparente acima de nossa cabeça, pilastras de concreto aparente na frente e uma espécie de marquise que não oferecia proteção alguma. Estava chovendo. A rua, embora brilhante sob a chuva, não era bem iluminada. Depois do sufoco na área de bagagens, cada gota de chuva, escorrendo por baixo da marquise inútil, parecia gelada e dava a impressão de picar. Mendigos saíam da escuridão, em torno de uma esquina, vindos de nenhum lugar que se pudesse ver: figuras fantasmagóricas a princípio, e logo muito reais e sólidas. Todos se ofereciam para ajudar e cada um parecia uma ameaça. As mendigas, àquela hora da noite, eram especialmente perturbadoras.

Aqui, sem entender como, perdi o homem de terno. Deixado sozinho com um homem que disse ser meu motorista, ouvi que o homem de terno não era motorista; ele arrumava motoristas no aeroporto para pessoas como eu.

Aquele homem pelo menos sabia aonde eu estava indo, de modo que me deixei levar por ele.

Foi um percurso lento e demorado até o outro extremo da cidade adormecida. O motorista parecia inseguro acerca do trajeto. Todos os tipos de dúvida me assaltaram, mas logo, milagrosamente, lá estava a torre do hotel.

O homem que me levou até o andar do meu quarto puxou as cortinas dramaticamente e disse, como um empresário teatral: "O Oceano Atlântico!". Tive de confiar em suas palavras. Estava escuro demais para enxergar com clareza e eu, cansado demais para me concentrar. Tive uma impressão de grandes ondas se quebrando na praia, ouvi algum barulho de oceano (conforme julguei), abafado por vidro e por concreto; e foi tudo. O homem então falou sobre a televisão, recebeu sua gorjeta e se foi, deixando-me sozinho com as deficiências do pequeno quarto nu: o cofre quebrado, a geladeira vazia.

Telefonei para a recepção. Disseram que iam mandar alguém para cuidar do cofre. Ele chegou prontamente, um camarada de aspecto mal-humorado e macacão azul com a palavra *chaveiro* escrita em grandes letras brancas nas costas. Fez algumas coisas no cofre e disse que o tinha consertado. Deu uma pequena demonstração, mas pouco depois o cofre voltou a não funcionar e a recepção, nem um pouco incomodada, disse que enviaria o chaveiro de novo. Ele veio mesmo, tão prontamente quanto antes; mas dessa vez achei que o quarto não tinha salvação e que eu devia procurar outro.

Este também estava sem condições. Então, as pessoas da recepção começaram a me fazer ziguezaguear de baixo para cima, de um andar para o outro, de um quarto sem condições para outro. Começou a parecer que seria necessário pagar uma propina se eu quisesse ser apresentado a um bom quarto. E quase ao mesmo tempo me ocorreu a ideia — pensando no que eu vira no térreo — de que tinham feito minha reserva na ala errada do hotel (ele tinha várias alas e, de fato, construções separadas) e que aquele erro havia me levado a algo como uma casa de tolerância nigeriana.

Me lembrei de que um aviso ou algo assim me fora dado por um amigo, mas ele o dera de modo tão codificado que eu não havia entendido. Esse amigo estava agora em Dubai, no Golfo Pérsico. Ele tinha um amigo em quem confiava em Kano, a oitocentos quilômetros, no norte da Nigéria. Telefonei para ambos e, embora para eles fosse domingo de manhãzinha, os dois foram maravilhosos.

O homem de Kano devia ter alguma autoridade e talvez também possuísse a linguagem correta. A atitude do hotel mudou instantaneamente. Deram-me um quarto em outro prédio, em melhores condições. O homem de Kano disse que eu devia me transferir de imediato, sem esperar pela manhã. Tal como o próprio hotel, obedeci com alegria. O hotel enviou sua van para me transferir. Todos estavam corteses. Novo mundo, novo dia. Já passava das duas e meia agora.

Mais tarde, quando estava instalado em meu quarto, o telefone tocou. O homem do outro lado estava impaciente, à beira da raiva. Era um motorista. Disse que fora enviado ao aeroporto para me apanhar e não havia conseguido me achar. Tinha perambulado durante horas.

Compreendi que me deixara seduzir fácil demais por um terno e uma gravata e que me permitira ser sequestrado no aeroporto. Havia um cartão sobre a mesa do meu quarto, alertando os clientes sobre esse tipo de coisa, enfatizando que todo cuidado era pouco antes de entrar num táxi. Senti, então, que tivera a sorte dos inocentes — ela existe: tem cuidado de mim por toda a minha vida de viajante — e que, a despeito do que estivesse por vir mais tarde, aquela sorte me trouxera para o meu hotel.

Foi meu primeiro dia na Nigéria.

No saguão do primeiro edifício, eu tinha percebido — há diversos níveis de consciência em qualquer momento, e talvez seja assim no momento da própria morte, ainda que seja doloroso —, apesar da ansiedade, que estava no ápice, e apesar da fadiga depois de catorze ou quinze horas de viagem, uma escultura atraente e misteriosa: africana, mas realista, e não aparentemente mágica: a figura em tamanho natural de um homem velado, com um chapéu alto, casaco comprido, segurando um grosso cajado. O chapéu, como uma cartola, e o casaco, como um fraque vitoriano, davam um estranho toque europeu à figura. O véu era reticulado e mantido no lugar sobre a testa pelo chapéu, de modo que ficava um pouco afastado do rosto. Havia uma versão menor dessa escultura na área administrativa do novo prédio e outra, em sombra azul-clara, em alguns papéis timbrados do hotel.

O motivo era nitidamente bem conhecido, mas ninguém a quem perguntei soube me dizer com segurança o que representava a misteriosa figura. Ou talvez não tenham querido me dizer. Me disseram que era emblemática de Lagos; também me disseram que era uma figura de baile de máscaras. Isso não me ajudou. A ajuda veio mais tarde, em *Travels in the Interior of Africa*, de Mungo Park (1771-1806). Ele viajara, a cavalo e a pé, por essa parte da África mais de duzentos anos antes, no final dos anos 1790 (estranhamente, na época das guerras napoleônicas: a guerra, portanto, não punha obstáculos a tudo). Eu lera o livro de Park quase quarenta anos antes, e tinha gostado dele, mas (como ocorre com tantos livros que fazem parte da educação de alguém) tinha me esquecido da maioria dos pormenores, conservando da leitura somente uma imagem de poeira, crueldade e privação, a privação do autor e a privação de seus companheiros, na maior parte mercadores de escravos conduzindo seus escravos acorrentados desde o interior, levando-os — semidoentes e mal alimentados — ao longo dos oitocentos quilômetros até a costa, para serem vendidos e guardados nos porões dos navios atlânticos.

A figura de chapéu, véu e cajado aparece bem cedo no livro de Park. Ele a chama de Mumbo Jumbo. O nome mais tarde mudou de significado, tornando-se a expressão pejorativa que todos conhecemos; no entanto, dos dicionários ingleses que consultei, nem o Oxford nem o Chambers creditam a Park o primeiro e legítimo uso da palavra.*

*No dia 8, perto do meio-dia, cheguei a Kolor, uma cidade importante, perto de cuja entrada observei, pendendo do alto de uma árvore, uma espécie de roupa de mascarada, feita da cortiça das árvores, que me disseram, quando perguntei, pertencer a Mumbo Jumbo. É um estranho bicho-papão, comum a todas as aldeias man-*

---

* No inglês atual, *mumbo jumble* se refere a qualquer ritual sem sentido, mistificação, fetiche etc. (N. T.)

*dingas, e muito empregado pelos nativos pagãos para manter suas mulheres submissas.*

A África era polígama. As mulheres frequentemente brigavam e o marido às vezes tinha dificuldades em manter a ordem da casa. Era então que ele recorria a Mumbo Jumbo. Ele mesmo interpretava o papel de Mumbo Jumbo, ou chamava alguém em quem podia confiar. Pouco antes do anoitecer, Mumbo Jumbo certo dia começava a gritar na floresta fora da aldeia do modo mais apavorante. Esse grito terrível dizia às pessoas da aldeia que Mumbo Jumbo estava vindo; e quando escurecia Mumbo Jumbo vinha mesmo, com seu estranho disfarce, seu cajado e chapéu alto, o rosto velado e o casaco comprido.

Mumbo atravessa a aldeia até o ponto de reunião, o equivalente à praça central da aldeia. Os moradores se reúnem ali; nenhuma mulher casada pode se manter afastada, mesmo que sinta que Mumbo Jumbo veio especialmente por causa dela. Canta-se e dança-se; a coisa continua até a meia-noite; então, Mumbo Jumbo declara quem é a mulher culpada. Ela é agarrada, suas roupas são arrancadas e, nua, é amarrada a um poste e espancada até o amanhecer por Mumbo Jumbo e seu cajado. Os aldeões gritam de prazer; zombam da mulher e não demonstram a menor misericórdia.

A África não é mais polígama; só os muçulmanos têm várias mulheres entre si. A África, com exceção de seu segmento muçulmano, se considera cristã, ainda que fluam por baixo antigas correntes de pensamento, crença e costume. E é bastante fácil entender que a figura de Mumbo Jumbo crie embaraço para um africano moderno e que as pessoas que sabem muito bem o que a figura representa — a encenação, a comédia da velha cultura da mata — não saibam o que dizer a um estrangeiro sobre ela.

Mungo Park não desceu até a região nigeriana, mas não estava muito longe. A diferença entre sua África ocidental e o que se vê hoje é incalculável. Pode parecer óbvio, mas é essa mesma obviedade que permite o fácil esquecimento. No entanto, é um pano de fundo necessário para qualquer avaliação da Nigéria. A Nigéria agora é rica, por causa do petróleo. Mas a Nigéria moderna é nova; tem a idade de somente oito ou dez gerações; e alguns dos nigerianos mais dotados carregam esse fardo da juventude do país.

Fui apresentado a Edun. Era um homem bonito, atlético, de cinquenta anos e um banqueiro investidor. Senti que ele ainda se espantava com o modo como se tornou o que era. O mundo era novo para ele. Nesse novo mundo, via tudo como uma oportunidade, e seu patriotismo, de um tipo inteiramente novo, assumia a forma de desejar que as pessoas entendessem as novas oportunidades que tinham.

Nascera em Manchester, na Inglaterra. Era, portanto, um imigrante, com o ímpeto do imigrante. Não era algo que alguém associasse com a África. Era novo. Não teria acontecido cem anos atrás; a África daquele período estava fechada para a África de Mungo Park.

Quando tinha três anos, Edun, junto com um irmão mais velho, foi levado de volta à África pelos pais. O irmão morreu e Edun foi levado de volta à Inglaterra; assim, toda a sua educação se fez nesse país. Seus pais eram apaixonados por educação; era algo que tinham trazido consigo da África. Edun, quando criança, sentia essa preocupação. "Minha mãe dizia que se eu tivesse uma boa educação eu não olharia para trás." Quando visitantes nigerianos iam à sua casa, sempre perguntavam ao garotinho em que classe estava e qual era a sua posição na classe. Assim, enquanto crescia, Edun se descobriu diferente de seus amigos antilhanos, que abandonavam a escola sem remorso. Agora, esses amigos (descendentes das pessoas que Mungo Park viu sendo transportadas para a costa) olhavam para Edun e diziam: "Bem, nós desistimos, mas você seguiu adiante".

Isso, sobre os antilhanos, era estranho para mim. Em Trinidad, havíamos superado alguns efeitos da história. Tínhamos um distinto grupo de profissionais negros; seus filhos refletiam a confiança dos pais. Conseguíamos, sem dificuldade, diferenciar essas pessoas da população negra em geral. Negro e ordinário, negro e distinto: carregávamos as duas noções em nossa cabeça e seria até possível dizer que a negritude acrescentava distinção aos distintos. Talvez esse grupo tivesse precisado de tempo para crescer; meu sentimento é que começaram a emergir cinquenta ou sessenta anos depois da abolição da escravatura. As crianças antilhanas na Inglaterra (algumas descendentes das pessoas que Mungo Park viu sendo transportadas para a costa) não tinham esse *background* profissional, essa ideia de oportunidade; continuavam com seus velhos modos de pensar e de se comportar.

Cedo em sua carreira bancária, quando trabalhava num banco internacional em Washington, Edun teve um alumbramento. Foi muito simples. Um amigo nigeriano lhe disse durante uma conversa despreocupada: "Um dia eu quero possuir meu próprio banco".

Edun, naquela época, conseguia imaginar um cozinheiro querendo sua própria empresa alimentícia, ou um artesão querendo seu próprio ateliê, ou um motorista querendo montar um negócio de aluguel de carros. Mas um banco! De fato, já era possível para um nigeriano possuir um banco; as formalidades não eram intransponíveis. Não demorou muito, como ouvi de outra pessoa, havia 126 bancos privados na Nigéria. A maioria era de simples gerenciadores de contas correntes, mas vários deles seguiram adiante e desenvolveram verdadeiras práticas bancárias; hoje, depois da regulação, existem 25 bancos nigerianos. O amigo de Edun possui um banco. O próprio Edun deu início a seu banco particular, junto com um amigo; esse banco mais tarde se fundiu com um importante banco sul-africano; suas filiais podem ser encontradas em diversos países africanos.

Edun disse: "Essa é a mentalidade aqui. Eu não a tinha enquanto crescia e me educava fora do país, mas logo me apoderei dela. As pessoas frequentemente dizem umas às outras: 'Aqui você pode ser qualquer coisa. Pode atingir qualquer altura'. E essa mentalidade é a nossa grande força".

Mas Edun, tendo crescido na Inglaterra, foi poupado do outro lado da mentalidade nigeriana, o lado que mergulha bem fundo em antigas crenças e magias, o lado que resiste à racionalidade.

## 2.

O empreiteiro disse: "O senhor conhece Edun? Diga a ele que me consiga outra empreitada".

Eu disse que faria o que pudesse por ele.

Era um homem corpulento mas musculoso, de cinquenta anos, bastante alto. Quando solicitado a se descrever e a descrever sua comunidade, respondeu: "Sou um empreiteiro cristão que é um ioruba".

Então ele conhecia muito da cultura ioruba?

Respondeu, numa série de aparentes *non sequiturs* que, no entanto, faziam sentido: "Sou uma pessoa lida. Venho de uma família firmemente católica. Minha mãe foi uma medalhista papal, na época em que era de fato necessário trabalhar para isso. Eu estava com a Igreja Celestial de Cristo. E depois frequentei a igreja Aladura — uma forma ortodoxa do movimento eclesiástico cristão do Querubim e do Serafim".

Por que ele a chamava de ortodoxa?

"Nos livros eu li que ela é mais africana do que ocidental. Há mais uniformidade nela. Usam a Bíblia. A cerimônia normalmente dura quatro horas. Começa às dez da manhã no mundo todo."

Havia muito canto e muita dança durante a cerimônia. Isso o

excitava. Gostava da queima do incenso. A ordem da cerimônia também era mais interessante.

Aquilo tinha mudado sua espiritualidade?

"Eu não diria que abriu uma nova visão em minha vida." Mas logo disse algo diferente: "Um dia, eu vi uma menina possuída pelo Espírito Santo e que estava sendo purificada. Fiquei chocado com as coisas que ela estava confessando — as coisas que tinha feito no reino espiritual da escuridão. A experiência me tornou mais espiritual. Eu agora acredito que existe um alfa e um ômega que nos vigia. Cento e vinte milhões de nigerianos ou nigerianos médios só conseguem lutar com as vicissitudes da vida voltando-se para o alfa e o ômega. Outras pessoas chamam isso de outro nome. Acho que sou um otimista. Tenho vivido aqui e também já vi outros países africanos, e agradeço a Deus pela Nigéria. Eu vi a Libéria depois da guerra, e Serra Leoa, e vi Angola antes e depois da guerra. Nosso nigeriano médio é mais educado do que os outros africanos. Quando um homem realmente tem educação, ele pode racionalizar melhor. Na Nigéria, temos processos educacionais em que você pode seguir adiante, aprimorando-se".

Perguntei o que ele sabia sobre a crença africana tradicional.

"Temos divindades tradicionais que são bem conhecidas internacionalmente. Depois, existem sítios sagrados ou santuários e festivais. Tem um bosque aqui. Ele é reconhecido como sítio da Unesco, e lá fazem o festival de Oxum em Osogbo. Seguidores do orixá se reúnem ali em hordas e rezam pelo que querem com os pais e as mães de santo. A dimensão do tráfego humano nesse festival é espantosa. Vem gente do Brasil, de Cuba, dos Estados Unidos e do Haiti, e dura uma semana. No último dia, uma virgem com uma grande cabaça sobre a cabeça caminha até o rio,* segui-

---

* O rio a que ele se refere é o rio Oxum, de onde a deusa tira seu nome. Oxum também é o nome de um estado da Nigéria, cuja capital é Osogbo. (N. T.)

da por legiões de pessoas, e derrama o conteúdo da cabaça no rio, fazendo uma libação. Fui esmagado pelas pessoas. Não consegui ver a virgem."

São muitos os orixás (deuses e deusas iorubanos) e suas histórias se entrelaçam. O empreiteiro aprendeu acerca deles quando era criança? Disse que não. Seu conhecimento vinha de conversas que teve com outros nigerianos enquanto crescia, e elas lhe abriram os olhos. Não considerava que aquilo fosse *juju*.* Não gostava dessa palavra. Tinha uma conotação negativa.

Ele disse: "Os pais e as mães de santo odeiam essa palavra. Preferem falar de tradirreligião ou tradimedicina. *Juju* é degradante. A mágica *existe*. Veja essa menina. A menina de quem lhe falei. Veja as coisas que ela disse — como eles iam para baixo das árvores para provocar estragos ou acidentes, e como afligiam o povo com miséria e pobreza. Ela estava num transe e falou abertamente disso durante sua purificação. Eu acredito nesse lado escuro. Sou muito cuidadoso. Não aborreço as pessoas que me ameaçam. Não sei de que abismo escuro elas vêm e que poderes usarão para me ferir".

Eu tinha uma ideia romântica das religiões da terra. Sentia que elas nos levavam de volta ao início, ao Big Bang filosófico, e as acalentava por essa razão. Achava que tinham um tipo de beleza. Mas o passado aqui ainda vivia. Pessoas como o empreiteiro estavam mais próximas desse passado, e as palavras do homem (com seu eco shakespeariano) criavam uma nova ideia: o abismo escuro do paganismo. Outros também falavam disso à sua própria maneira; e me parecia que as pessoas das camadas mais baixas, que reagiam mais instintivamente às coisas, tinham um medo maior.

---

* Segundo o dicionário *Houaiss*, *juju* é, "entre certos povos da África ocidental, fetiche, amuleto ou encantamento, ou o poder mágico a ele atribuído ou associado". (N. T.)

O medo era real, não exagerado, e senti que era ele, mais do que ideias de beleza, história e cultura (como dizem algumas pessoas), que mantinha perto o passado e todos os antigos deuses.

Um vereador de Lagos me disse: "Até mesmo o pastor da igreja irá, muito discretamente, se puder, a um pai de santo tradicional num santuário. Deixe eu lhe dizer uma coisa: o africano médio tem muito medo do pagão, e o pagão está aí. Os muçulmanos e cristãos praticam o perdão e não podem ferir você. Na religião pagã não existe perdão. É uma religião do bateu-levou. Há regras que é preciso seguir muito estritamente, e quem as contraria morre ou enlouquece. Punem depressa e se apegam a isso. Aderem ao que exigem os pais de santo ou os deuses no santuário. Você vê então que se trata de uma força poderosa".

3.

Havia um rei de Lagos. Era chamado de *obá*. Existem obás (ou chefes) por toda a Nigéria, alguns hereditários, alguns nomeados (e pagos) pelo governo central. O obá de Lagos não tinha nada da antiguidade e do mistério do kabaka de Uganda; não tinha súditos, propriamente falando; não suscitava o temor religioso. Esse obá era um homem de negócios e ex-policial. Sua qualidade de obá tinha sido contestada por alguns, como ouvi dizer; e o caso ainda estava nos tribunais. Enquanto isso, o obá governava e em geral era aceito. Tivera uma longa e destacada carreira na atividade policial; aposentara-se no topo da hierarquia, como DIG (delegado inspetor-geral).

O obá conhecia Edun, e Edun achava que eu devia vê-lo. Quando eu disse que o encontro sera uma boa ideia, Edun no mesmo instante sacou seu telefone celular e ligou para o obá. Assim era Edun. Não gostava de perder tempo; essa era uma das razões de seu sucesso nos negócios. Pude ouvir, pelo que se passava ao telefone, que o obá tinha suas dúvidas, talvez sobre escritores de modo geral, ou talvez apenas sobre mim. Edun ofereceu garantias: não haveria entrevista, nenhuma citação direta. Com isso se combinou um encontro, e Edun prometeu ir comigo. Fiquei contente com isso; tornava a questão da audiência real mais administrável.

Ele era um rei das pessoas daqui de Lagos e vivia numa parte popular da cidade, no final de uma compridíssima rua de comerciantes com suas pequenas lojas. Os nigerianos adoram comerciar; há comerciantes nos lugares mais improváveis. O visitante, ao ver uma multidão em constante movimento, com frequência acaba se perguntando quem são os compradores, quem são os vendedores e (uma vez que as quantias negociadas podem ser tão pequenas) que vicissitudes os levaram a escolher seus respectivos papéis. Um comprador, parece, pode facilmente ser um vendedor, e o vendedor, um comprador.

De repente, na longa rua de comerciantes, e depois de uma casa com um cartaz grosseiramente pintado em seu andar superior dizendo que a casa pertencia a uma família real (não a do nosso obá), depois disso, numa rua lateral, havia um arco de concreto com dois V interligados, um deles invertido. Esse arco emoldurava o território da realeza. Do lado direito, havia mais lojinhas, algumas vendendo quinquilharias de plástico; na frente delas, vendedores de comida com bandejas. Do lado esquerdo, ficava a rua real, propriamente falando. Um grande portão de ferro preto barrava o caminho. Havia um sentinela numa guarita. Edun baixou o vidro do carro e o sentinela fez sinal para entrarmos. Passamos por uma pequena casa de concreto, bastante comum em todos os sentidos; era o antigo palácio do obá antes do petróleo e do dinheiro. O novo palácio estava logo adiante. Parecia uma casa residencial de classe média.

A multidão do lado de fora parecia comum a princípio, mas logo os olhos começaram a enxergar melhor. As pessoas, homens e mulheres, eram serviçais do obá. Tinham olhos brilhantes, eram animados e sorridentes. Alguns eram tocadores de tambor; outros faziam um tipo menor de barulho com pedaços de metal velho. Aquilo me levou de volta a Trinidad e aos anos 1940, quando a banda de metais estava se aperfeiçoando. Um suave ruído metálico era extraído das rodas descartadas de automóveis. Os homens seguravam as velhas rodas no ar com a mão esquerda, para manter o som puro, e batiam nelas com pedaços menores de metal. Mas agora, do lado de fora do palácio do obá de Lagos, eram as mulheres, sorrindo para os visitantes, que produziam esse som metálico.

Edun sacou notas de dinheiro novas em folha do bolso de sua túnica formal nigeriana e as deu aos músicos, silenciando-os. Eu não sabia desse aspecto do ritual e não tinha me preparado para ele. Não trazia nenhum dinheiro comigo.

Subimos os degraus do novo palácio até um salão de mármore. À esquerda, havia uma pequena sala de recepção com um trono branco entre duas cadeiras vermelhas. Esse cômodo estava vazio. O grande salão de audiências ficava à nossa frente. Fomos guiados para dentro por um homem alto, com uma bata de seda cor de creme. Os iorubas são homens grandes. O salão de audiências estava vazio. Era grande, cerca de doze metros de comprimento, com sofás empurrados contra as paredes laterais, e com dois tapetes chineses de cor azul e creme colocados, barra com barra, no meio do cômodo. Através de uma porta semiaberta no lado oposto, para além do trono e das cadeiras formais, era possível ver uma sala de jantar.

A cadeira do obá era alta e com um dossel real. De cada lado dela havia uma cadeira menor, igualmente acolchoada. Nós nos sentamos num sofá à direita. Os chefes que tinham ficado à espera do lado de fora começaram a entrar para a audiência. Sentaram-se em sofás de frente para nós do outro lado do salão. Assim, mesmo antes dele aparecer, já se concedia ao obá sua aura de majestade. Era difícil não ceder àquilo. E quando, por fim, ele apareceu, vindo da sala de jantar no fundo, eu instintivamente me levantei, como todos os demais.

Ele vestia uma túnica longa azul-clara. Trazia grandes contas de coral vermelho em torno do pescoço e dos pulsos. Era muito alto também, o que fazia aumentar a impressão que causava. Não parecia nem um pouco absurdo ao se sentar sob o dossel de seu trono.

Sentou-se. No silêncio que se seguiu, Edun, meu patrocinador, ficou de pé ao lado de seu sofá e — para meu espanto — prostrou-se sobre o tapete chinês e fez sua reverência africana.

Em seguida, três dos chefes de batas de seda se ajoelharam no chão e fizeram suas próprias reverências, apoiados nos cotovelos e nos joelhos, mais ou menos como um corredor olímpico em seu ponto de partida. Naquela postura respeitosa, estalaram os dedos ritmadamente, bateram palmas e cantaram. O obá recebeu tudo aquilo com graciosidade.

Para mim foi extraordinário. A exibição se parecia muito com o ritual respeitoso que Speke testemunhara em 1861 na corte ugandense de Mutesa (que ainda girava em torno de grandes cabanas e recintos de capim-elefante); e Uganda ficava muito longe da Nigéria. Speke chamou o ritual de *nyanzig*; pensou que era isso que os súditos do kabaka estavam dizendo quando se prostravam no chão. Treze ou catorze anos depois, Stanley disse que Speke se enganara. As pessoas que cumprimentavam o kabaka daquela forma estavam simplesmente expressando sua gratidão para com ele.

Depois que os outros chefes terminaram sua reverência ao obá, Edun se levantou de novo e se dirigiu ao obá em inglês. Disse-lhe quem éramos e o que estávamos tentando fazer. O obá fez um gesto de boas-vindas com a mão esquerda e apontou para a cadeira à sua esquerda. Fui e me sentei nela.

Uma mulher apareceu nos fundos do salão de audiências. Ela

se ajoelhou sobre os quadris e sorriu para o obá. Ele fez um gesto — era como uma pequena peça particular — para que ela fosse até onde ele estava; ela foi e se sentou na cadeira à direita dele.

Eu disse algumas palavras sobre meu interesse nas antigas culturas e religiões da terra. O obá, quando foi responder, procurou um assunto adequado. Decidiu-se pela história de Lagos e sua posição como obá. Disse que, como obá, era o fiador do povo local, fiador para os mortos, os vivos e os que estavam por vir. Fiquei comovido. Eu ouvira grandes latifundiários em outro país falar daquela maneira, e sentira que era algo para o qual eles haviam sido treinados. Tinham um modo particular de se referir àquilo que possuíam. Nunca diziam que o possuíam. Diziam: "Quando herdei" ou "Quando isso chegou a mim"; como se, junto com a grande riqueza, também viesse a filosofia e a noção de fiança, um modo do ser humano transitório lidar com a riqueza transitória. Senti que havia algo disso no que o obá dizia. Talvez fosse seu modo de descartar a disputa acerca de seu direito ao título de obá. E, de fato, naquele salão de audiências, com a majestade do obá, sua elegância indubitável, a disputa parecia não ter importância.

Falou sobre a história de Lagos. A cidade fora portuguesa antes de ser britânica.* (Portugal: com que frequência esse nome emerge nesses lugares remotos! Ver alguns dos entrepostos do império português na África e na Ásia, sentir o calor da praia desolada e a hostilidade do oceano cinzento, pensar um pouco sobre as terríveis distâncias, devorando vários meses de uma vida humana, é admirar mais uma vez o espírito desse povo, que não passava de um milhão na época de sua grandeza.) O obá falou de um conflito no início do século XIX — tive dificuldade em acompanhar o relato — muito importante para a história de Lagos. Disse

---

* Não é demais lembrar que o nome da cidade, Lagos, é de origem portuguesa. (N. T.)

que havia armas daquela guerra diante do velho palácio, pelo qual tínhamos passado. Esperava que fôssemos vê-las.

Edun se levantou e com algumas palavras pôs fim à nossa audiência. Eu me levantei e me inclinei para o obá e, enquanto atravessava o longo salão, dirigindo-me para a porta, me inclinei para cada chefe e recebi uma inclinação de cada um deles. Havia algum assunto particular ou alguma cortesia que Edun precisava resolver. Ficou para trás. Saí sozinho, descendo os degraus frontais do palácio. Vi novamente as galinhas-d'angola e os perus, criaturas da realeza, mas aqui fazendo sua própria baderna. Os músicos ainda perambulavam por ali, com tambores e metais. Eram simpáticos. Talvez fossem menos simpáticos se Edun não lhes tivesse dado suas cédulas de dinheiro.

Alguns chefes saíram e me conduziram ao palácio anterior. Era um prédio bem menor, mais um pavilhão do que um palácio, construído em torno de um pátio aberto, com uma grade de arame estendida abaixo da abertura no teto. Aqui, nos velhos tempos, o obá e os chefes se sentavam em esteiras e falavam uns com os outros no pátio aberto. Aquele cômodo pequeno e sua mobília simples diziam sobre a escala do palácio novo; mostrava quanto a Nigéria tinha progredido e quanto dinheiro a mais existia agora.

Diante do pequeno palácio, estavam as três armas portuguesas, pequenas, até mesmo atarracadas, que o obá tinha mencionado. Traziam inscrito o ano de 1813. Deviam ser morteiros, projetados para cuspir um projeto quente a uma distância curta. Davam a impressão de serem pelo menos tão perigosos para seus usuários quanto para as pessoas contra quem disparavam.

Era estranho pensar que aquela tecnologia simples pudesse em alguma época ter ajudado a construir um império colonial. Era algo um pouco parecido com a riqueza em tempos de inflação. Ter dinheiro primeiro era ser rico; não importava o quanto de dinheiro chegava às outras pessoas depois.

Eu via agora que no frontão do novo palácio havia um mosaico, de composição elegante, de uma cena de Mumbo Jumbo. Nessa versão, Mumbo Jumbo não estava só; ele perseguia mulheres. A cena era repetida numa grande escultura autônoma no final do pátio. A mulher assustada, fugindo de Mumbo Jumbo, com a boca aberta e os braços erguidos em sinal de alarme, era muito magra e pintada em preto e branco: muito eficiente.

Havia uma certa quantidade de lixo de rua aos pés daquela escultura. Isso não implicava rejeição ou negligência; era apenas o modo africano, eu já sabia reconhecer.

Um dos chefes que vinham me mostrando os arredores tinha sua própria interpretação da escultura. Eram figuras fúnebres, disse. Aquelas figuras eram celebradas num momento de morte. Portanto, nessa interpretação, Mumbo Jumbo, de cartola, véu e casaco, não era outra coisa senão a morte. Se essa interpretação estivesse correta, era estranho encontrar aquelas figuras representadas com tanto carinho no frontão do palácio do obá.

Edun finalmente saiu e voltamos pelo caminho que tínhamos vindo. Passamos de novo pela ampla reserva central na rua onde os comerciantes tinham colocado várias tigelas pequenas e fragmentos de cerâmica com oferendas. Os comerciantes faziam aquilo para ter boa sorte. As oferendas eram feitas a cada dia e não eram tão públicas quanto pareciam: a maioria das pessoas sabia que era perigoso ser o primeiro a olhar para aquelas coisas, que tinham sido preparadas por adivinhos e eram dirigidas a espíritos mais elevados.

4.

Na praia (ou marina, como diziam alguns) da ilha Vitória, uma das ilhas de Lagos, bem terra adentro longe da costa — os portugueses escolhiam surpreendentemente bem —, às vezes apareciam, na quinta-feira, e com mais frequência na sexta-feira e no fim de semana, belos cavalos castanhos. Um ou dois ficavam amarrados em trechos de grama fresca ao lado da estrada, perto de áreas de construção, mas a maioria deles ficavam selados, embridados e imóveis sob o imenso calor, com seus cuidadores à espera de clientes: as crianças das classes privilegiadas de Lagos, cujos pais queriam que elas aprendessem a cavalgar. Os cuidadores então se sentavam bem para trás e as crianças se sentavam entre seus braços.

Esses cavalos eram refugos do clube de polo local. No início, me contaram (e não tive como verificar), os cavalos descartados eram simplesmente postos à solta para que buscassem alimento por conta própria; tornaram-se catadores de lixo. A mulher de um diplomata europeu, muito angustiada com aquela visão, começou a atirar nos animais. Meu amigo da região norte (aquele que fez o hotel me dar um quarto decente na noite de minha chegada), onde se joga muito polo, achava que era a forma mais caridosa de lidar com os cavalos descartados; poupava-os da degradação e do sofrimento. Mas a mulher do diplomata já não estava na Nigéria e ouvi de outra pessoa que os cavalos da marina agora tinham donos apropriados e eram postos a trabalhar por dinheiro. Alguns ainda exibiam boa aparência, ainda tinham o dom do movimento limpo, embora todos estivessem a caminho da decadência.

(Dois ou três anos antes, eu tinha ouvido que esse tipo de crueldade começava a ser praticado em Trinidad, onde cavalos abandonados eram vistos numa praia popular procurando comida. Não creio que isso acontecesse quando vivi lá na infância. Era chocante para mim que um animal tão grande, que precisava de atenção constante, pudesse ser sujeito a semelhantes maus-tratos. O fato desagradável permaneceu comigo, e logo vi que na maioria dos países os cavalos sempre tinham sido tratados de modo ingrato: atormentados durante a vida e mortos e fatiados como carne depois que seus dias de corredores terminavam. A crueldade parecia ser inseparável da corrida de animais. Os pobres galgos corredores eram constantemente exigidos ao limite de suas forças até que, aos três anos, eram mortos ou soltos.)

Toda vez que em Lagos eu via os cavalos na praia, me consolava com a ideia de que, no norte feudal do país, havia uma cultura equina e os cavalos deviam ser mais bem-cuidados por lá.

Meu amigo do norte disse: "Pode haver uma cultura equina, mas os nigerianos não têm amor pelos animais".

Uma rápida reflexão me fez ver que ele sabia do que estava falando. Não havia cães e gatos comuns perambulando. O preconceito cristão e as ideias africanas sobre espíritos e demônios se combinavam para tornar difícil especialmente a vida dos gatos, e mesmo os muçulmanos eram afetados, embora em outros países muçulmanos as pessoas gostassem de contar uma história sobre o Profeta: ele não quis perturbar um gato que tinha pegado no sono sobre sua túnica.

Adesina, um *self-made man* que agora era um importante executivo financeiro, foi o único nigeriano amante de animais que encontrei. Tinha seus sessenta anos. Sua mãe havia sido feroz com ele na infância, espancando-o frequentemente. Mas foi dela que ele herdou o amor pelos animais. Sempre havia gatos e outros bichos na casa de sua família; ele levantava cedo por causa deles todas as manhãs; e sua mãe tinha decretado que nenhum animal ou pássaro que estivesse sob os cuidados da casa deveria ser morto. Ele agora estava perto da aposentadoria e era seu desejo, ao se aposentar, fazer alguma coisa pelos animais na Nigéria.

Todos os irmãos nascidos antes de Adesina tinham morrido na infância. Quando Adesina nasceu, seus pais pensavam que era a mesma criança, sempre de volta para atormentá-los, e por isso fizeram pequenos cortes em seu rosto, para que, assustado, ele não se fosse. Os cortes ainda estão lá; Adesina gostava de mostrá-los; mas eles não eram tão proeminentes quanto Adesina julgava.

O pai de Adesina nasceu em 1904. Entender um pouco de sua história era entender a importante história da conversão (ao islamismo ou ao cristianismo) na Nigéria. Ele não frequentou escola. Primeiro se converteu ao catolicismo, mas não ficou feliz com isso. Não entendia a cerimônia da igreja, que era realizada em latim. Mais tarde, conheceu árabes que tinham vindo para o norte da Nigéria com o comércio transaariano. Esses árabes eram mestres e missionários. Traduziram o Corão para o ioruba e também pregavam em ioruba. Foi muito mais fácil para o pai de Adesina, que se converteu ao islã. Depois disso, sempre desejou ser um bom muçulmano; não achava que Adesina fosse um bom muçulmano e, por isso, não comia na casa de Adesina. Mas tinha a mente aberta. Deixava que as pessoas da família lessem a Bíblia e gostava de debater com amigos que eram testemunhas de Jeová.

Com isso, parece que a religião se tornara uma espécie de atividade intelectual, talvez a única, na casa recém-educada. O irmão mais novo do pai de Adesina permaneceu cristão, enquanto o terceiro irmão se manteve firme na religião tradicional africana. Adesina, enquanto crescia, tinha à sua escolha todo o espectro das crenças disponíveis na Nigéria. Tecnicamente era muçulmano, acompanhando o pai, mas gostava do tio que praticava a religião tradicional porque esse tio era grande apreciador de sacrifícios e na casa dele Adesina sempre ganhava carne dos sacrifícios para comer. Seus pais não aprovavam isso e batiam nele, mas mesmo assim ia à casa do tio não convertido. Ia e observava os sacrifícios, comia a carne e voltava para casa para ser surrado.

Ele teve uma infância amarga. Precisava se levantar às cinco e meia, lavar-se e ir à mesquita. Depois ia para a escola; quando voltava, à tarde, tinha de ir ao mercado vender o *foo-foo* que sua mãe fizera. O *foo-foo* era uma comida local feita principalmente de inhame;

as pessoas achavam que era fácil de fazer, mas não era. Sua mãe fazia muito bem, ao seu próprio modo, e Adesina não tinha dificuldades para vender; mas precisava ficar no mercado a tarde inteira. Voltava para casa ao cair da noite e às oito e meia todos estavam na cama.

Quando Adesina tinha dez anos — deve ter sido em 1958 —, seu pai perdeu todas as suas posses. As razões foram políticas e muito nigerianas: a tribo da família foi acusada de usar amuletos para matar um homem poderoso de outra tribo. O pai de Adesina chamou o menino, fez ele se sentar e lhe falou como a um adulto. Era a tradição ioruba. As casas da família são todas construídas em torno da casa principal e sempre que há algo importante para discutir a família estendida se reúne no pátio e conversa. Todos, do mais jovem ao mais velho, têm direito à palavra. O pai de Adesina lhe disse que agora eles estavam pobres, mas que havia uma esperança para a família se Adesina trabalhasse duro o bastante e fizesse suas orações. Adesina entendeu; por causa dessas discussões familiares ele conhecia a história de sua família.

Durante a semana ele trabalhava na fazenda da família. Nos finais de semana, ia a canteiros de obras e trabalhava como ajudante de pedreiro, carregando tijolos, misturando concreto. Aprendeu algumas coisas; veio a saber, por exemplo, que um pedreiro com dois ajudantes podia instalar cem tijolos ou blocos por dia. Poupou o dinheiro que recebia nas obras; gostava de ir a festas de Natal e ano-novo e precisava comprar roupas para si mesmo. Seus pais não gostavam disso. Quando voltou para casa de uma festa de ano-novo, bateram nele. Mas aos catorze anos pôde dar cinco libras à mãe. Ela precisava do dinheiro para uma operação; depois disso, passaram a se dar bem melhor.

Não frequentou a escola secundária. Tomou aulas particulares. Comprava livros e os lia à noite, à luz de uma lanterna. Foi ajudado por seus antigos professores. Ensinaram-lhe inglês e cálculo (aritmética) e ele estudou história para melhorar seu inglês. Tinha atração pela contabilidade, e especialmente pelo som das vogais IAA, da Associação Internacional dos Contadores. Fez três partes do curso de contador que a IAA oferecia, mas seu patrão inglês na firma onde estava trabalhando disse que o curso não era reconhecido em todos os países. Adesina desistiu dele e começou a estudar para ser um contador certificado. Foi encorajado pelo patrão, que lhe disse que, se ele estudasse com afinco três ou quatro horas por dia, poderia conseguir qualquer coisa que desejasse. Tinha 35 anos quando se tornou contador. Durante todos os seus anos de formação, trabalhou em outros empregos. Alguns eram domésticos; ele nunca se incomodou. O pai lhe dissera que agora ele era o chefe da família e tinha responsabilidades; Adesina levou a sério. Conseguiu emprego na empresa suíça Nestlé por acaso. Costumava ir toda quinta-feira ao jóquei para apostar. Uma quinta-feira, no jóquei, encontrou um primo que estava indo fazer uma entrevista na Nestlé. Foi com o primo para a entrevista e, lá chegando, lhe ocorreu a ideia de dizer ao suíço encarregado que ele também tinha enviado seu formulário de inscrição. Houve uma discussão. Graças à intervenção de um funcionário ioruba, Adesina fez a entrevista e foi selecionado. Impressionou as pessoas com seu talento para cálculos. Não usava tabelas de conversão; chegava aos resultados bem depressa; e não cometia erros.

Começou a subir na empresa, fazendo todo tipo de serviço de escritório. Sua ambição na época era ser encarregado de expedição de mercadorias por navio. Achava que, em tal cargo, se familiarizaria com o porto e travaria conhecimento com marinheiros, o que lhe ajudaria a viajar clandestino. Achava que tudo se tornaria possível para ele se conseguisse viajar como clandestino para um país amistoso. Mas não se tornou encarregado de expedição. Permaneceu no escritório como contador orçamentário. Foi treinado por um inglês e depois por um nigeriano, um dos primeiros contadores profissionais do país. O que fora uma decepção (para o pretenso clandestino) na verdade o tinha colocado na trilha dos negócios que o levou aonde estava agora.

Vinte e cinco anos de trabalho e ambição (e o que estava implícito: a superação de tantas frustrações) fizeram dele um homem moderno, mas durante esses anos tinha sido apoiado por antigas ideias de família e de tribo e por antigos hábitos de crença que remontavam a muito antes da conversão de seus pais e de seu tio.

Adesina disse: "Veja, todas as pessoas ricas e os guerreiros da nossa tribo consultam seu adivinho antes de irem a qualquer lugar ou fazer qualquer transação. Se tiverem algum problema, vão ver o adivinho. Meu avô tinha o seu próprio adivinho, ou babalaô. Faziam parte da família estendida e essa era a profissão deles. Até mesmo os obás têm seu próprio babalaô. Ocupam o nível mais alto entre os adivinhos e são chamados *arabas* na terra iorubana. Alguém pode chegar e dizer: 'Sinto que vai haver tal problema na cidade. O que devo fazer para evitá-lo?'. O babalaô dirá que precisa consultar o ifá. A pessoa então faz rituais para aliviar o problema ou afugentá-lo. O ifá vai nos dizer. Existem dois tipos de ifá. Um é o rosário-de-ifá e o outro são as dezesseis sementes de dendê. O babalaô joga o rosário ou as sementes de certa maneira e lê a mensagem do oráculo ou ifá".

Adesina conhecia um babalaô muito bom, mas ele tinha morrido. Trabalhava na multinacional Lever's. Depois de se aposentar da Lever's, montou um terreiro tradicional africano em casa. Conduzia-o como uma igreja e realizava as cerimônias.

Adesina disse: "Era um homem educado que conhecia o Corão e a Bíblia. Esse homem me disse que existiam três línguas astrais superiores: o hebraico, o árabe e o ioruba. Se você se aprofundar no Corão, vai ver que o ifá se originou em Meca. Os iorubas são árabes da tribo yahuba, segundo os registros corânicos, e aquelas dezesseis sementes foram dadas a um homem chamado Setiyu. Está no Corão. Como ele era inválido e tinha de ser carregado de um lugar para o outro, deram-lhe o ifá. Foi morto durante a hégira, quando o Profeta teve de fugir. Foi o primeiro ifá". Eu sabia que Adesina era complicado. Agora eu percebia que era mais complicado do que eu pensava.

Quando o encontrei pela primeira vez, em um jantar num restaurante com outra pessoa, ele usava terno e gravata, a roupa básica do homem de negócios nigeriano, mas que nele parecia uma veste de proteção. Não era um homem bonito; seu rosto, com as cicatrizes agora rasas nas faces, era pequeno e estreito. Não falava muito, de início; talvez tivesse vergonha de sua aparência. Foi somente quando começou a falar dos animais da mãe que ele entabulou conversa comigo.

Mais tarde, quando ele se abriu e fiquei sabendo de sua história, vi — ou comecei a vislumbrar — quanto ele tinha percorrido. Começara do nada, num mundo muito remoto. Agora era o diretor-gerente de uma grande empresa; trabalhava para um dos homens mais ricos do país. Certo dia, dirigindo no centro da cidade, ele me mostrou a casa desse homem rico: era de vidro e mármore, feito um banco.

A linguagem empresarial de Adesina era apenas metade moderna. Sua especialidade eram "números e cálculos", logística e estratégia. Tinha orgulho do que fazia, e quase esperei ouvi-lo dizer em algum momento que o sucesso que lhe adviera era um tributo ao seu país e a seu impulso de seguir em frente. Mas ele não disse nada parecido. Era, de fato, pessimista em todos os aspectos acerca da Nigéria; e não falava de si mesmo como alguém da elite. Falava mais dos pobres que em alguns distritos bebiam "água de erosão" e de quartos onde dormiam nove pessoas. Talvez tivesse esperado demais, e a espera tivesse sido demasiado punitiva, mais cheia de indignidade do que ele sabia na época. Talvez fosse apenas o estímulo do ifá, o puxão rumo ao passado, que lhe fazia seguir adiante nos dias escuros.

Ele sentia que agora a Nigéria estava pagando o preço por sua história colonial, que começara não muito antes do nascimento de seu pai. "Os franceses quiseram fragmentar a região em setores menores por seus próprios motivos. Os britânicos lidaram conosco de um modo regional. Não existiam nigerianos no centro. Então, quando viemos para o centro, não tínhamos ideia de como governá-lo. Os missionários nunca tiveram permissão de ir para o norte. Por isso o norte é muito muçulmano e todos éramos governados pelo tribalismo. Cada partido político que surgia era de fato um partido regional. Em seguida, uma forma de democracia parlamentarista britânica aumentou a confusão depois da independência. Tivemos então a guerra de Biafra e os golpes de Estado. Todos os nossos presidentes e primeiros-ministros surgiram por acidente. Nenhum de fato estava treinado ou preparado."

Ele não acreditava no *boom* nigeriano.

"Não existe *boom*. É somente um pequeno *boom* do mercado de ações onde a elite prospera e, também, por um prazo curto. Eu sei porque fiz dinheiro com isso também. Os *booms* são julgados pelo PIB e pela renda do trabalhador mais subalterno — o que a renda dele vai comprar no mercado aberto? A maioria dos nigerianos gosta de ter seu próprio negócio, mas nas fazendas o que há é agricultura de subsistência. Oitenta por cento da nossa terra não é cultivada. Os fazendeiros vão ter umas poucas cabras e uns canteiros de inhame. Não é agricultura mecanizada, e eles não têm carne alguma, exceto os coelhos que capturam. Estive recentemente num estado onde há bons fazendeiros. Mas as laranjas apodrecem, assim como os tomates. É preciso infraestrutura para criar uma indústria de processamento, mas aqui não existe esse tipo de apoio. Em que os nigerianos no exterior voltariam para investir?"

Quanto aos políticos, de nada valia esperar que fizessem qualquer coisa. Estavam na política pelo dinheiro. Até mesmo a velha religião era arrastada para dentro e esculhambada pelos políticos. Xangô era o deus do trovão; jurar por Xangô era o tipo mais terrível de compromisso; porque se alguém quebra seu juramento, Xangô sem dúvida vai se vingar. Por isso em tempo de eleição os políticos não queriam que a pessoa simplesmente jurasse que ia votar neles. Queriam que jurasse por um ou por outro dos antigos deuses, todos tão implacáveis quanto Xangô.

## 5.

Do modo como Adesina falava, imaginei que seu adivinho favorito, ou babalaô, era o homem que trabalhava na empresa internacional Lever's e que, depois de aposentado, passou a presidir uma igreja africana tradicional (com serviços) em sua casa. Dizia-se que esse homem conseguia até mesmo prever a chegada de visitantes. Adesina, supus, consultara regularmente esse sábio e desde sua morte tinha ficado um pouco à deriva. Mas estava à procura de homens sábios. Havia um que ele queria conhecer; isso poderia combinar com uma visão mais profunda da Nigéria.

Eu já tivera algo como uma visão mais profunda; aconteceu por acaso. Num dia de chuva, alguns dias depois de minha chegada, quando eu só possuía uma pálida ideia da configuração da cidade, tinha visto as favelas de Lagos. Não estava procurando as favelas; eu estava indo fazer uma visita de negócios. O motorista se atrasou; o atalho que ele pegou nos levava a ruas tão inundadas que os carros eram obrigados a parar.

A rua onde estávamos mal era uma rua. Os bueiros transbordavam; a enchente tinha limpado as sarjetas, formando uma confusão escura indescritível, acrescentando garrafas de plástico e outros dejetos vegetais, tudo isso sacudido e arrastado numa direção deste lado e na outra direção do outro. Nessa fúria aquática, em todo obstáculo havia cachoeiras em miniatura, a água sempre encontrando caminho. Barraqueiros, principalmente vendedores de comida, se afastavam da beira da enxurrada e logo se afastavam de novo. Em frente a uma barraca fechada, uma plaquinha convidativa, com pequenas letras itálicas em preto e branco, de acabamento profissional, dizia *A sopa de pimenta já está pronta* — embora a ideia de comida não combinasse muito bem com o lixo que passava rodopiando.

Prédios de apartamento, num nível mais baixo que o da enchente, pareciam encharcados e apodrecendo; era fácil imaginá-los desabando; e ao mesmo tempo pareciam enfumaçados, como se tivessem fogo por dentro. Por isso, seu aspecto era ao mesmo tempo frio e cálido. Devia ser pavoroso morar ali, acordar ali, dormir ali. Em torno desses prédios, havia áreas habitadas mais baixas, mais achatadas, aparentemente cobertas de ponta a ponta por zinco velho e corrugado, sem nenhum espaço visível para ruas e travessas.

Na distância, agarrada à margem do córrego, ficava a grande colônia de pescadores, uma Veneza degradada, com barracos sobre palafitas, pouco acima da água escura que sustentava os barracos e que eles, por sua vez, poluíam.

Mais tarde falei do que tinha visto com alguns vereadores locais que conheci. Disse que achava que a área não podia ser melhorada; havia crescido excessivamente; só poderia ser reconstruída. Os vereadores eram políticos, gente endurecida, acostumada a andar entre os pobres de Lagos, mas julgavam que nada podia ser feito naquela área em torno do córrego. As pessoas na colônia de pescadores e nas favelas vizinhas eram migrantes, em mudança constante e substituídos com a mesma constância por recém--chegados. Essas pessoas não gostavam de mandar os filhos para a escola; preferiam mandá-los para as ruas a fim de vender coisas para aumentar a renda da família. Não eram gente assentada, uma comunidade estabelecida. Não era possível construir novas casas para elas com o saneamento adequado. Não era possível falar com elas sobre aliviar a pobreza. Não se podia fazer nada por elas; e elas se reproduziam e se reproduziam.

Um vereador disse: "O islã permite quatro esposas e os católicos não praticam controle de natalidade, e o senhor sabe que os nigerianos são um povo muito religioso".

Outro vereador disse: "Com a explosão populacional vem a apatia. Eles enchem os bueiros abertos com lixo. Durante as chuvas, esse lixo flui para todo lado. Eles se apoderam dos bueiros e constroem seus barracos acima dos bueiros. Estávamos equipados para duas mil pessoas e temos de cuidar de vinte mil. Não admira que alguma coisa desmorone".

Era isso o que estava na minha cabeça. Achei que Adesina tinha mais para me mostrar. Mas apesar da paixão com que havia falado disso em nosso encontro anterior, agora ele não parecia particularmente interessado naquele lado das coisas, e minha sensação era de que seus pensamentos naquela manhã estavam mais no babalaô que íamos ver.

O novo babalaô (se realmente era um babalaô) de Adesina vivia no continente. Uma ponte de dez quilômetros e uma rodovia ligavam a ilha Vitória à terra firme, e parecia, naquela úmida manhã de sábado, que uma precisa amostragem da vida da ilha e do continente estava disposta naquela rodovia como que para ser inspecionada.

Havia as costumeiras multidões nas paradas de ônibus ou de táxi, gente estagnada e resignada na chuva. Quase nenhum tráfego num dos lados da estrada e um monte de tráfego do nosso lado. Meninos ou rapazes, vendedores ambulantes, enxameavam no meio da estrada e entravam em ação quando o tráfego parava. Vendiam um amplo espectro de coisas. Vendiam fotos coloridas. Balançavam diversos alimentos em sacolas de plástico transparente (ovos cozidos de galinha-d'angola, batatas de um estranho formato achatado); balançavam miniaturas de acordões abertos com cartões telefônicos; óculos escuros de marca falsificados; relógios de marca falsificados, carteiras e até roupas. Era uma indústria; por trás daqueles meninos havia ativos fornecedores, entregando as mercadorias todas as noites e todas as manhãs.

As casas perto da pista eram sólidas, de concreto e janelas de vidro; as favelas ficavam atrás delas. Entre as casas, havia locais de instrução, especialmente cursos de informática. A área industrial de Ilupeju — processamento de alimentos, manufatura têxtil — ficava confinada. Logo além dessa área, havia uma grande estação rodoferroviária, com muito lixo no chão molhado.

Aquilo se parecia com a barafunda da paisagem urbana de Lagos com que eu já tinha me acostumado. Pareciam lugares à espera de ser demolidos ou concluídos, mas sempre falavam de energia. Não me deprimiam de maneira especial. Eu via aquela barafunda como superficial e sentia que, com os recursos da Nigéria, e quando o povo estivesse pronto, a barafunda poderia um dia se desfazer.

Era só aquilo que Adesina queria me mostrar? Ele era alguns anos mais jovem que eu, e eu possivelmente tinha viajado mais do que ele e visto lugares mais desesperançados — na Jamaica, em Bombaim, Calcutá e várias localidades rurais da Índia.

Passamos por uma igreja: "Montanha de Fogo". Sempre igrejas com nomes pomposos nas rodovias nigerianas. Esses nomes tentavam não se repetir. (Outros nomes desse tipo: Igreja Redimida de Deus, Igreja Apostólica de Cristo.) Em seguida, a sede de concreto desbotado da Força Aérea Nigeriana, embaçada como que pela ação da fumaça. Um pouco adiante, vimos o esplendor moderno do aeroporto doméstico, que de alguma forma equilibrava a paisagem aérea. Um grande complexo para a Concord Press ("A verdade é constante") estava deserto; o negócio está em liquidação. Loteamento após loteamento de ruas sem calçamento, úmidas, vermelhas e empoeiradas, cheias de crianças espalhadas pelos cantos: filhos do *boom* nigeriano preservados por um novo tipo de assistência médica que logo fará crescer as favelas das cidades. Num dos loteamentos, muitas das casas novas em folha traziam avisos grosseiramente pintados dizendo que eram reintegrações de posse: o *boom* agora transformado em fiasco, em que os avisos grosseiros sobre reintegração de posse servem como um insulto adicional.

A cidade em que entramos é grande e rica, apesar do lixo. Dá para ver pelo número de bancos: Zenith Bank, Skye Bank, Ocean Bank. Estamos agora perto do território do babalaô. Precisamos de um guia, por isso fazemos uma curva e tomamos uma rua paralela para pegar o irmão de Adesina. Ele é simpático, usa uma camisa florida e parece bem mais simples que Adesina. Deve ter esperado por um bom tempo, mas não parece se importar. Ele se senta ao lado do motorista e nos guia para uma estrada secundária pequena e esburacada com esgoto a céu aberto. Muitos vendedores de ervas aqui, em lojinhas de madeira, oferecem a cura para sífilis, gonorreia e câncer de mama. Esse comércio, claramente, foi instalado aqui para se beneficiar da proximidade do curandeiro de verdade, nosso babalaô, e lhe fazer uma pequena concorrência. Então estamos na trilha certa. Nosso alvo não pode estar muito longe. Mas não conseguimos encontrá-lo. Subimos e descemos algumas ruas lamacentas, perguntando. Nada ainda.

A essa altura, o irmão de Adesina quis que parássemos para pegar outro guia. Ficava claro agora que o irmão de Adesina não sabia de fato, jamais soubera, e tinha contratado um guia de verdade. Esse novo guia esperava por nós em outro lugar. Ele também devia ter esperado por algum tempo; e também não se incomodou com isso. No entanto, mais uma vez ficou claro — depois de nos ter feito subir e descer algumas ruelas, indistinguíveis umas das outras, indagando às pessoas o tempo todo — que o novo guia também estava à deriva e não tinha certeza de onde vivia o babalaô. Foi ideia dele então que, só para garantir, devíamos pedir a um dos motociclistas profissionais, os *okadas*, que por determinado preço levavam passageiros na garupa a um destino específico, que seguisse à nossa frente e nos guiasse. E o *okada* sabia. Seu preço foi modesto, cem nairas, cerca de oitenta centavos de dólar.

Suponho que vínhamos usando a palavra errada. Em Lago me disseram que, se por alguma razão eu precisasse de um curandeiro numa aldeia, nunca deveria perguntar pelo curandeiro ou pelo homem do *juju*. Era melhor perguntar pelo homem dos remédios. O termo *juju* era depreciativo demais e as pessoas o repeliam.

E o *okada* nos levou imediatamente à rua lateral onde ficava a nada atraente casa do babalaô, o adivinho ou mágico. Era uma casa baixa de concreto sem pintura, no nível do chão, debaixo de um teto de zinco e com uma entrada no meio.

Vista do carro, aquela entrada no meio era um vão negro e, quando nos dirigimos a ela pela rua molhada e pelo jardim, vimos que o corredor à nossa frente era escuro, mesmo naquele momento luminoso do dia. Na soleira havia chinelos, sem dúvida das pessoas lá dentro. Adesina, o irmão e o novo guia estavam prontos para isso: calçavam chinelos. Mas eu hesitei. Em 1962, eu tinha pego porrigem em Déli depois de perambular descalço, um tanto à vontade demais, em templos e *gurdwaras*.* Adesina percebeu minha hesitação e disse que eu não devia me preocupar. Era uma cortesia africana ou nigeriana: é claro que não era delicado caminhar pela casa com sapatos enlameados.

O piso do corredor central era de concreto, de um cimento cinza e liso. Era quebrado em fragmentos. A mulher da casa, aparecendo no corredor, nos cumprimentou polidamente; e desse corredor pequeno fomos levados a um espaço ainda menor e mais escuro, e logo a outro pequeno corredor escuro, de fato um sepa-

---

* *Gurdwara*: templo dos sikhs. (N. T.)

rador de espaços, com uma vista, num dos lados, para um quarto de dormir com uma cama cinzenta desfeita. Do outro lado ficava o santuário do adivinho, do curandeiro, do mago, do babalaô. O santuário era realmente diminuto. Nosso pequeno grupo de cinco ocupou todo o chão. Havia um banco e um tamborete, mas nossos dois guias tiveram que permanecer de pé. Eu me sentei numa ponta do banco.

O babalaô estava sentado num tamborete baixo. Era muito magro, vestia uma túnica branca que já se tornara cinzenta por ser lavada na água local; usava um barrete de algodão branco bordado com um padrão ondulado simples azul e amarelo.

O pequeno santuário estava repleto de coisas disparatadas. Um ventilador elétrico enferrujado no chão, perto dos pés do babalaô, parecia abandonado. Perto do teto havia outro ventilador, em melhores condições. Estava preso na parede em posição horizontal. Não estava funcionando agora, mas logo seria ligado para nós. Um plugue de aspecto duvidoso seria encaixado numa tomada de aspecto duvidoso e o ventilador começaria a girar sobre nós, um agradável sopro de ar no cômodo abafado. Eles tinham confortos modernos aqui! Um misterioso objeto ocupava muito espaço: era uma parte de uma mesa de trabalho mecânico, uma fatia de mesa, de pau-cetim novo e com um motor elétrico numa caixa cinzenta. Era nitidamente um objeto achado e de alguma importância, do qual o babalaô não pretendia se desfazer: estava sentado perto dele.

De maneira direta, sem fazer rodeios, ele perguntou o que queríamos.

Eu não sabia o que dizer. Não podia dizer que tinha vindo só para dar uma olhada.

Adesina, porém, sabia como lidar com adivinhos. Disse que, primeiro, queria saber se nossa visita faria a ele, babalaô, algum bem.

Era o tipo de pergunta que o babalaô apreciava. Respondeu

imediatamente que nós seríamos de imenso valor para ele. Senti que havia um elemento ritual na pergunta e na resposta, e as duas partes ficaram satisfeitas.

Na mesinha diante do babalaô, estavam alguns de seus objetos mágicos. Um caderno escolar com a capa virada para baixo, sensacionalmente imundo. Estava todo encardido, como que manipulado incessantemente por dedos não lavados, e as tabuadas na contracapa do caderno tinham padecido: a sujeira e o encardido haviam arrancado do papel alguns números impressos. Não muito longe, havia uma caixa de fósforos nas mesmas condições do caderno escolar; um abridor de garrafas descartável, reconhecível somente porque eu já tinha visto o pequeno instrumento várias vezes; e uma garrafinha verde cheia pela metade com coisas que eu não quis olhar mais de perto.

Adesina e o babalaô estavam fixando o preço da consulta. O babalaô queria muito: quinhentas libras, mil dólares. Adesina, acostumado àquele tipo de ultraje, permanecia calmo e começou a regatear. No fim, estabeleceu um valor bem menor.

Agora eu precisava fazer minha pergunta.

Já estava pronta. Perguntei: "Minha filha vai se casar?".

O babalaô ficou espantado com a pergunta. Disse: "Achei que só os negros tivessem esses problemas".

Mas estava disposto a dar uma opinião. Levantou o imundo caderno e mostrou o que ele escondia. Dezesseis búzios (presumi que fosse esse o número: Adesina tinha falado de dezesseis caroços como um instrumento de adivinhação); duas minúsculas cabaças unidas por uma tira de corda, cabaças não muito maiores que bolas de gude; e uma figurinha de metal, como o cabo de uma colher-apóstolo.* Os búzios tinham sido muito manipulados. Eu

---

* Pequena colher de ouro ou de prata cujo cabo traz a imagem de um apóstolo. (N. T.)

sabia que as conchas de búzio eram cinzentas, marrons nos interstícios do meio e com aparência suja; mas aquelas conchas, de tanto serem manipuladas, eram muito lisas e incrivelmente brancas.

Ele passou as conchas para mim, dizendo: "Sopre nelas, diga seu nome e jogue-as sobre a mesa".

Fiz como ele pediu. Ele apanhou as cabacinhas e murmurou algum encantamento. Depois de algum tempo, as cabaças começaram a balançar de um lado para o outro. Isso significava "não". Se as cabaças tivessem balançado para a frente e para trás, teria significado "sim".

O babalaô disse: "A menina não vai se casar. Você tem vários inimigos. Para quebrar as maldições deles, teremos de fazer diversos rituais. Vão custar caro, mas a menina se casará".

Todos no cômodo ficaram bem excitados. Adesina, o irmão, o guia: o babalaô tinha todos na palma da mão.

Eu disse: "Mas o que ele me disse é bom. Eu não quero que a menina se case".

O babalaô pareceu estupefato. Deve ter achado que eu estava me divertindo às suas custas. Creio que só a reverência de Adesina e dos outros salvou o dia.

Apontei para a figurinha de metal e perguntei: "O que é isso?".

Ele segurou a pequena figura e disse: "Ele viaja à noite. Vai aos santuários aonde eu o envio e me traz notícias".

E o irmão de Adesina e seu guia, com suas apropriadas roupas floridas nigerianas, contribuíram para aumentar meu crédito ao se mostrarem horrivelmente assustados.

Adesina disse: "Ele quer saber sobre a criação e os deuses".

Mais uma vez, o óbvio fervor de Adesina ajudou a acalmar o babalaô. Um dos amigos do vidente, como um homem que conhecia os meandros do lugar, veio e plugou o ventilador na parede. Para minha surpresa, ele começou a funcionar, zumbindo horizontalmente acima de nós.

O babalaô começou a falar sobre os deuses. Não tinha pressa. Encenava os dramas que descrevia e demorou tanto tempo no primeiro trecho da criação que receei ficarmos naquele cubículo sem ar pelo resto da tarde. Alguma coisa no ar já alfinetava minhas narinas, um sinal de encrenca por vir. Sem cerimônia, o babalaô despejou alguma coisa de uma garrafa contra a parede perto dele, fazendo aumentar a bagunça geral do lugar; mas, de fato, como logo explicou, ele estava "alimentando" um dos oráculos que estavam contra a parede. Disse que um dos oráculos estava adormecido e tinha sido alimentado. Para nomear outro deus àquela altura, ele precisava primeiro fazer uma libação para o oráculo não alimentado. Ia precisar de espírito para essa libação, e quis dizer espírito no sentido clássico: bebida alcoólica pesada.

Adesina mandou o guia sair em busca de espírito. E o babalaô prosseguiu com suas histórias sobre os deuses, interrompendo-se a cada poucas palavras para permitir que Adesina traduzisse e ampliasse.

Meu coração afundava mais e mais. O cubículo do babalaô ficou parecido com a cabine do navio do filme *Room Service* dos Irmãos Marx, onde, a todo instante, cada vez mais gente entrava. Em dado momento, um jovem de camisa polo entrou no cubículo. Queria ver o babalaô em particular. O babalaô, como alguém sem tempo para os malandros do bairro, enxotou o rapaz rudemente. O jovem de camisa polo se retirou de cara amarrada, e o babalaô, usando muito seus dedos ossudos, prosseguiu com suas graves histórias sobre os deuses, mais importantes para ele, àquela altura, do que qualquer negócio mesquinho que o rapaz de camisa polo pudesse oferecer.

O babalaô interrompeu-se e disse: "Creio já ter dito a vocês que não posso mencionar esse deus a menos que tenhamos derramado uma libação para ele". Apontou mais uma vez para a mancha encardida na parede.

Nesse momento oportuno, o guia voltou com uma garrafa quadrada de gim nigeriano. O babalaô já havia tomado uma dose de sua própria garrafa e agora todos beberam ao deus. O telefone celular do babalaô tocou. O babalaô o colocou no viva-voz. Pudemos ouvir o rapaz que tinha acabado de sair dando um aviso ao babalaô. "As pessoas que estão com o senhor vão fazer um dinheirão com as coisas que o senhor disser a elas. Não conte tudo." O babalaô estava absolutamente tranquilo. O gim tivera um efeito calmante sobre todo mundo. O babalaô se ofereceu para nos mostrar os oráculos no quintal. O exíguo espaço de seu cubículo deu lugar a algo ainda menor enquanto o seguíamos para fora. Nós o seguimos até uma passagem que mal dava para duas pessoas. Estávamos agora perto da parede limítrofe: a pequena casa ficava num lote muito pequeno. E, num canto, com um desagradável aspecto de sanitário, estavam os três nichos com os oráculos que o babalaô fizera com as próprias mãos. Para um crente, teria sido um momento feliz receber permissão para ver aquelas coisas sagradas; mas para mim o momento chegou com uma coceira inconfundível em minhas narinas: um indício de asma a caminho.

Pensei que devíamos procurar uma saída. Ela não tardou, porque Adesina, embora quisesse pedir ao babalaô uma séria leitura pessoal, entendia agora que, por causa da minha frivolidade, não haveria mais seriedade pela frente; o momento tinha passado.

Não houve nenhuma reprimenda de sua parte, e logo voltamos à rua vermelha e coberta de pedregulhos e entramos no carro. Uma cadela magra com tetas inchadas saiu do quintal do babalaô; algumas crianças vinham atormentando-a. Adesina gritou com elas. Tinha as palavras certas e o tom certo. As crianças se afastaram na hora. A cadela veio até a rua e foi cuidar de seus afazeres, impávida, com o rabo levantado e a dignidade resguardada.

E logo, uma vez mais, passamos pelas lojinhas e habitações

do bairro, pelos anúncios de extraordinárias curas medicinais, por outros cartazes de espetáculos musicais e, sempre, por crianças; e em seguida pelas casas com seus avisos humilhantes e mal pintados nas paredes: *Essa casa é uma reintegração de posse.*

No dia seguinte, em Lagos, contei a um homem no hotel onde eu estivera e o que fizera. Ele demonstrou um genuíno e solidário espanto e disse: "Essas pessoas são más. Mesmo que não queira nada delas, elas vão prejudicar você. Você vai lá com um problema e volta com dez".

E, de fato, a coceira em meu nariz tinha evoluído, àquela altura, para algo que exigia antibióticos, ameaçando-me com a perda de dias preciosos.

## 6.

O oni de Ifé: era um título memorável. Um vez que você o ouvia, ele podia brincar em sua mente como nada mais que um som (especialmente se você não soubesse o que ele significava) e, com suas vogais facilmente intercambiáveis, podia assumir formas fantásticas. Até Dickens, mestre dos nomes inventados, teria tentado parodiá-lo em algum lugar de seus escritos (talvez no jornalismo, mas já não estou seguro). Agora eu descobria que o oni era o chefe espiritual dos iorubas da Nigéria e que Ifé era um lugar de verdade, em alguma parte do interior e ao meu alcance: a meio dia de viagem de Lagos.

Foram feitos os arranjos necessários e eu parti. O oni não estaria em sua residência naquele dia, mas haveria gente para nos receber. O oni estava na Inglaterra. Como tantos nigerianos abastados, o oni costumava ir à Inglaterra passar as férias de verão; diziam que tinha uma casa em Londres. Eu não esperava por isso. Minha ideia do oni se modificou.

Deixamos Lagos por uma estrada tranquila e desobstruída. Do outro lado da mesma estrada, milhares e milhares de carros demoravam para alcançar a capital:* o congestionamento nigeriano dos dias de semana. No final da tarde e início da noite, a coisa se invertia: era fácil chegar à capital, mas não tão fácil sair dela. Por isso, nós, viajantes matutinos, saindo da cidade, éramos afortunados. Fora dela, havia zonas empresariais, regalando-se com espaço, e longos muros que prenunciavam grandes igrejas. Por fim, então, chegamos ao campo aberto. A terra era verde: não o verde-escuro da floresta primeva, mas o verde fresco da terra que havia produzido muitas e muitas vezes e ainda era fértil, demandando apenas chuva e sol para explodir em uma vegetação nova. Adesina dissera que oitenta por cento da Nigéria não tinha cultivo, mas não era isso o que eu via. Eu estava sob o fascínio da paisagem verde vazia, que não tinha visto antes, não em Trinidad, não na Índia: ampla, verde e vazia.

A estrada para Ifé era parte de uma planejada autoestrada transafricana. Perto de Lagos, ela tinha duas pistas largas; e, assim como na Índia, a jornada se tornava mais leve se nos dedicássemos a observar os destroços dos pequenos caminhões sobrecarregados de cada lado da estrada, alguns virados de lado, outros sem rodas, eixo dianteiro quebrado, eixo traseiro quebrado. Aqui também, na Nigéria, a longa autoestrada e o verde imutável que ela atravessava se tornavam dramáticos se procurássemos ver os grandes caminhões articulados que tinham escorregado, deslizado ou derrapado para fora do asfalto e foram abandonados, deixados para enferrujar e apodrecer, já que essa era a coisa mais barata e fácil a ser feita.

Ibadan era uma grande cidade no caminho. Tinha uma universidade, fundada em tempos coloniais, e filiais de muitas edito-

---

* Lagos deixou de ser a capital da Nigéria em 1991, após a inauguração de Abuja, cidade planejada, atual sede do governo, no interior do país. (N. T.)

ras britânicas da área de educação. No entanto, foi uma surpresa quando ela apareceu, porque nada na terra antes da cidade sugeria que uma grande cidade estava por vir. Ela simplesmente estava lá, no final do verde, assim como, na Argentina, Buenos Aires estava no final do pampa. Ibadan, uma cidade de casas baixas em colinas sinuosas, se espalhava para longe na distância, até o horizonte. Não exibia nenhum conforto urbano, parques públicos ou praças.

Também existia algum mistério em torno de Ifé. Ela também aparecia de repente e era ruidosa. Seguimos placas de rua e chegamos ao pátio real do oni. Estávamos alguns minutos adiantados para a hora combinada e não havia ninguém para nos receber ou guiar. Era um pátio grande e parecia ter crescido organicamente. Era uma série de pequenos prédios, estilo governamental, indistinguíveis, alguns de um andar, alguns de dois. Havia uma multidão em frente a um prédio de esquina, com gente apinhada nos degraus, parecendo acompanhar um debate que transcorria lá dentro. Me disseram que era um caso de divórcio. Imaginei que se todos os prédios do pátio fossem no estilo africano tradicional, como os belos telhados de palha de Kampala, por exemplo, o pátio teria sido tão impressionante quanto os desenhos de Grant do morro real de Kampala em 1861-62.

Minha visita fora arranjada por uma editora educativa — aqui era sempre necessário ter um patrocínio — e algumas pessoas da empresa, junto com um homem alto com traje nigeriano, vieram nos cumprimentar. O homem alto era da secretaria de Turismo, muito importante aqui; ele conferia ao nosso grupo uma espécie de status oficial. O homem alto e o grupo da editora nos levaram — com nosso motorista: cortesia nigeriana — a uma grande sala de audiências com ar condicionado, como um auditório de teatro, e nos sentamos em cadeiras de pelúcia.

O homem alto da secretaria de Turismo nos disse que o oni estava fora, mas que o seu vice e alguns outros chefes viriam nos recepcionar. Disse que não devíamos entender de forma equivocada o *background* e a natureza dos chefes que vinham nos ver. Eram pessoas altamente educadas. E um pouco depois — embora ninguém o tivesse contestado —, ele disse a mesma coisa de novo. Era como se, na qualidade de representante da secretaria de Turismo (e talvez depois de algum mal-entendido com algum turista recente), fosse seu dever registrar com clareza: os chefes locais não eram meros aldeões.

Logo os chefes começaram a entrar. Eles se organizaram em alguma ordem de precedência ao lado do trono do oni. Vestiam magníficas túnicas de seda bordada e tinham um aspecto tão mais ilustre que o nosso que receei que a qualquer momento pudessem julgar que estávamos blefando e nos despachassem.

Houve discursos. O homem alto disse aos chefes que eu vinha de Trinidad. Isso teve um espantoso efeito sobre o chefe, que era o vice do oni. Ele disse, na tradução do homem alto: "Você que deixou sua terra ancestral agora retornou à terra de seu pai. *Wali, wali, wali*. Entre, entre, entre".

Foi emocionante. Minha ansiedade sobre minha própria aparência pareceu ignóbil. Retribuí as palavras gentis e poéticas do vice do melhor modo que pude. Patrick Edwards, o embaixador de Trinidad em Uganda, que tinha servido na Nigéria alguns anos antes, me falara sobre sua cerimônia de boas-vindas em Ifé. Ele havia chorado, e agora eu entendia por quê.

Nosso grupo (agora bastante grande) foi levado para conhecer parte do palácio. O homem alto da secretaria de Turismo me contou que aquele solo de Ifé onde estávamos era a fonte da civilização. Era sagrado para todos os iorubas e para toda a raça negra. Disse isso mais de uma vez, e senti que era assim que em diversas culturas as tradições nacionais deviam ser inculcadas.

No fundo da sala de audiências, havia um portão decorado com conchas. Esse portão se abria para um pequeno jardim. O jardim era formal e asseado, com bordas de concreto cinzento e canteiros planos e rígidos de terra avermelhada, e não muito distante de uma velha árvore sofredora.

Uma placa dizia: "A Fonte da Vida". Referia-se a um poço de concreto no centro. O poço sustentava a lembrança sagrada e imortal da esposa do primeiríssimo oni de Ifé. Ela era belíssima e seu casamento com o oni fora um êxito. Teria sido um casamento perfeito se ela pudesse ter um filho. Era importante para o oni ter um filho. Mas não houve filho. Assim, a boa mulher se sacrificou. Fez o oni se casar com outra mulher e se tornou um espírito da água, uma eterna protetora do oni e de sua família. Essa era a origem do poço. Dizia-se que ele era sem fundo. Tinha um cheiro salobro e, quando olhei para baixo, vi algo como uma urtiga muito pálida crescendo na boca do poço.

Segundo a tradição, quando chegava a hora de sua entronação, os pés do oni tinham antes de ser lavados com água daquele poço. E uma vez que o poço cuidava dele e de seus filhos, o oni precisava contar ao poço quando estava saindo de Ifé.

Num quadrilátero ao fundo, havia pessoas recebendo comida; isso tinha ligação com a nossa visita. Auxiliares femininas haviam cozinhado em grandes panelas de aço inoxidável e ainda estavam lá, segurando colheres compridas. Algumas pessoas do nosso grupo, dominadas pela ideia do alimento, se sentaram para comer. Na parede, por trás das mesas, havia diversas fotografias coloridas de gente importante que estivera ali em outras ocasiões; uma das fotografias era de um ex-arcebispo de Cantuária.

Regressamos com nossos guias para a sala de audiências refrigerada, com todas as belas cadeiras, e saímos pelo caminho por onde entramos. Do lado externo da porta principal, vimos o busto de uma mulher, um tanto atarracada em seu pilar, com traços não totalmente claros. Eu a tinha visto ao entrar, mas não haviam me falado muito a seu respeito.

Agora me falavam sobre ela. Era a grande heroína ioruba. Sua história era mais ou menos assim. Em algum momento de um passado remoto, os iorubas lutavam contra um inimigo tradicional e estavam à beira da derrota. Aquela mulher foi ao oráculo e disse: "Por favor, revele-me o segredo do poder de nossos inimigos". O oráculo disse: "Problema fácil de resolver. Eu lhe revelarei o segredo do poder de seus inimigos. Mas primeiro você precisa me dar o que lhe é mais precioso". O que era mais precioso para a mulher era seu único filho. Ela o sacrificou. O segredo dos inimigos foi então revelado a ela, e os inimigos foram derrotados. Até os dias de hoje, a mulher e seu filho são venerados pelos iorubas. De fato, o filho assumiu alguns contornos de Cristo, por causa da história de seu sacrifício, e dessa forma foi recebido no panteão ioruba.

Uma história perfeita para um lugar que era o berço da civilização e da raça negra. Se eu tivesse sido apresentado à história a frio, por assim dizer, logo ao ter chegado, ela não teria significado muito. Mas agora, depois de um encontro com os circunspectos chefes, e depois da visão do jardim que era a fonte da vida, eu entendia um pouco mais. Para que os mitos ganhem vida, eles precisam ser apoiados por outros mitos; e havia bastante apoio desse tipo em Ifé.

Havia mais para ver. Havia outro jardim a alguma distância, mas ainda na cidade, onde o objeto central era o cajado de um antigo guerreiro ioruba, que era um gigante. A madeira do cajado, que obviamente era muito grande, tinha se petrificado. O cajado estava ereto num jardim tão formal e asseado quanto o jardim da Fonte da Vida. O sacerdote de roupa branca que cuidava do cajado disse que vinha tentando havia algum tempo conseguir que o governo pusesse uma cobertura sobre o cajado, para protegê-lo das intempéries e impedir que se estragasse.

A história do cajado era mais ou menos assim. Na aurora dos tempos, o gigante governava os iorubas. Eles os protegia e os tornou prósperos. No momento devido, o gigante foi chamado para o mundo dos espíritos. Deixou para trás seu cajado e uma trombeta, e suas instruções eram que, sempre que os iorubas precisassem dele, deviam soprar a trombeta. Certo dia, um rapaz desocupado, sem dar crédito à história, soprou a trombeta. Uma figura gigantesca começou então a marchar pela terra, massacrando gente à esquerda e à direita com sua espada. Uma mulher correu até o gigante e disse: "Seu louco, não vê o que está fazendo? Essas pessoas são o seu povo". O gigante levantou pelos cabelos uma cabeça decepada e viu que a cabeça de fato pertencia a um ioruba. Ficou mortificado. Largou suas armas e jurou nunca mais voltar à terra. Mas desejou, antes de partir, conceder a seu povo ioruba um último dom. E o dom foi este: os iorubas sempre teriam êxito na guerra. Em seguida ele se foi.

Suas armas ficaram onde ele as tinha largado. Ao longo dos anos, milênios talvez, o cajado foi se petrificando e agora é uma das relíquias de Ilé-Ifé. Havia um santuário específico vinculado ao cajado. Ficava no verdor emaranhado atrás do jardim. Mas o tempo urgia; tínhamos marcado horário para ver outras coisas e dissemos ao sacerdote de branco que tínhamos de deixar seu santuário para mais tarde.

7.

O estado de Oxum tem a reputação de ser muito religioso, repleto de santuários e lugares sagrados. O velho mundo era assim em diversos países. (Mesmo a Inglaterra, que não é considerada hoje um país religioso, é repleta de sítios sagrados de diversos períodos de sua história.)

Estávamos indo para um bosque sagrado de grande beleza, mas antes tínhamos de pedir permissão ao obá de Oxum. A larga rodovia de Ifé a Oxum, construída para as multidões dos festivais

— como aquelas da diáspora negra e de outros lugares que vinham para o clímax do festival do rio, quando a virgem caminhava até o rio com uma grande cabaça na cabeça e despejava nele os conteúdos sacrificiais da cabaça —, estava vazia agora. Fizemos um percurso tranquilo. Não íamos chegar tão atrasados quanto eu temia. O palácio do obá ficava no centro da cidade. Diversos funcionários cuidadosamente vestidos estavam lá para nos receber. (Quando avaliei suas roupas e sua alegria na ocasião, pensei como teria sido horrível se, como quase cheguei a desejar, tivéssemos telefonado e cancelado essa parte da viagem. Eu pensara nisso porque fazia um calor inominável, o calor do início da tarde, e também porque pensei que íamos fazer uma longa viagem só para que nos mostrassem outra versão do que eu já tinha visto de manhã, outro fragmento do mito iorubano.)

Uma elegante mulher de cor-de-rosa saiu do palácio do obá. Era do departamento de Turismo de Oxum. Disse que o obá tinha ido trocar de roupa, depois das recepções anteriores, e nos conduziu à sala do trono, onde deveríamos esperar. Esperamos ali por algum tempo.

Dois serviçais vieram e se sentaram nos degraus baixos diante do trono do obá e fixaram seu olhar em nós. Estavam vestidos de modo elegante, com roupas diferentes, e pensei, por causa do olhar direto deles, que eram chefes de algum tipo, com deveres especiais. Eu não sabia que eram serviçais.

Alguém de nosso grupo perguntou quando o obá viria. Nos responderam o que já sabíamos, que o obá estava trocando de roupa. Então esperamos.

Finalmente ele apareceu, surgindo por uma porta nos fundos. Dois policiais de uniforme preto vieram antes dele; e alguns chefes, surgindo por outra porta, se puseram ao lado esquerdo do obá. O obá era um homem alto com um rosto largo e amável. Carregava uma espécie de espanador esbranquiçado feito com um rabo de cavalo. Segurava esse espanador de modo impressionante. Usava-o para agradecer, para agraciar e para sugerir do modo mais delicado a um orador que já era o bastante.

A esposa do obá, que tinha chegado com ele e se sentava discretamente à esquerda do marido, era jovem, com um rosto vividamente curioso que a fazia parecer à margem da formalidade da corte. Ela nos avaliou, um a um, e senti que gostou de nós.

A mulher elegante de cor-de-rosa, que nos tinha recebido e se sentava agora conosco, como se fosse parte de nosso grupo, disse a meia voz, falando da simpática jovem à esquerda do obá: "Ela é o verdadeiro poder por trás do trono".

Seguiram-se então os discursos e as formalidades. O obá, com sua voz suave, interveio com um pequeno assunto administrativo. Perguntou às pessoas do departamento de Turismo como estavam as coisas com o pavilhão para a religião tradicional. Os homens que estavam entre os funcionários se levantaram, fizeram sua reverência, agachando-se até certo ponto, tocando o piso com a ponta dos dedos, de modo que (como os cortesãos diante do obá de Lagos, mas aqueles usavam túnicas, enquanto os funcionários de Oxum vestiam ternos) pareciam fundistas à espera do tiro de partida. Em seguida se endireitaram e, pondo uma mão sobre a outra, disseram ao obá que diversas coisas tinham sido feitas e, de fato, esperavam que um dia, quando ele tivesse tempo, fosse dar uma olhada. Ele disse que iria um dia desses.

Em seguida, falando em nosso nome, os funcionários pediram permissão para visitarmos o bosque sagrado. O obá a concedeu graciosamente, fazendo um gesto encorajador com seu espanador branco de pelo de cavalo. Fomos dispensados. Saímos pela porta por onde tínhamos entrado, e os policiais e o resto da comitiva real nos acompanharam. Trocamos então algumas palavras com a mulher do obá. Ela era tão simpática e interessada quanto parecia.

Deixamos a sala do trono com os funcionários do departamento de Turismo. Tão logo saímos pelo portão principal, os andrajosos músicos da corte começaram: tambores, metal no metal, pedrinhas sacudidas em cabaças. O homem que nos patrocinava — funcionário da editora — fez menção de dar dinheiro aos músicos. Mas outro homem o impediu, dizendo: "Já dei dinheiro a eles. Não dê mais nada a esses vagabundos".

O bosque sagrado me deixou sem fôlego.* Depois do palácio do oni, do jardim da Fonte da Vida, da heroína ioruba de séculos atrás e do cajado petrificado do gigante, eu esperava por mais mistificação, alguma coisa que mais uma vez apelasse para o fim da descrença.

Mas o bosque era real e era lindo: um pedaço de floresta tropical deixado intocado por algum tempo e onde nenhum animal ou criatura podia ser morto. Foi o que nos disseram; e foi o que encontramos. No limite do bosque, famílias de macacos cruzavam despreocupadamente a rua pública. Macacos menores e com ar tristonho, atormentados em outros lugares, olhavam sem medo para nosso grupo e para os carros que nos trouxeram.

O bosque era cercado ou delimitado por um fascinante muro de alvenaria e terracota, trabalho de um artista cujas formas onduladas recordavam os desenhos divertidos do arquiteto Gaudí, de Barcelona. O muro texturizado era tocado pelo musgo, o que combinava com o projeto. Através do labirinto de troncos de árvores e cipós pendentes lá dentro, tínhamos vislumbres do rio que corria através do santuário. Era um rio tropical barrento e não se tinha feito nenhuma tentativa de embelezar ou suavizar a água turva; as formas onduladas, retorcidas, pretendiam reproduzir a

---

* O bosque sagrado de Oxum-Osogbo foi inscrito como patrimônio universal pela Unesco em 2005. (N. T.)

correnteza do rio veloz, estreito naquele ponto. Tal como no projeto das tumbas dos kabakas em Uganda, cujo traçado fora religiosamente disposto, tudo tinha de ser local, tinha de ser do lugar, por assim dizer.

Tudo era muito comovente para mim, especialmente a ideia do bosque como um santuário animal. Disseram que ele cobria setenta e cinco hectares. Desejei que fosse dez vezes maior que isso.

Um grande portão se abria numa calçada curta — era para a procissão na época do festival do rio. A calçada levava para baixo, passando por vários pequenos santuários de fabricação caseira ao pé das árvores, até o que diziam ser um pavilhão, coberto, com pilares de madeira. De um lado do pavilhão ficava o grande santuário. O santuário também era coberto e tinha paredes de barro decoradas com figuras brancas, cor de chocolate, cor de ferrugem e pretas. Os sacerdotes e adivinhos moravam dentro dessas paredes. Contava a lenda que o pavilhão ficava no lugar do palácio do primeiro obá de Oxum. Na época do festival do rio, conforme se dizia, milhares de pessoas da diáspora negra vinham para cá. Havia encenações edificantes em cada canto do bosque.

Talvez aquilo fosse artificial, como diziam alguns; talvez tudo fosse inventado. O lugar era bonito demais, o simbolismo do ritual, fácil demais; talvez tudo tivesse sido reunido por alguém cujo ofício fosse encenar eventos. Mas também era possível que todos os rituais começassem assim, no artifício.

O evento agora tinha criado raízes; e o povo da diáspora que vinha por causa dele entenderia que, embora tivessem levado consigo vários dos deuses iorubas ao cruzar o oceano, e embora todo o aparato do sobrenatural também tivesse viajado com eles, recordando aos homens a precariedade de seu apego à vida, e embora tivessem levado muito dessa magia ioruba para o Novo Mundo, deixando a salvo esse mundo difícil, jamais poderiam levar o bosque sagrado consigo. Ele permanecia na África.

\* \* \*

No caminho de volta para Lagos, nosso motorista parou algumas vezes. Estava procurando vinho de palmeira. O vinho de palmeira aqui, no interior, era a coisa legítima; em Lagos, o vinho de palmeira era diluído. Ele por fim conseguiu seu vinho de palmeira, mas não ofereceu um trago ao resto do grupo. Estava poupando-o para a noite. Ia chamar seus amigos em casa — não moravam muito longe: essa era quase a definição de amigo em Lagos: alguém que não morava muito longe — e eles "matariam" a garrafa. Fizemos um trajeto desimpedido até a cidade. Mas logo que entramos nela, o tráfego nos apanhou, ou nós nos deixamos apanhar por ele, que nos venceu pelo cansaço. Começou até a parecer que o motorista teria de adiar sua noitada de vinho de palmeira.

8.

O norte da Nigéria é muçulmano. Adesina me dissera que nos tempos coloniais os missionários — isto é, os missionários cristãos — não eram permitidos no Norte. Toda a vida intelectual do país estivera no Sul pagão ou cristão; mas foi o Norte mais populoso que, com a independência, conquistara o maior poder.

Meu amigo do Norte — o que tinha me ajudado com o hotel na noite ou na manhã da minha chegada — disse certa noite, no jantar, que o Sul era "degenerado". Ele podia estar falando de modo leviano; ou talvez apenas fazendo uma piada provinciana estereotipada; mas as piadas sempre são mais do que piadas, e essa piada específica falava da fratura cultural entre Norte e Sul.

É melhor ir para o Norte de avião.

Em algum lugar antes de Kano, a grande cidade do Norte,

começa-se a ver lá embaixo o que poderiam ser campinas: grandes árvores isoladas e verde-escuras sobre um relvado claro. Esse é o tipo de paisagem suave que se cria depois que florestas ameaçadoras foram derrubadas: nada além de grandes árvores isoladas, que foram deixadas por causa de sua sombra ou beleza.

Fora do pequeno edifício do aeroporto, tem-se a imediata sensação de estranheza. Homens de túnicas muçulmanas azuis ou brancas, que lhes servem de uniforme, de pé num semicírculo bem longe dos passageiros. Alguns estão vendendo contas de rosário e barretes brancos muçulmanos para as orações. Rapidamente chega-se à cidade lá fora, já que não há formalidades de imigração nem de alfândega para quem vem de Lagos. A cidade se revela uma urbe de poeira e sujeira. A rua é uma trilha sinuosa em meio à sujeira e aos dejetos, dos quais as pessoas aqui parecem relutar em se livrar, e a igrejas cristãs. As igrejas surpreendem nessa área muçulmana, mas não devo tirar conclusões erradas. Dizem-me: "Só estrangeiros vivem aqui". Esse é o único lugar onde as igrejas são permitidas, na periferia das coisas.

Havia dois cães sobre um monte de lixo, e as pobres criaturas eram da cor do lixo.

Para além daquilo estava a cidade propriamente dita: várias cabras comendo lixo, plástico e papel. A cabra é o animal perfeito para essa área, vivendo ao ar livre até ser morta. E crianças: inúmeras, de membros finos, em pequenas túnicas empoeiradas, o produto infalível de múltiplos casamentos e várias concubinas. Cavalos, nesse lugar onde supostamente existe um culto ao cavalo e à equitação; mas os cavalos são magros como os meninos. Lixo, reunido em pequenos montes. Incontáveis motociclistas *okada*, fazendo suas corridas, levando passageiros na garupa.

Só um canteiro de obras ativo, com sete homens trabalhando nele, um misturando o cimento, que é então passado de homem a homem e, por fim, ao pedreiro na parede de tijolos. No centro da cidade há um grande edifício abandonado de vários andares: é uma relíquia do tempo da explosão de desenvolvimento de Kano; mas agora, com a ausência do poder, esse desenvolvimento ficou bem para trás. As crianças que agora são incessantemente produzidas por esposas e concubinas, com ou sem explosão de desenvolvimento, não têm futuro, a não ser comprar, alugar ou arrendar motocicletas para aumentar a força *okada* da cidade.

Mais tarde nos disseram que uma das belas visões da cidade, que fazia a viagem valer a pena, ocorria toda sexta-feira, o dia santo, quando, após as orações, das ruas salpicadas de lixo jorravam centenas e centenas de muçulmaninhos esquálidos com suas tigelas de pedinte, esperando pacientemente pelas esmolas dos piedosos que tinham feito suas orações.

Os bons muçulmanos de Kano consideram sua situação "dinâmica". Para essas pessoas, uma vez que o Estado é muçulmano e a cultura é islâmica, nunca pode haver crise; o mundo é sadio. Isso os põe à margem do resto da Nigéria, que vive num perpétuo estado de crise.

O hotel tinha um número incomum de cartazes em preto e branco, talvez feitos num computador, pedindo aos hóspedes que não levassem consigo os apetrechos do hotel.

Alguns simpáticos intelectuais da região de túnicas brancas vieram me ver depois do jantar, e conversamos sob a luz elétrica no jardim de areia, longe dos carros estacionados, entre o hotel propriamente dito e seu restaurante, o Calypso. Enquanto conversávamos, enxotávamos pernilongos e mosquitos-palha.

Um homem, um ex-bolsista Fulbright, ensinava literatura na universidade. Um homem de fez vermelho atuava na mídia e trabalhava para o governo. Um terceiro homem, modesto e atraente, disse ser "um escritor menor" em língua inglesa.

Eram todos orgulhosos homens do Norte e tinham refletido muito sobre sua identidade na miscelânea nigeriana. A princípio, não pareciam ver Kano como um visitante a via. Viam crescimento e dinamismo. Kano, disseram, era um antigo centro de comércio e ainda conservava seu lugar, embora o comércio transaariano tivesse decaído.

Mais tarde, sem entender que falavam algo diferente, disseram que Kano era conservadora e que o contraponto a isso vinha da educação. Havia dois tipos de educação. Uma era ocidental; o professor de literatura disse que fazia parte dela. E havia o sistema corânico tradicional. Este alfabetizava as pessoas em árabe e as enviava para o setor "informal". Era um jeito formal e acadêmico de dizer que o sistema corânico as preparava para engraxar sapatos, dirigir motocicletas *okada*, vender coisas na rua e, de modo geral, fazer o trabalho "baixo" que as mantinha no nível da subsistência. Na verdade, a opção corânica fazia as ruas de Kano serem o que eram.

Aquilo não era coisa com que aqueles orgulhosos homens islâmicos conseguissem conviver facilmente, mas a cabeça deles estava voltada para o problema da identidade e de seu reflexo na língua, e eles deixavam a coisa passar.

O professor de literatura disse que eles eram um povo introspectivo. Escreviam em hauçá, uma língua do Norte; tinham pouquíssimos autores em língua inglesa. Disse: "Queremos olhar para fora, mas todos esses autores escrevem eu hauçá".

O homem de fez, o homem de mídia, disse: "Precisamos de ideias novas".

O homem que se apresentou como um "escritor menor" em língua inglesa disse: "Kano é um lugar estranho. Olho para pessoas que estão felizes num minuto e muito infelizes no minuto seguinte. Muito bem e, depois, raivosas nos intervalos. Olho para elas porque são minhas personagens e quero entendê-las". Não conseguia dizer por que elas ficavam raivosas. "Elas não falam muito.

Não sei por que são tão alienadas. Sinto sua raiva, muito embora estejamos num centro comercial e urbano."

O acadêmico, o professor de literatura, não percebia a raiva que o escritor menor dizia perceber. "Não é tão palpável para mim. Poderia ser uma questão de identidade. Em que compartimento eles se encaixam."

Em seguida, falaram do que lhes era mais íntimo, a questão da identidade hauçá.

Quando começou a crise de identidade?

Disseram que foi iniciada por antropólogos europeus. E, de fato, naquele momento havia um acadêmico americano no hotel, que viera escrever sobre os hauçás e agora estava no final de seu "trabalho de campo".

O escritor menor em língua inglesa disse: "A introspecção do povo de Kano é parte de nossa identidade, e talvez por isso o avanço social e político seja limitado".

Havíamos ultrapassado, e muito, as atitudes orgulhosas que tinham assumido no início.

Eu quis saber como estavam reagindo à dilapidação de Kano. No início, pareciam não percebê-la.

O homem de mídia e de fez vermelho disse que estavam crescendo, tanto a cidade quanto a dilapidação. "São todos como formigas girando em círculos. Não temos muito desenvolvimento novo." Outra vez, coisa muito diferente do que tinham dito no início. "Há um grande influxo de pessoas, porém não de empregos, por isso tanta gente faz o serviço de *okada*."

O professor de literatura disse: "É uma queixa nos dias de hoje, mas não existe varinha de condão para resolvê-la. As pessoas terão de resolvê-la individualmente. Assim como eu resolvi o problema de motor do meu gerador".

Eu quis saber sobre a posição do emir. Ele era como o oni de Ifé, ou era mais?

Todos disseram que o povo respeitava a instituição. Não havia coerção.

O escritor disse: "O emir não controla a produção. Ele se identifica com o islã e representa a inspiração para o povo, é reverenciado". O povo de Kano não se vê como árabe. Nisso ele difere do povo do Sudão. "Os sudaneses são negros como a noite, mas fingem ser árabes porque falam árabe. Nós nunca vamos querer ser árabes."

Nos livros de geografia que eu lia na escola, Kano era uma grande cidade com muros de barro. As fotografias mostravam muros de reboco liso, perfurados por pequenos tubos de drenagem. Eu tinha desejado ver Kano, mas agora era obrigado a me contentar com aquela débil lembrança de uma antiga fotografia vista tempos atrás. Não consegui encontrar nada parecido e descobri, por fim, que algum braço cultural dos alemães estava procurando pelo pequeno trecho do muro de barro que tinha sobrevivido. Sua superfície foi escavada e estava longe de ser rebocada e lisa.

O primeiro palácio que vi foi o palácio de fim de semana do emir. Com semelhante nome, deveria ficar a vários quilômetros da cidade, mas não ficava, deixando o visitante intrigado com seu propósito.

Os muros eram altos e cor de ocre. Sua única decoração era uma série de desenhos abstratos no concreto armado, que deviam ter sido criados por moldes. Aqui também as crianças corriam atrás dos visitantes e esperavam pacientemente pelas esmolas que eram distribuídas no final da visita. O portão situava-se no meio do muro e aparentemente tinha vários metros de espessura, mas, quando se olhava para o alto, via-se que a espessura era uma ilusão e que acima do teto (de zinco ondulado) havia um espaço vazio que chegava até o topo.

O teto estava quebrado em vários lugares e aberto para o céu, e havia pássaros nidificando nos cantos. O muro era oco. Dentro havia pátios em torno de pequenas construções baixas trancadas. Contra um muro havia uma árvore velhíssima, com um tronco grosso. Muito ao fundo havia um pomar, igualmente murado, onde as concubinas do emir de duas gerações atrás podiam relaxar, se fossem velhas demais ou se tivessem sido descartadas.

O palácio principal, ao qual chegamos no devido tempo, era um desafio maior naquela dia de calor. Ficava num terreno aberto, poeirento, semiárido, batido pelo sol e nu, exceto pelos cinamomos no estacionamento, com grandes distâncias entre o frescor dos três portões de entrada. Os muros eram altos e marrons.

No segundo portão, um gatinho branco com manchas coloridas nas costas estava chorando. Era semelhante ao gatinho que eu vira em Uganda, no hotel Montanhas da Lua. Possivelmente era o último da ninhada, sobrevivendo sabe Deus como. Seria muito fácil satisfazê-lo, mas eu estava com pessoas para quem os gatos eram espíritos e demônios, e tive de deixar a criaturinha delicada abrindo a boca e chorando, ainda surpreendentemente inteira, ainda nutrida pelo leite da mãe, agora talvez perseguida e morta.

Aquela pequena tragédia, e meu próprio desamparo, lançou uma sombra sobre o resto de minha visita ao palácio, às várias salas de audiência, inclusive o quarto inglês, onde fotografias emolduradas na parede mostravam a rainha Elizabeth sendo recebida muitos anos atrás pelo emir de Kano.

Esses cômodos íntimos estavam sendo restaurados e redecorados, especialmente os tetos com suas decorações em relevo e de cores da terra, as cores da areia e do ouro em um cômodo, e cinza, preto e branco em outro. Havia um setor de harém no palácio, por mais improvável que pareça, com esposas e concubinas, escravos e eunucos — o islã vivenciando suas boas velhas maneiras em seus limites africanos.

O harém, é claro, estava fora dos meus limites. Sentei-me

numa cadeira empoeirada numa sala de recepção e esperei que o resto do grupo voltasse.

9.

O quadro de Delacroix das damas do harém de Argel mostra mulheres ociosas com roupas coloridas. A vacuidade de suas mentes transparece em seus rostos. Suponho que algo desse quadro — as roupas, o ócio — tenha operado na imaginação de uma mulher indiana que conheci em Déli alguns anos atrás e que disse que gostaria de ter sido nada mais do que parte do harém do imperador Akbar. Essa mulher não era muçulmana, não fazia ideia do que era um harém e mesmo em seu devaneio teria se decepcionado ao descobrir que o harém de um chefe africano (sem dúvida, na cabeça dessa mulher, alguns graus acima da realidade) era mais que tudo um lugar de gente abandonada e sem teto — escravos e concubinas (várias delas, presentes de outros chefes africanos) —, gente que já tinha ultrapassado a vida útil, sem nenhum talento, família ou vida exterior.

A idade avançada e o ócio davam a eles a liberdade de ir para fora (os eunucos sempre com seus uniformes), e usavam essa liberdade limitada para cumprir pequenos serviços na cidade a pedido das pessoas do harém. Fora isso, não havia nada mais para fazerem. Agora simplesmente esperavam a morte, eram alimentados feito cães e dormiam no chão do harém nos cantos que conseguissem encontrar.

Esse foi o quadro que me foi transmitido mais tarde, por uma mulher cuja mãe tinha passado alguns anos infelizes no harém de um pequeno chefe do norte da Nigéria.

A poligamia, o modo de vida do harém, tinha suas próprias regras. A mais importante era a separação das mulheres de seus filhos. Isso ocorria quando a criança nascia. As crianças eram entregues a outras mulheres e só trazidas à mãe natural para serem amamentadas. Enquanto isso acontecia, a mãe natural cobria o rosto com um véu; a criança não podia conhecê-la ou pensar nela como uma fonte especial de afeto. Quando a criança tinha seis ou sete anos, era possível contar-lhe quem era sua mãe natural. Isso não causava distúrbio algum; a criança não perdia o afeto pela mãe adotiva.

Tais regras complexas — como uma pequena religião dentro da religião mais ampla — tinham a intenção de romper com qualquer ideia de família nuclear e de inculcar a ideia de uma unidade familiar mais ampla dentro do harém murado. A poligamia, como o modo de vida islâmico mais profundo, tinha seus defensores e seus teóricos, que podiam ser gente muito bem-educada. Para essas pessoas, a ideia de família nuclear estava na origem do egoísmo e da derrocada de outras sociedades.

Laila era o romântico nome da mãe dessa mulher. E talvez fosse uma das coisas que a ajudaram a ter alguma ideia da vida que desejava para si mesma. Laila tinha crescido vendo televisão; lia os romances da Mills & Boon* e acreditava no amor. Sua família era de grandes latifundiários, rica o bastante e estável o bastante para ter alguma ideia do mundo moderno. Mandaram Laila para um colégio de freiras no fresco planalto de Jos por dois anos. Lá ela atraiu a atenção do chefe ou a de algum de seus casamenteiros. A família ficou deliciada, assim como Laila. Ela sabia, é claro, que os homens muçulmanos podiam ter quatro esposas, e um chefe, qualquer número de concubinas. Mas sua educação, o *background* estável de sua família e sua imaginação a tinham feito acreditar que, ao se casar, ela entraria no reino do amor e, de algum modo, seria poupada do destino comum das mulheres que a rodeavam.

---

* Tradicional editora britânica conhecida por publicar romances baratos. (N. T.)

Ela engravidou. Teve uma filha. Deu à menina o nome de Mona. A corte do chefe quis levar a menina embora e entregá-la a uma mãe adotiva. Laila se recusou e sua paixão foi tamanha que os cortesãos, temendo que ela fizesse algo com a criança, deixaram estar. Uma de suas serviçais lhe fofocou que algumas pessoas a estavam chamando de "a mulher branca". Ela achou graça e lhe pareceu que tinha vencido. Mas o que ouviu em seguida não foi nada engraçado. Ouviu que seu marido estava fazendo visitas de noivo aos pais da jovem a quem ele desejava tornar sua segunda esposa — visitas idênticas às que ele fizera aos pais de Laila.

Laila sentiu-se afundar. O marido tentou acalmá-la; disse-lhe que nada mudaria o amor que sentia por ela. Aquele outro casamento era algo que ele tinha de fazer na condição de chefe islâmico; era o que se esperava dele. Seu pai tivera cerca de trinta filhos. Não podia ser mais exato sobre o número de filhos porque dava azar para um homem contar os filhos. Seu avô tivera cerca de cinquenta, mas as coisas eram diferentes naqueles tempos.

Ninguém na corte conseguia entender por que Laila se recusava a ser consolada e continuava a criar caso, ameaçando a harmonia do harém. Várias das mulheres diziam que a mulher branca tinha sido desvirtuada pelos livros ingleses que lera e pela educação que recebera das freiras. E Laila foi atirada ao poço do desespero quando seus pais deixaram claro que não poderiam apoiá-la; ela tinha esperado que eles pelo menos entendessem.

O segundo casamento foi adiante, sem referência, ao que parece, a Laila. Ela se sentiu excluída de seu próprio casamento. Sentiu que sua humilhação era completa. Sentiu-se escarnecida pelo passado. Começou a pensar em se afastar do chefe, a não ter contato íntimo com ele. Foi difícil para ela tomar a decisão; havia uma parte dela que pensava que tudo ainda poderia ficar bem. Quando essa ideia se evaporou, Laila descobriu que estava grávida novamente.

Agora começava um período estranho para ela, vivendo sozinha na algazarra da vida do harém, as rivalidades e as brigas, os ódios, a tensão constante. Era protegida em certa medida por sua solidão, por sua ambição por algo mais que o harém, coisa que as outras nem sequer conseguiam suspeitar. Dentro dessa solidão, ela encontrou uma causa: ficou determinada a poupar a filha daquilo por que ela tinha passado.

Da segunda gravidez lhe veio um filho. Quiseram levá-lo embora. Ela permitiu. Cobria o rosto quando amamentava o menino. O menino cresceu. A partir daí, deixou passar os anos.

A ideia de que precisava fazer algo para salvar Mona nunca a abandonou. Dava-lhe uma espécie de consolo, embora — vivendo dentro dos muros do harém, como um tipo de prisioneira — não tivesse ideia do que poderia fazer pela filha. Mas sentia que, por desejar tanto aquilo, algum dia lhe seria mostrado um caminho.

Durante um ou dois anos, um parente do chefe começou a aparecer no harém. Era médico em Dubai, no Golfo Pérsico, um homem de família mestiça árabe-africana. Tinha se tornado um dos médicos do chefe. (Nos velhos tempos, o chefe iria a Londres para fazer seu checkup, na rua Hartley ou no hospital Cromwell, mas os preços em Londres não paravam de subir, e esse passeio londrino agora era caro demais, sobretudo porque se exigia que o chefe, por seu status, viajasse com uma pequena corte.)

O médico encantava as mulheres do harém com histórias sobre as maravilhas de Dubai, da grama e dos jardins que brotavam no deserto, dos aviões constantemente partindo e chegando de todos os pontos do globo, de hotéis sendo construídos à beira-mar.

Laila adorava aquelas histórias. Gostava das roupas dele. Trouxeram de volta seus antigos sonhos de um mundo lá fora. Quando ele descobriu que ela sabia ler, trouxe-lhe jornais em inglês de Dubai e de outros lugares. Ele, por seu turno, parecia estar mais interessado em Laila do que era correto. As pessoas notavam e comentavam. Ela ficou perturbada. Sentia que àquela altura da vida não conseguiria enfrentar mais inimizade. E se alguém no harém não tivesse dito algum dia: "Esse médico está mais interessado em Mona do que em qualquer outra", Laila jamais teria notado. Examinou o médico quando ele veio de outra vez. Viu que na verdade ele estava interessado em Mona. Ficou espantada por não ter percebido. E então viu a mão de Deus na chegada do estranho de Dubai. Empurrou Mona para o médico. Ele, por fim, pediu a mão da garota.

Talvez não fosse o melhor arranjo do mundo. Laila não tinha ideia alguma de como seria a vida em Dubai para Mona, mas viu a mão de Deus naquilo.

Mona tinha ouvido várias vezes a história de sua mãe. O sofrimento de Laila e a vida de harém que ela conhecera haviam endurecido o coração de Mona, preparada para o que quer que surgisse em seu caminho. Estava mais apta a suportar o choque do segundo casamento do médico, e ele veio. E o choque posterior do terceiro. Ela nunca contou à mãe.

# 3. Homens possuídos

Uma grande parte do atual Estado de Gana na África ocidental pertencia ao reino dos axântis. O reino axânti era imenso. Um antigo mapa inglês mostra a área da "autoridade axânti" com cerca de 650 quilômetros de largura e 320 quilômetros de altura. Nesse antigo mapa, é preciso dar duro para encontrar Acra, a moderna capital de Gana, em meio aos muitos "castelos e fortes" à beira-mar construídos a partir do século XV — por portugueses, dinamarqueses, suecos, prussianos de Brandemburgo, holandeses e ingleses, todos sonhando com ouro e escravos — às margens desse longo trecho leste-oeste do litoral africano.

Kojo era axânti e sua mulher, filha do anterior rei dos axântis. O rei, disse Kojo, tinha-lhe pedido que se casasse com a filha. Essa é uma das coisas mais claras acerca de Kojo. Mas quando ele fala disso com suas próprias palavras, a coisa assume um tom estranho: "O pai de minha mulher era o rei anterior. Com muito tato, ele sugeriu que eu me casasse com sua filha. Ela estava estudando medicina na faculdade e eu era dentista. Ela era axânti, e eu concordei".

Vi Kojo muitas vezes quando estive em Gana. A certa altura,

jantávamos juntos todos os dias. Ele estava sempre pronto para responder perguntas, sempre solícito e polido. No entanto, ao fim e ao cabo, permanecia misterioso, quase tão misterioso quanto tinha sido ao falar, com seu tom deliberadamente inexpressivo, de seu casamento com a filha do rei. A princípio, pareceu-me que, apesar de sua presteza para falar, havia nele uma reticência, uma aristocrática reticência africana, que lhe fazia menosprezar todas as coisas. Em seguida, julguei que sua vida tinha sido demasiado variada, cheia de partes desconexas ou disparatadas, e que ele não havia descoberto uma maneira de se apresentar. Suponho que isso significasse que ele não fora capaz de criar um todo com suas experiências.

Aqui vão peças de seu quebra-cabeça tal como chegaram a mim. O pai de Kojo frequentou Achimota, a famosa escola secundária instituída pelos britânicos para formar os filhos dos chefes e dos dignitários locais para o "dever público" (palavras de Kojo). O aluno de Achimota se tornou professor primário e serviu em diferentes partes de Gana. O pai do professor primário (o avô de Kojo) era um membro da corte, um assessor sênior do rei em assuntos culturais. Kojo disse que ele recebera uma educação africana "especial".

Kojo (com seu estilo reticente) não disse o que era essa educação africana. Disse apenas: "Ela lhe ensinou a cumprir seu desígnio herdado. Ele não era um chefe do topo ou muito poderoso. Seu feudo era limitado. Tinha pouca terra. Terra aqui significa status e poder. Ele não possuía esse tipo de poder, embora fosse um homem rico. Era abastado porque tinha fazendas de cacau nos arredores de Kumasi. Seus arrendatários plantavam a safra, faziam a colheita, secavam os grãos e depois os empacotavam em sacas de sisal e as vendiam à agência. Ele tinha que passar muito tempo em Kumasi por causa de seus deveres palacianos".

Kojo disse: "Meu clã produz os reis dos axântis. Existem outros cinco clãs proeminentes que também produzem chefes. Mas nós, do clã Oyoko, temos a liderança pelo meu lado materno".

As famosas guerras axântis, que deram à Costa do Ouro e depois a Gana sua forma final, ocorrem nos anos 1890. Elas teriam oferecido ao avô de Kojo drama suficiente. Mas a grande perturbação na vida de Kojo veio com a independência e especialmente com a ditadura de Nkrumah, o primeiro presidente de Gana independente. Nkrumah desejava redesenhar as fronteiras dos axântis. Queria tornar o povo axânti menos dominante. Expediu decretos de mineração que cancelavam os direitos mineradores dos axântis. As terras axântis eram célebres pelo ouro que produziam; no período colonial, Gana era conhecida como a Costa do Ouro. Os decretos de Nkrumah determinavam que, abaixo de uma dada profundidade no solo, todas as minas pertenciam ao governo.

Kojo disse: "Eu me vi em situação difícil. Estava habituado a viver num país onde havia o estado de direito, onde havia direitos humanos e tudo era regulado".

É desse período que vêm suas histórias londrinas, em que seus endereços ficam em Belgravia; foi quando seus três filhos ("três dos meus meninos") frequentaram Eton.

Conheci um dos rapazes exatamente no fim da minha temporada em Gana, na tarde do meu último dia, no aeroporto. Era charmoso e prestativo, educadíssimo, uma grande ajuda na bagunça e na multidão do aeroporto; e pensei que seria possível para aquele rapaz (embora lhe faltasse a experiência do pai) ter um modo mais estável de se apresentar e de agir que seu pai (cujas lembranças remontavam demais no tempo) jamais teria.

Kojo foi criado como cristão. Naquela parte da África ocidental, isso significava geralmente um pano de fundo, ou até mesmo um primeiro plano, de crença africana tradicional. Kojo, porém, disse que não era o caso dele. Ele amava o "espírito axânti", mas o cristianismo o tornara mais brando e menos belicoso.

O paganismo não impregnava os axântis; Kojo não estava exposto a ele. Os axântis tinham deuses ancestrais, mas eles são entidades de cura. Alguns ritos culturais devem ser realizados em momentos de morte, nascimento e puberdade. Toda família tem uma pessoa idosa que sabe fazer os ritos; o conhecimento é passado de geração a geração.

2.

Essa religião axânti, se o que Kojo disse for verdade, não era demasiado invasiva. O mesmo não se podia dizer da religião do povo litorâneo ga, em certa época inimigo dos axântis. Essa religião é tão avassaladora, tão cheia de sinais e presságios, que o verdadeiro crente (um tanto como o devoto da Roma antiga) pode viver numa constante febre de ansiedade acerca das mensagens dos deuses. Essa religião ga se enraíza no espírito dos falecidos e é ao mesmo tempo de tal modo parte e participante do mundo vivo, que somos rodeados por esse mundo de profecias e mensagens divinas mesmo quando não temos consciência disso.

Se estamos andando numa rua e batemos o dedão numa pedra, isso tem significado. Se espirramos, tem significado. Espirrar para a direita é bom; espirrar para a esquerda é ruim. A própria natureza foi programada; temos de aprender a lê-la. Até mesmo a velocidade do vento é um sinal. O sumo sacerdote a interpretará; e também os anciães, que guardam as propriedades do escabelo (que representa o governante), assim como as videntes.

Foi Pa-boh que me fez entender essa fé complexa, que requer tanta explicação. Ele nunca soletrou seu nome para mim nem o escreveu; por isso, escrevo de acordo com minha memória fonética. Pode ser que eu tenha escrito de forma errada.

O filho de um chefe importante me levou para ver Pa-boh.

Pensei que a casa aonde estávamos indo era a de Pa-boh. A casa, quando chegamos lá, ficava numa parte populosa mas não apinhada de Acra, sem lixo. Mais tarde me disseram que o lixo aqui, como por toda parte em Acra, era recolhido por uma empresa privada de coleta de lixo. Havia também um sistema de drenagem, e isso fazia toda a diferença no aspecto do lugar.

As casas eram pequenas mas não circundadas por lixo ou cercas; por isso parecia haver muito espaço aberto. Crianças corriam de um lado para o outro em todo espaço livre e a rua lembrava um pátio de escola no recreio.

Numa extremidade da rua havia uma pequena estrutura de concreto branco, como uma guarita de vigia; no topo dessa estranha guarita, duas cruzes se inclinavam para longe uma da outra. Pensei que pudesse ser uma minúscula capela local, com cruzes inclinadas para mostrar como a religião cristã importada tinha conseguido se encaixar no enquadre africano mais antigo. Mais tarde eu soube que a guarita era, de fato, a casa do oráculo, importante para a crença local, e aberta apenas aos religiosamente qualificados.

Caminhamos um pouco mais para além da casa do oráculo, passando por alguns carros estacionados. Dobramos em um beco entre duas casas propriamente ditas. O chão era de concreto, quebrado em alguns lugares. Aqui Pa-boh se juntou a nós. Vestia uma bata local com uma bainha bem larga. Eu não sabia quem era ele naquele momento. Percebi a elegância de seu traje e pensei que fosse simplesmente um ocioso, um desses que logo se adiantam assim que veem estranhos chegando ao seu lugar.

No final do beco entre as duas casas, chegamos a uma pequena área aberta que nos permitiu dobrar e subir por uma escada estreita até o piso superior. Logo o espaço ficou limitado outra vez. A escada estreita era feita de madeira serrada grosseiramente, não aplainada nem pintada, exibindo marcas diagonais de serrote. O patamar de madeira acima também era de qualidade tosca.

Nosso grupo seguiu caminho até um pequeno cômodo que dava para a rua. Os gritos e as exclamações das crianças brincando chegaram até nós.

O lado esquerdo do quarto estava dominado por um homem grande sentado diante de um laptop Hewlett-Packard, completamente absorvido pelo que estava fazendo. Tinha uma aparência refinada e estava sentado, grande e imponente, vestido de branco, sobre uma pele de cabra marrom e branca, jogada sobre a cadeira, que descia até o chão. O filho do chefe que estava conosco disse a ele quem éramos. Ele foi educado, mas nada além disso, sem nenhum interesse por nós que justificasse desviar os olhos de seu computador; fiquei intrigado, já que àquela altura eu pensava que ele era o homem que tínhamos vindo ver.

Nós nos sentamos nas cadeiras de couro creme postas contra a parede que dava para a rua. A rua ficava logo ali fora e lá embaixo, e os gritos das crianças subiam agudos através da janela aberta às nossas costas.

Pa-boh começou a falar.

Ele permaneceu de pé ao lado de um tamborete alto e às vezes se sentava nele. Sua bata, que se abria, larga, a partir da cintura, tinha um padrão listrado variado, mas principalmente preto e branco. Encarou o homem grande de branco trabalhando no computador. No entanto, ele, Pa-boh, falava para nós, e o homem grande continuava a olhar para a tela de seu computador, acrescentando algumas palavras de vez em quando às que tinha escrito.

Não foi fácil para mim a princípio me concentrar no que ele estava dizendo. Era simples demais, sobre Deus e os espíritos; já tinha ouvido aquilo antes. Mas então ele se tornou cada vez mais pessoal e direto. Entendi ao mesmo tempo que o homem de branco oferecera seu quarto como um lugar de reunião e fizera isso por cortesia, tanto para mim quanto para o filho do chefe, e que Pa-boh era o homem que tínhamos vindo ver.

Tive de olhar de modo diferente para Pa-boh. Comecei a me sentir tomado. Havia um brilho em seu rosto que o tornava hipnótico toda vez que, para confirmar uma tese, ele sorria e puxava o queixo para baixo. Então ficava parecido com um palestrante acadêmico. Uma das primeiras coisas que ele disse foi que, na época em que tinha 26 anos, dominava seis empregos ou disciplinas. Naquele momento, ele era secretário administrativo de sete chefes.

O filho do chefe me dissera na véspera que sempre que fôssemos ver gente importante sobre questões religiosas era cortês oferecer uma garrafa de gim. Nem cerveja, nem uísque, nem vinho: apenas gim. Suponho que por ser um líquido incolor.

Eu tinha sido avisado, mas não trazia o gim comigo. Não estava esperando um momento religioso sério aquela manhã; esperava somente uma discussão preliminar, uma discussão sobre uma discussão; e agora eu temia que teríamos de pagar uma multa a Pa-boh. Em tudo o que ele me dissera a respeito dos sumos sacerdotes de sua fé, esse poder que eles tinham de impor multas era importante. Parecia ser uma das fontes de seu sustento, assim como o gim era parte do tributo tradicional (o babalaô da Nigéria tinha exigido uma garrafa de aguardente para fazer uma libação aos deuses ou espíritos em seu quarto).

E então percebi, no chão à direita do homem grande de branco, uma garrafa pela metade de um líquido de cor clara. Era nítido que, aonde quer que se fosse por aqui, era preciso estar armado com uma garrafa de gim.


3.

Perguntei a Pa-boh sobre a casa do oráculo na rua lá fora. Ele disse que em certa época a área foi uma floresta de cinamomos.

O governo reconhece esses pontos sagrados e eles devem ser deixados em paz. A comunidade considera inadequado tais pontos sofrerem interferência ou serem de algum modo dessacralizados. Pa-boh supunha que dentro da casa do oráculo haveria oferendas de óleo de palma ou ovos num pote de cerâmica. Mas não tinha certeza. Nunca estivera lá dentro. Para entrar era preciso ser convidado ou escolhido pelo sumo sacerdote; e Pa-boh, por mais que fosse instruído e digno de reverência, não teve tal privilégio.

Isso levou Pa-boh a fazer um esboço da religião tradicional. Ele tinha um jeito acadêmico de falar, e tão parecido com um livro que me perguntei quanto daquilo que ele dizia era literatura especializada, de algum curso universitário, digamos, e quanto provinha de experiência pessoal. Talvez as duas coisas estivessem mescladas; ou talvez Pa-boh tivesse um dom especial para falar.

Os espíritos, as divindades menores e os deuses (disse Pa-boh) serviam de ponte para a grande distância entre nós e o ser supremo, que é como Jeová. A comparação ou referência bíblica é feita frequentemente quando os africanos tentam explicar sua fé; ela se faz para esclarecer o que, de outro modo, seria difícil de descrever. Esse ser supremo é muito poderoso e não deve ser usado em rituais diários. Os demais, espíritos, deuses etc., são invocados diariamente. Eles têm representações físicas: podem ser árvores, tocos, tamboretes, ídolos esculpidos, rios e poços. Toda comunidade tem seu conjunto de divindades desse tipo, que protegem e curam; essas divindades também resolvem questões complicadas que podem surgir na comunidade. Essas divindades têm seus porta-vozes, que são sumos sacerdotes e profetisas. Eles devem ser iniciados nos cultos. Tanto os sumos sacerdotes quanto as profetisas são possuídos.

Quando surge uma questão complicada, as pessoas buscam as profetisas. Se as profetisas assumem uma questão, elas entram em transe; rasgam as roupas de cima, ficam de peitos nus e começam a falar em línguas estranhas. Essas mulheres normalmente falam twi, a língua do povo akan. Mas, quando estão em transe, podem falar outras línguas.

Crenças religiosas e práticas culturais andam de mãos dadas. As crenças religiosas ditam a cultura. Quando nasce uma criança, despeja-se água e vinho de palma em sua boca. Isso liga o bebê à terra. Na puberdade, a criança é coberta de cinzas ou de barro esverdeado e apresentada à aldeia. Os aldeões cantam e dançam então. Os cânticos são importantes. Eles expressam a história e as expectativas da comunidade, e a criança passa a conhecer suas responsabilidades para com a família e a comunidade. Um ancestral é um ponto de referência para o jovem. Qualquer um que se comporta bem pode se tornar um ancestral quando envelhece ou morre.

Na morte, a religião tradicional entra em cena. Há diferentes rituais para diferentes mortes. Se a criança morre no parto, há um tipo de ritual. Quando mãe e criança morrem, todas as mulheres grávidas da aldeia vão ao mar e se banham, para se lavar do mau agouro. (Os gas são um povo costeiro. O mar está sempre presente para eles.) Assim, do nascimento à morte o ser supremo, através de suas divindades e espíritos designados, protege o povo.

Os chefes são embalsamados. Em alguns casos, dependendo do status do chefe morto, os rituais podem durar um ano e até mais. Os anciãos e os sumos sacerdotes sabem o que têm de fazer. Nesse tempo de morte, um tempo de terrível corrupção, é preciso usar um tipo especial de linguagem para proteger as pessoas. Não se pode dizer que o chefe está morto: é melhor usar a linguagem da vida e dizer que o chefe viajou, ou que ele se voltou contra a vida, ou que foi arrancar uma folha, ou que foi para a aldeia dos avós. O caixão deve ser chamado de "uma casa morta".

Já que a vida (e a morte) são tão cheias de armadilhas, há várias abluções a fazer e diversos tabus a respeitar. É melhor estar descalço. Especialmente para o sumo sacerdote, é tabu ter a sola dos pés cobertas; essas pessoas importantes sempre devem manter um vínculo com a terra. Se forem apanhadas usando sapatos, podem ser multadas. Sapatos fechados são permitidos em alguns santuários, mas chinelos não. Qualquer lugar onde o sumo sacerdote pisa se torna santo, porque ele é a representação física dos espíritos e é possuído pelos espíritos. O sumo sacerdote se veste de branco e carrega uma vassoura na mão. A vassoura simboliza a função de limpeza que ele exerce.

Os gas (disse Pa-boh) migraram do leste com seu sumo sacerdote. Naqueles dias, não tinham um rei. Tal como na época de Jesus, o sumo sacerdote era ao mesmo tempo rei e sacerdote. (De novo, essa necessidade de associar uma história africana a um modelo bíblico ou cristão.) Quando os gas alcançaram a costa, encontraram os portugueses. Mais tarde, os holandeses e os britânicos vieram. Todos esses povos viam a religião africana e seus sumos sacerdotes como demoníacos. Preferiam lidar com um nobre guerreiro. Assim, o nobre guerreiro se tornou o rei ou o chefe.

Essa decadência do sumo sacerdote pode criar dificuldades. Alguns chefes hoje em dia são cristãos; não gostam de oferecer libações aos santuários ou oráculos. E as leis modernas podem afetar práticas tradicionais. A escravidão, por exemplo, agora é crime, e os pais já não podem vender ou dar seus filhos a um santuário para pagar uma dívida.

Os chefes recebem dinheiro do governo para administrar terras do governo. Multam as pessoas por quebrarem tabus, e esse dinheiro vai para eles. Também podem agir como árbitros e, então, são pagos por ambas as partes. Assim, a função do chefe vai mudando.

Pa-boh disse: "A religião tradicional em Gana está morrendo devagar. Começou a morrer quando os europeus e muçulmanos chegaram e nos consideraram pagãos. Sua tecnologia superior nos matou. Temos feiticeiras que voam no ar. Mas quando vimos as aeronaves passamos a abominar nossa cultura. Considero que o africano moderno está numa situação muito difícil. Ele deveria olhar para ela e modificá-la. Não devia condená-la".

## 4.

Era difícil acreditar que Pa-boh, que falava com tanta paixão da religião tradicional, fosse formalmente cristão, com um avô cristão que dirigia uma igreja numa aldeia. Sessenta anos atrás, esse avô tivera sua casa e sua igreja incendiadas pelos aldeões a quem ele desejava servir (queria que eles se arrependessem, abandonassem seus deuses e espíritos menores africanos e viessem para Cristo) e fora empurrado junto com a família para o mato. Sua irmã tinha sido massacrada, com a cabeça partida ao meio.

Estranhamente, Pa-boh também falava disso com paixão. Talvez fosse um homem apaixonado; talvez precisasse viver intensamente.

Disse: "Chorei ao ver como meu avô e meu pai tinham sofrido".

E em seguida, para concluir o ciclo de paixão, disse: "Mas isso não pode acontecer hoje em dia, mesmo que as pessoas fiquem com raiva ou se sintam ultrajadas, porque existe uma lei, e não se pode ir além de determinado nível". Agora ele passava com quase igual fervor da religião para algo bastante distinto: as virtudes da sociedade civil.

Quando criança, Pa-boh perdeu os pais (não disse como) e teve de se virar sozinho. Exerceu ofícios disparatados e, a fim de trabalhar no escritório da escola, aprendeu datilografia. Também se tornou eletricista, aprendendo as habilidades de homens mais velhos que, de início, levavam na brincadeira seu ávido auxiliar juvenil. Ele se juntou a uma banda de música e por volta dos dezesseis anos foi o vocalista dela. Era desordeiro, encrenqueiro e brigão.

Certo dia, em maio de 1970, sua vida mudou. Foi possuído pelo Espírito Santo. Aconteceu assim. Estava cantando com sua banda naquele dia e, à meia-noite, fizeram uma pausa. Ele foi ao culto religioso da meia-noite e seu comportamento estava estranho. Ele se mostrou barulhento e desordeiro. Quando o pastor pediu à congregação que orasse para o aprimoramente de suas almas, Pa-boh o insultou. Depois do culto, Pa-boh foi ver o pastor. Não estava em nada arrependido do que fizera, mas começou a chorar, e aquele choro não parava. Foi para seu dormitório, mas se sentia muito culpado e não conseguia dormir.

Sentiu uma mão em seu pulso. A mão o levou à sala de jantar. Lá ele viu um letreiro reluzente no ar, iluminado com episódios de sua vida. Uma voz lhe disse que saísse e fosse ao pátio da escola. Ele disse que não podia fazer aquilo porque tinha medo das cobras. A voz lhe disse então que voltasse ao dormitório. Ele voltou e encontrou alguns veteranos que disseram que ele estava atrasado e que iriam castigá-lo. Mandaram ajoelhar-se para receber o castigo. Normalmente, ele teria esmurrado aqueles rapazes e dado uma boa surra neles, mas dessa vez caiu de joelhos e esperou seu castigo. Os rapazes ficaram assombrados. Julgaram que Pa-boh devia ter sido afetado por alguma coisa que o pastor dissera.

Um pouco mais tarde, um monitor veterano veio correndo com uma Bíblia até o beliche de Pa-boh. O monitor disse que uma voz lhe mandara fazer aquilo. Pa-boh abriu a Bíblia e então, disse ele, viu a luz, exatamente como são Paulo.

Depois daquele dia, várias coisas começaram a acontecer com ele. Certa vez, encontrou por acaso um chefe supremo e, por alguma razão, começou a contar a esse chefe toda a história do povo ga desde o século XVI. No final, o chefe supremo pôs a mão no ombro de Pa-boh e o abençoou durante quinze longos minutos. Disse a Pa-boh: "Você carrega consigo a paz do seu povo". Depois disso, Pa-boh foi guiado a fazer várias coisas extraordinárias. Para um chefe, ele resolveu em dias uma disputa que se arrastava havia dezessete anos. De início, o chefe não depositou fé alguma em Pa-boh como árbitro, mas Pa-boh lhe implorou e o chefe deu dinheiro a Pa-boh pela arbitragem (o dinheiro era o salário do árbitro), e Pa-boh foi para a grande cidade axânti de Kumasi, falou para os chefes reunidos e venceu. Desse modo, Pa-boh se tornou testemunha e porta-voz de seu povo ga e um palestrante de suas práticas culturais. Com o tempo, fundou sua própria igreja, conduzindo um culto ali todo domingo. Estava criando os cinco filhos como cristãos. Mantinha-os longe da religião tradicional porque a religião tradicional não tinha livros e não estava codificada nem escrita, e isso podia causar problemas.

## 5.

Kojo achava que eu devia ir a Kumasi, a "cidadela" axânti, que era sua terra natal. Tinha uma casa lá e a ofereceu para passarmos a noite. Acra ficava na costa. Kumasi, no interior, a noroeste. Quando ia a Kumasi, a negócios, Kojo tomava o avião. Achei que um carro seria melhor para mim, para apreciar o longo percurso e a paisagem. Richmond, o assistente de Kojo, veio junto como guia.

Atravessamos as serras da região leste e passamos pelos jardins botânicos de Abrui, pequenos mas bonitos, maravilhosamente floridos agora. Algumas árvores tinham troncos muito grossos, com escoras que se pareciam com poderosos tendões. Os britânicos haviam projetado aqueles jardins cem anos antes. Aqui em Gana, como em outros lugares do império, esses jardins botânicos ingleses, cujos fundadores frequentemente são desconhecidos, se tornaram uma dádiva para as gerações posteriores.

As aldeias pareciam se estender bem no limite de áreas de floresta. A terra estava sempre sufocada pela vegetação; quando punha a cabeça para fora do carro refrigerado, a pessoa se sentia viajando através de ondas de calor úmido que faziam crescer as coisas. Isso sugeria que a floresta mandava. Mas Richmond, o assistente de Kojo, que tinha uma veia para o cinismo, disse que a floresta impenetrável era uma ilusão. Uma ou duas motosserras conseguiam num instante abrir grandes clareiras.

E a paisagem, apesar de toda a sua opulência, foi uma decepção: interminavelmente pequena e amontoada, como o jardim de um chalé tropical, nenhuma tentativa de plantação, nada nunca organizado ou grande: pequenos lotes com bananeiras ou plátanos crescendo em desordem em meio a canteiros de teca de grandes folhas e aparentemente sempre em flor. Não havia trilhas nem sendas na mata, ou não parecia haver; assim, seria difícil cultivar aqueles pequenos lotes comercialmente.

A ideia de pequenez continuou quando, ao crepúsculo, alcançamos a periferia de Kumasi. Pequenas lâmpadas elétricas podiam ser vistas do lado de fora das pequenas casas — devia ser uma exigência municipal, para evitar que grandes caminhões se chocassem contra as casas — e às vezes somente lampiões bruxuleavam, amarelo-brilhante, uma chama de verdade, uma cor de verdade, mais agradáveis do que os tubos fluorescentes mortiços e incômodos aos olhos nas pequenas lojas. A coisa prosseguiu assim, quilômetro após quilômetro, enquanto Kumasi postergava e postergava sua promessa.

E houve confusão quando chegamos à cidade. Nem Richmond nem o motorista do carro conseguiam descobrir onde ficava a casa de Kojo. Isso não me surpreendeu sobremaneira. Kojo dera instruções de um jeito estranho; ele conseguia condensar as distâncias.

Quando me levou pela primeira vez aos jardins botânicos de Abrui, seus cálculos aboliram muitos quilômetros. Parece que agora ocorria algo semelhante. Mas era importante para nós sabermos onde ficava a casa, porque Kojo tinha combinado para que um chefe estivesse lá, para nos ajudar com a visita ao palácio pela manhã. Richmond telefonou para Kojo. Kojo pareceu repetir suas instruções. Havia um grande hotel numa avenida não muito distante. Quando Richmond disse que evitaríamos muitos problemas se fôssemos todos para o hotel, Kojo perdeu as estribeiras. Disse que era absurdo falar em hotel quando já estávamos quase no portão da casa dele.

Havia umas poucas casas ali perto. Batemos no portão de uma delas. A casa estava adormecida. Um vigia maltrapilho veio e falou bem baixinho com Richmond. Falava baixinho porque não queria perturbar sua patroa, que estava dormindo. Richmond, sem fazer barulho excessivo, bateu à porta. A mulher a quem pertencia a casa, sem se mostrar, apenas disse a Richmond que o chefe que estivera à nossa espera ficara cansado e fora embora. Era isso. Assim, pelo menos, tivemos essa prova da boa-fé de Kojo.

Vários minutos depois, e passada uma longa distância, descendo uma rua tortuosa, encontramos a casa. A ideia de Richmond, então, era que eu devia jantar no hotel, enquanto ele e o motorista preparavam a casa para mim. Quando, depois de um tempo bem longo, vieram me buscar, Richmond disse que, exceto pelo colchão da cama, que afundava um pouco, o quarto que tinham arrumado para mim estava digno de um hotel cinco estrelas.

Houve algum problema com as luzes — algumas lâmpadas tinham desaparecido e, algum tempo depois de eu ter ido para a cama e afundado bem fundo em meu colchão, quase a ponto de tocar o piso, ouvi Richmond se chocando contra coisas no corredor. Mas era devotado ao patrão; tinha feito maravilhas na casa desarrumada; e então, de manhã, ele se levantou cedo e foi com o motorista comprar leite, café e pão.

Kojo não queria que eu me hospedasse num hotel. Queria que eu visse sua casa, que ficava num enclave real axânti, e embora fosse apenas o pavilhão de hóspedes, como descreveu, era de fato espaçoso e elegante.

Bem ao lado dela, a luz da manhã mostrava as obras iniciais de um palácio. Era de Kojo; mas o dinheiro tinha acabado. Todos os seus instintos eram principescos.

No desjejum, olhando para o jardim (Kojo gostava de flores em todo lugar onde estivesse), vi um lindo beija-flor, pequeno e quase preto, se alimentando das flores amarelo-vermelhas do flamboaiã.


À luz do dia, a senhora que tínhamos incomodado durante a noite, uma mulher grande com um esplêndido vestido cinza e branco, foi tão firme quanto no escuro. O chefe de Kojo se cansara de esperar por nós. Assim, não haveria visita privilegiada ao palácio para nós. Decidimos nos resignar àquilo. Além do mais, era um dia de limpeza no palácio, de modo que não haveria visitantes e, para nós, nenhum fardo de visita palaciana.

A primeira impressão de Kumasi, uma cidade real, era a de um assentamento britânico colonial da época da conquista. As cores dos prédios oficiais eram ocre e vermelho, a arquitetura à moda atarracada do Departamento de Obras Públicas. As grades do palácio me recordaram as grades feitas na Inglaterra da minha própria escola em Trinidad (construída em 1904); e as áreas verdes abertas eram como os pátios da polícia da época. Os tesouros do museu eram em pequena escala, pecinhas de mobília não polidas. O reino axânti não era letrado, a despeito de seu ouro e de sua glória. Para alguém ver aquilo como algo mais grandioso, era preciso ser axânti e (com a ausência de relíquias espetaculares) consultar as fibras do próprio coração.

Era uma cidade de morros, de sobe e desce, cansativa de explorar sob um grande calor, mas com curiosidades todas próprias: uma rua de fabricantes de caixão na área do bazar, com os caixões pintados — cinza, branco, lilás, prata e ouro — dispostos sobre a calçada e criando um efeito festivo (abolindo a ideia de dor, introduzindo a ideia de comércio e sugerindo, ao mesmo tempo, um tipo de possibilidade de trama para um escritor de *thrillers*). As mendigas tinham sua própria zona no mercado, e isso também era simpático. Debaixo de sombrinhas brilhantes, as mulheres (um pouco amontoadas demais) se sentavam em pequenos tamboretes com suas tigelas, evitando contato visual com os doadores de esmolas, que se moviam no meio delas de um modo bem natural; assim, a tarefa de dar e receber não implicava nenhum esforço.

Richmond disse (embora eu não conseguisse entender por que ele meteu o islã na história) que o islã encorajava as pessoas a dar esmolas e, por isso, era preciso haver esmoleres.

Longe da área do palácio, a cidade tinha uma pequenez repetitiva. Suas ruelas apinhadas nunca desembocavam em algo mais interessante, uma seção mais antiga da cidade, um forte, um templo famoso. Isso acelerou nossa partida e logo, ultrapassando a periferia de Kumasi, a pequenez da zona rural da véspera começou a nos fatigar de novo em nosso caminho de volta: teca em meio a plátanos e bambu na mata sem trilhas. No entanto, havia algo mais na mata dessa vez, algo que por algum motivo tínhamos deixado escapar na ida: o concreto cinzento e de aspecto frágil de prédios inacabados. Havia um número enorme deles: tantos que, alguns dias depois, quando percorri a rodovia atlântica de Cape Coast, achei que alguns velhos castelos e fortes brancos estavam repetindo o motivo inacabado do interior.

Richmond disse que os prédios aparentemente inacabados

logo estariam terminados. Se eu voltasse dentro de dois ou três anos, veria o que ele queria dizer. Não acreditei nele.

Depois disso, conversamos sobre a vida selvagem de Gana. Não sobrava muito dela. O povo de Gana tinha devorado a maior parte. Dessa conversa sobre vida selvagem, passamos a cães e gatos, que as pessoas agora estavam comendo com vontade. No Norte, comiam e adoravam cães; chamavam-nos de "bodes vermelhos". No Sul, comiam gatos e quase tinham devorado todos eles. Richmond conhecia pessoas que criavam gatos para poder comê-los.

O problema com os gatos era o fato de serem muito espertos para que alguém os matasse. Os gatos sabiam que estavam para ser mortos e comidos; lutavam pela vida e podiam ser perigosos por alguns minutos. O melhor jeito de matar um gato, supondo que você tivesse convidado alguém para jantar e não quisesse fazer uma cena, era torcer o pescoço do bicho, do modo como na Inglaterra as pessoas matam um coelho. Mas ao fazer isso, você podia ser arranhado gravemente. O modo mais seguro — se você ou seus convidados não se incomodassem com a algazarra — era pôr o gato num saco e bater nele com um pau até matá-lo. Outro modo recomendado era afogar o bicho. Usava-se uma sardinha como isca para atrair o gato até um tonel com água e então se despejava mais e mais água dentro. O gato engolia um monte de água e a virtude do método era que ficava muito mais fácil, em seguida, arrancar a pele intumescida do gato.

Com essa conversa sobre comida local — interrompida de vez em quando para contemplar as obras de concreto inacabadas na selva —, nos distraímos por vários quilômetros. E então, como se a conversa sobre comida os tivesse convocado, apareceram às margens da estrada homens do lugar segurando animais defumados, oferecendo-os à venda, depois de terem passado o pente fino na selva circundante para capturar aqueles sobreviventes — as cotias, junto com um grande rato chamado aqui de corta-grama, filhotes de tatu, filhotes narigudos de tamanduás e algumas outras criaturas que simplesmente não eram rápidas o bastante para escapar daqueles desocupados. As criaturas defumadas eram geralmente abertas ao meio para facilitar a defumação e aparentavam ter sido atropeladas por um automóvel. Eram de uma estranha cor marrom-claro — que parecia ter sido aplicada em estado semilíquido com um pincel — e em nada semelhantes às crostas espessas de peixe, macaco e crocodilo postas à venda no rio Congo trinta anos antes. Aquelas crostas pretas tinham que ser quebradas para se abrir.

A selva estava quase desprovida de vida selvagem, mas aquelas pessoas conseguiam espremer os últimos resquícios dela, enquanto sua terra fértil permanecia amplamente ociosa.


6.

O avô de Richmond pelo lado paterno estivera na polícia, e bem no topo. Recebeu um funeral de honras policiais quando morreu, com uma salva de tiros. Mais para trás havia um ancestral dinamarquês, cujo nome de família Richmond ainda carregava.

Parece estranho. O que estavam fazendo os dinamarqueses tão longe de casa? Mas isso é apenas um preconceito moderno. De fato, embora o número de dinamarqueses fosse pequeno, eles eram ativos compradores de ouro e traficantes de escravos em seu tempo, sendo conhecidos dos chefes de Gana. A grande fortaleza perto de Acra foi construída pelos dinamarqueses nos anos 1660. (Ao mesmo tempo, também tiveram territórios na Índia, em Tranquebar, ao sul de Pondicherry, longe de Gana a meio mundo e várias semanas de navegação.) A abolição do comércio escravagista no início do século XIX de certo modo pôs fim ao negócio dinamarquês de escravos, mas foi só em 1850 que eles deixaram Gana, após venderem tudo o que ainda tinham aos britânicos.

Richmond sabia o nome de seu ancestral dinamarquês, mas não fizera pesquisas sobre ele. Não creio que o preconceito o tivesse impedido; o mais provável é que não tivesse tido tempo e não soubesse como proceder para pesquisar sobre o tema. "Só por curiosidade" ele teria gostado de saber mais.

Ele não ficava demasiado agitado acerca do passado escravagista de Gana. Mas podia ser apenas bravata. Dizia-se que visitantes que vinham dos Estados Unidos ou das Antilhas para conhecer o castelo Elmina* frequentemente se emocionavam e choravam quando viam, abaixo das áreas administrativas, os calabouços de pedra, úmidos e abafados (é fácil imaginá-los abarrotados de gente e sem ar), onde os escravos (já cativos havia muitas semanas) eram mantidos antes de ser levados em botes aos navios para a travessia do Atlântico. Mas Richmond tinha visto as ondas do mar batendo nesses entrepostos de escravos, fortalezas e castelos brancos durante a vida toda; tinham sido despojados de emoção para ele; por isso, quando fomos a Elmina, ele foi andando a passos largos, com a segurança de um guia, nada mais.

Disse: "Os senhores coloniais vieram para cá atrás de negócios. O comércio de escravos era um negócio. Ruim, talvez, mas era puro negócio. Eles levaram, porém nos deram a igreja. Foi a sentença de morte para a religião tradicional. Na religião tradicional, cada rei tinha seu sumo sacerdote e seus anciãos para consultar. Era um sistema democrático. Promovia a sanidade. As pessoas

---

* O castelo de Elmina, em Gana, foi erguido pelos portugueses em 1482 com o nome de São Jorge da Mina, tendo sido o primeiro entreposto europeu de tráfico de escravos na África. Em seguida, esteve sob controle holandês e britânico, este até 1957, quando Gana obteve sua independência. Foi declarado patrimônio da humanidade pela Unesco. (N. T.)

não ultrapassavam os limites. A igreja veio e derrubou isso. Ela introduziu Jesus".

Havia tantas ideias conflitantes ali que era difícil desemaranhá--las e saber o que Richmond realmente sentia. Mas talvez a culpa fosse minha, que buscava meus próprios interesses e uma resposta clara àquilo que, para Richmond, era uma questão complicada e intrincada: um passado moribundo, uma nova era chegando. Richmond disse: "Na minha região do rio Volta [a leste de Acra], todos nós temos um santuário. Meu pai me disse que nos velhos tempos nós tínhamos posses, mas precisávamos de alguém que nos possuísse, por isso tínhamos os deuses. Éramos bons ervanários. Tínhamos ervas e drogas novas, e as usávamos para falar com a entidade. Criávamos a entidade para governar sobre nós e não podíamos abusar dela".

Richmond tinha uma história sobre o abuso de uma "entidade".

"Minha mãe me contou esta história. A mãe dela, quer dizer, minha avó, era cozinheira de Nkrumah. Além de sua casa nas montanhas, Nkrumah tinha um bangalô em Half Asini, na região oeste. Toda vez que Nkrumah ia visitar esse bangalô, minha avó e a prima dela, tia Afua, cuidavam dele e cozinhavam para ele."

Essa era a primeira parte da história: a apresentação e certificação da testemunha.

"Minha avó disse à minha mãe que o presidente e rei da Costa do Marfim, Houphouët-Boigny, foi ao sumo sacerdote e pediu o poder eterno." A Costa do Marfim fica ao lado de Gana e os países são semelhantes em diversos aspectos. "Você deve saber que os marfinenses acreditam que os líderes são sujeitos o tempo todo a ataques psíquicos e precisam constantemente ser purificados e fortalecidos espiritualmente. Ou seja, Houphouët não estava agindo de forma incomum. O sumo sacerdote disse a Houphouët: 'Muito bem, você quer o poder eterno. Você vai ter o poder eterno'. Deu-lhe algumas instruções. Assim, no santuário, eles picotaram

Houphouët em pedacinhos e o colocaram num caldeirão de ervas e poções e deixaram ferver. A condição para esse picotamento e fervimento era que a irmã de Houphouët tinha de manter guarda ao lado do caldeirão até que os pedaços de Houphouët lá dentro se tornassem uma cobra. A irmã de Houphouët fez como lhe pediram e ficou ao lado do fogo até que uma cobra grande emergiu do caldeirão. Ela agarrou a cobra com as mãos e as duas lutaram com tanta violência, cobra e mulher, que caíram no chão e Houphouët voltou a ser homem."

Eis o comentário de Richmond sobre a história: "O estranho é que a coisa funcionou. Ninguém jamais o desafiou. Ele possuiu o país inteiro. Assim você vê como se abusa do poder. Agora, com a civilização nos alcançando, já não somos ávidos por homenagear os deuses".

O comentário me deixou atônito, porque Richmond parecia estar falando sobre duas ou três coisas diferentes ao mesmo tempo: abuso do poder, civilização e homenagem aos deuses.

Eu quis saber se ele tinha parentes que haviam crescido numa época sem educação. Ele me respondeu muito mais do que eu tinha perguntado e o que ele dizia agora não era de modo algum misterioso.

Ele disse: "Ainda tenho parentes assim. Eles têm pensamentos míopes. O raciocínio e o discurso são limitados. São guiados apenas por suas próprias experiências. Sua linha de raciocínio é sempre guiada pelo que os outros dizem ou fazem. Tudo está disposto para eles, o que eles veem ou escutam, ou o que é tradicionalmente feito. Saber ler e escrever não basta. É só uma ferramenta para se virar lá fora. Se somos limitados em nosso ambiente, nunca poderemos ser espertos. Quando estive nos Estados Unidos, vi quanto o americano médio de cidade pequena é limitado. Era tão 'esperto' quanto sua contraparte ganense. O raciocínio é limitado pelo ambiente. Tenho certeza disso".

Em poucas palavras, ele parecia definir o beco sem saída da vida instintiva. Quer dizer que, no final das contas, ele tinha senso analítico; e, embora esta possa não ser uma afirmação justa, isso talvez venha de seu ancestral dinamarquês, que deve ter sido engenheiro, militar ou administrador, um homem que vivia pela lógica, cheio de recursos internos, que criou uma vida para si mesmo num ambiente hostil e distante de casa.

Richmond explicou por que a igreja cristã tivera êxito. "Ela era nova. Tinha poder de absorção, como os franceses na Costa do Marfim, mas os ingleses fizeram isso de modo indireto. Ofereceram uma fé que também trazia educação. Ela enfraqueceu a religião tradicional; dessa maneira, era parecida com o islã. A única coisa que permaneceu intacta foi a figura do chefe."

Um ou dois dias depois de retornar de Kumasi, Kojo o mandou procurar um hotel na rodovia leste-oeste de Cape Coast, onde ficavam todos os antigos fortes e castelos.

Richmond disse: "Fui à sede do chefe tradicional e vi a homenagem que as pessoas lhe prestavam, inclinando-se para ele. Eu apenas ofereci a mão, porque não sou de seu clã, e sou educado. Mas as pessoas nativas vão se inclinar até embaixo para ele. A terra dos ancestrais é controlada pelos chefes como guardiões. É preciso presenteá-los com gim para lhes mostrar que sua autoridade é reconhecida. Se comprarmos a terra, o chefe supremo dará o dinheiro aos chefes do clã e eles o distribuirão entre as famílias que compõem o clã".

Eu disse: "Outro dia você me contou que seu irmão disse que nascer na África é uma maldição".

"É uma afirmação apaixonada. Nascer na África é como nascer na ignorância. Somos indolentes. Ontem passei por uma situação constrangedora. O chefe que fui ver mora num prédio já acabado, mas que fica em frente a um banheiro público. O chefe não via nada de errado. Não quis ofendê-lo dizendo-lhe que ele estava morando ao lado da fossa. Se eu tivesse ficado ali sentado por mais duas horas, teria ido parar no hospital, mas ele se sentia à vontade. É por isso que digo que os brancos, por piores que sejam, trouxeram o esclarecimento. Temos um provérbio que diz que o homem que nunca foi a lugar nenhum acha que a sopa de sua mãe é a melhor."

7.

Eu dissera a Pa-boh que queria ver seu sumo sacerdote ga. Mais tarde, cheguei à conclusão de que realmente não era preciso, mas era tarde demais para cancelar. Pa-boh então disse que viria me ver no domingo ao meio-dia para me levar para ver o sumo sacerdote. Não poderia ser mais cedo no domingo, porque de manhã ele iria conduzir a cerimônia religiosa em sua igreja.

Ele veio tal como dissera. Eu estava na sala de jantar do hotel. O aparecimento de Pa-boh causou sensação ali. Usava uma túnica branca com faixas largas de cor púrpura. (O branco, conforme ele me dissera, era o que os sumos sacerdotes de sua religião tradicional usavam. O púpura, do qual não me falou, era mais complicado. Remontava ao período clássico no Mediterrâneo, quando a púrpura, um pigmento muito caro, indicava hierarquia suprema tanto para os romanos quanto para os cartagineses e, mais tarde, foi assumida pela igreja. A púrpura de Pa-boh tinha, então, uma história.) Usava um colar de prata com alguma coisa gravada a respeito de Jesus.

Ele estava consciente da impressão que causava na agitada sala de jantar do hotel. Tinha um pequeno sorriso nos lábios, como um astro desdenhando da própria fama. Perguntei-lhe quem desenhara sua túnica branca. Ficou feliz em responder. Disse que a túnica fora desenhada por um ancião de sua igreja.

Então, como eu suspeitava, ela fora desenhada — especialmente a larga faixa púrpura à esquerda de seu coração.

Ele não quis comer nada, embora tivesse pregado por tanto tempo durante a manhã; e pensei (já que o lado tradicional de sua religião era tão cheio de tabus e agouros) que devia haver uma proibição religiosa contra comer antes de determinada hora do dia. O que eu não podia dizer a Pa-boh era que fazer aquela viagem com ele estava me dando nos nervos. Meu amigo Patrick Edwards, o embaixador de Trinidad em Uganda, me dissera que eu devia ser cuidadoso com as pessoas religiosas nesta parte do mundo. Patrick, o embaixador, me dissera que não eram só os pobres que deviam ter cuidado. E me contou uma história da Nigéria. Um profissional de classe média tinha sido raptado e ninguém conseguia encontrá-lo. A família do raptado recorrera a ninguém menos do que o oni de Ifé e, passado algum tempo, ouviram do oni que o homem raptado, agora morto, "repousava" num santuário em algum lugar.

Isso dava uma ideia diferente de um santuário. Era uma dessas palavras que eu julgava conhecer e, por assim dizer, não tinha investigado. Me lembro, nos dias iniciais de preparo deste livro, de ter pedido a uma professora universitária de Uganda que fosse comigo a um santuário. Ela deu um gritinho de horror e disse não. Outras lembranças me vieram: um santuário, outra pessoa me dissera, era um lugar onde era possível encontrar partes do corpo espalhadas por todo lado.

Foi por causa dessa preocupação que eu pedira a Richmond que viesse comigo à base de Pa-boh. Precisava de sua companhia e de seu conhecimento local. Richmond conhecia a língua ga e um pouco da religião.

De início, essa precaução parecera excessiva, especialmente quando pensei no rosto de Pa-boh. Ele seguia à nossa frente, na direção de um velho Mercedes amarelado, para indicar o caminho.

Seu traje eclesiástico se destacava; seu rosto, quando eu o conseguia avistar, parecia congelado num sorriso, pairando acima do volante. Eu tentava memorizar o caminho, caso tivéssemos que voltar por nossa própria conta. Nosso percurso, quando deixamos o hotel e pegamos a rodovia, foi feito à plena luz do meio-dia. Nenhuma preocupação quanto a isso, e nenhuma preocupação um pouco depois, quando passamos pelos alegres telhados vermelhos de um novo assentamento onde nigerianos, mais ricos que os ganenses, tinham comprado terrenos para assegurar sua riqueza num país menos caótico que o deles e com mais regulação municipal.

Mas logo deixamos a rodovia, entramos numa área com portões, saímos dela, fizemos uma curva e logo mais outra. As estradas se tornaram estreitas, apinhadas, e começaram a se contorcer. Os ganenses são um povo de organização municipal, mas agora essa organização começava a se romper. As lojas eram pouco maiores que caixotes, cada dono pintava a sua caixa com uma cor forte e chapada. Memorizar o trajeto se tornou impossível; desisti.

As pessoas nas ruas me fizeram pensar em algo que Pa-boh dissera em nosso primeiro encontro. Eu perguntara se Acra, o nome da capital, tinha algum significado. (Para os negros de Trinidad, a palavra soava parecido com um tipo de comida.) Pa-boh disse: "A palavra de fato é *nkrah*, ou formiga-soldado. Os axântis disseram que iam nos empurrar mar adentro, mas nunca conseguiram nos conquistar. Eles nos atacaram em 7 de maio de 1826, mas nós não parávamos de vir e vir. Por isso os axântis nos chamaram de *nkrah*, formigas-soldados".

As pessoas aqui de fato davam a impressão de algo assim. Eram gas, disse Richmond, o povo de Pa-boh. Não se podia fazer muito por eles. Por mais que se fizesse, eles sempre retornavam a seus hábitos antigos. Disse: "Estão à vontade". Era uma das expressões favoritas de Richmod: significava que as pessoas que estávamos vendo necessitavam de pouca coisa, e era loucura dar-lhes mais. O chefe de Cape Coast com quem Richmond falara dias antes — o homem que construíra sua casa diante de uma fossa, sem ideia do que fizera —, esse homem, como dissera Richmond, estava à vontade.

Numa curva grande à direita, na estrada ou pista, diante de um muro caiado de branco, extraordinário por suas pretensões depois do que tínhamos visto, o Mercedes de Pa-boh parou. Parou à sombra de uma árvore e perto de três ou quatro tonéis de plástico preto com água. A água estava à venda em pequenas quantidades; os compradores eram pessoas do lugar, à vontade (para usar a expressão de Richmond) com tal arranjo. Estacionamos perto do Mercedes de Pa-boh e este, com seu traje cristão estiloso, e com seu pequeno sorriso nos lábios, disse que tínhamos chegado ao "palácio" do sumo sacerdote do culto ga.

Ele desejava que nos mostrássemos impressionados, e de fato o tamanho e o estilo do palácio e do muro impressionavam. Mas tão logo se começava a olhar os detalhes, via-se que tudo era vistoso porém de mau gosto, combinando com toda aquela área, e, embora inacabado, já um tanto arruinado.

Seguimos Pa-boh através do portão de ferro para dentro do pátio nu do palácio. Daqui pude ver mais claramente que havia uma área de vegetação, uma linha de árvores, um pequeno trecho de mata ao lado do pátio, para além do muro do palácio. Era onde ficava o santuário; e embora o verde tivesse sido bem-vindo um pouco antes na bagunça e na multidão da vizinhança, agora, pensando nele como um lugar que podia ser usado para ritos especiais, eu o via como ameaçador.

Um portão lateral no muro levava ao bosque. Não era permitida a entrada de mulheres ali.

A porta frontal do palácio branco estava entreaberta. Várias pessoas nos esperavam lá dentro. E já que era um palácio, e em palácios nesta parte do mundo havia normalmente grandes fotografias coloridas do governante e seus visitantes, neste havia retratos pintados, como retratistas profissionais teriam feito, de três gerações do sumo sacerdote ga. Eram homens fortes, de expressão pesada, barbudos, de túnicas brancas, e todos portavam a pequena vassoura que os identificava como limpadores religiosos. Todos estavam descalços; esse era outro indício de sua importância religiosa.

O sumo sacerdote não estava no palácio. Tinha sido chamado por alguém, mas enviara uma mensagem de seu celular dizendo que estava para chegar, trazendo algumas pessoas para me ver.

Havia um respeitável chefe idoso que estivera esperando por algum tempo. Não sei que história Pa-boh lhe contou, mas foi suficiente para mantê-lo quieto. Tinha se vestido com esmero, com uma túnica de seda lilás ou púrpura, e pulseiras brancas. Embaixo das pulseiras havia tatuagens ou marcas em sua pele; e também usava brincos achatados de ouro fino. Seus cabelos tinham sido penteados com estilo. Sem dúvida, podia estar esperando algum gim e, talvez, uma doação em dinheiro.

Me irritei comigo por estar onde estava. A conversa com Pa-boh tinha me fornecido tudo de que eu precisava. E não precisava de mais. Vinte anos antes, na Costa do Marfim, nos meus contatos com magos, eu entendera que para além de certo nível não havia lugar para simples curiosos; os magos locais não entendiam. E não era justo com eles. Sua fé era importante para eles. Não gostavam de pensar que era motivo de chacota.

Pa-boh também parecia irritado. Estava aborrecido com a presença de Richmond, que entendia tudo. Mas nem minha irritação comigo mesmo, nem a de Pa-bom comigo, superava a irritação que o velho chefe de túnica lilás ou púrpura (que entendeu que eu não era um crente) demonstrava com Pa-boh, que devia tê-lo iludido acerca do visitante, prometido alguma recompensa e envolvido o homem naquela perda de tempo, sem ao menos a probabilidade de uma garrafa de gim no final.

Uma escada curva de madeira subia do piso térreo. Levava a lugar nenhum. Não havia andar de cima, só vislumbres de alvenaria tosca e fios elétricos. Imaginei que a escada pudesse ter sido inspirada em alguma coisa de algum filme e construída para conferir um toque extra à grandiosidade do palácio. Mas Pa-boh disse que ia ser criado um espaço para "arquivos"no piso de cima.

Os homens na sala começavam a parecer mal-humorados. Tinham um bom motivo. Esperavam que eu tivesse vindo sozinho. A presença de Richmond os incomodava. Richmond já tinha começado a me explicar o que eles estavam falando. Senti que tudo aquilo era um incentivo à minha fuga.

Pa-boh percebeu que a situação estava se deteriorando. Decidiu apressar as coisas. Seu comportamento mudou. Fez uma profunda reverência às pessoas na sala e lhes dirigiu a palavra. Explicou quem éramos e o que queríamos.

A cada cortesia, eu me sentia submergindo cada vez mais fundo.

Agora surgia um homem alto de olhos claros e uma barriga estranha, alta e redonda com aparência rígida. Esse homem era o sacerdote do oráculo, o representante do sumo sacerdote. Não disse nada ao entrar. Apenas cruzou as pernas em sua cadeira — também estava descalço — e olhou para mim de modo avaliativo.

Me senti solapado. Achei que devíamos partir. Nossa conta aqui — nosso *hongo*, por assim dizer (e para usar o termo ugandense do século XIX para a taxa imposta aos viajantes) — parecia subir a cada minuto. E Richmond, com todo o seu cinismo, concordava.

Quando tentaram fechar a porta do palácio eu disse: "Não".

Fui até a porta. Não tinha sido trancada. Abri caminho para fora; Richmond me seguiu. O portão de ferro na frente do pátio não fora fechado. Foi um lance de sorte. Quando nos vimos na rua sinuosa perto do carro de Pa-boh e dos tonéis pretos de água, me senti livre. Fomos embora de carro, mas não voltamos por onde tínhamos vindo. Seguimos a curva da estrada na outra direção; e, passado algum tempo, vimos o outro lado da faixa verde, a área do grande santuário, que começava no palácio branco.

Deixamos que Pa-boh recolhesse os cacos. Não era justo, mas era algo que ele podia fazer, e fazer bem. Ele se julgava um homem possuído; forças espirituais importantes o guiavam.

Duas vezes na semana seguinte ele deixou mensagens para mim no hotel.


8.

No final do ano haveria uma eleição presidencial. Kojo me levou para conhecer Nana, o homem com maior probabilidade de vencer. Era inteligente, cheio de charme e urbanidade. Seus cartazes coloridos estavam por todo lado em Acra.

Havia outro homem, porém, que não podia ser candidato, porque fora presidente duas vezes antes e, pela Constituição, não podia governar novamente. Esse homem era o tenente-aviador Jerry Rawlings. Ele chefiara dois golpes de Estado em dois anos e meio, quase trinta anos atrás, e por duas vezes devolvera o país ao controle dos civis. Mais tarde, governou Gana por dezoito anos. Como revolucionário e governante, seria como um fantasma pairando sobre qualquer nova festa presidencial que viesse a ocorrer.

Não havia muito sobre ele nos jornais, mas ele estava lá. Os amigos de Richmond, quando falavam daquele homem, lhe atribuíam qualidades extraordinárias; diziam que era dele que o país precisava; se não tinha feito tudo o que devia ter feito durante seus dezoito anos no poder, foi porque estivera rodeado por gente "má".

Dessa forma, Jerry Rawlings, ainda em vida, com uma agradável casa em Acra e outra no interior, se tornara um mito em Gana, mais mítico e mais misterioso do que Nkrumah jamais fora; assim como em Bengala, na Índia, no final dos anos 1940, o nacionalista Subhas Chandra Bose se tornou mítico após a morte: com diversas aparições relatadas, o homem que poderia resolver todos os problemas de Bengala e da Índia, ainda que por intermédio de algum truque, algum grande ato de fé, ou oração, ou penitência nacional, poderia realmente ter voltado dentre os mortos. É assim que acontece também em algumas religiões: um grande líder morre e o sofrimento suscitado por sua perda se transforma numa difundida convicção de que o grande líder não morreu, mas está apenas "recluso", ainda observando tudo de uma nova posição no alto, com uma visão ainda maior do que antes.

A história de Rawlings se prestava ao mito. Ele nasceu em 1947, de mãe ganense e pai escocês. Era um homem grande e bonito, e foi o primeiro homem de origem mestiça a se tornar líder político em Gana. Tinha frequentado boas escolas. Mais tarde, entrou para a Força Aérea de Gana. Adorava voar; tornou-se tenente-aviador. Chegou ao poder de um modo repleto de romantismo e dramaticidade. Como oficial da Força Aérea, cada vez mais ousado, apostou todas as chances num golpe antigovernamental. O golpe fracassou e ele foi acusado de traição. Durante o julgamento, fez um discurso notável sobre a corrupção do governo. Foi algo corajoso; qualquer coisa poderia ter-lhe acontecido; as instituições em Gana, especialmente depois de Nkrumah, ainda eram capengas. Mas em seu discurso Rawlings falou para a maior parte do país; e sua bravura naquele dia no tribunal foi o que fez dele um político. Foi preso sob a acusação de traição, mas não ficou muito tempo na cadeia. Já no mês seguinte, alguns oficiais de baixa patente tiveram sucesso em levantar um golpe. Libertaram Rawlings, que se declarou chefe de Estado.

Por quatro meses depois disso, ele procurou limpar o país de seus elementos nocivos, entre funcionários, militares e empresários. Em seguida, fez o país voltar ao governo civil. Essa era sua ideia romântica: se alguém limpasse o país, ele cuidaria de si mesmo. Mas as pessoas e os países são mais complicados do que ele pensava; e um ano depois ele liderou outro golpe contra as pessoas que o tinham colocado no poder. Dessa vez ele assumiu as rédeas. Nove anos depois, deu a Gana uma nova Constituição. Cumpriu dois mandatos como presidente constitucional e depois perdeu a eleição.

Fazia oito anos que ele estava fora do poder, mas seu mito ainda se sustentava. Era o homem que havia arriscado sua carreira e talvez sua vida para servir o povo. Tinha devolvido o poder duas vezes. Se fracassara, fora somente porque gente "má" o rodeava.

Comecei a pensar que deveria tentar vê-lo. Pedi a Kojo, que parecia capaz de fazer qualquer coisa. Mas Kojo disse que não podia ajudar nesse caso, e me lembrei que, politicamente, ele estava do outro lado. Outras pessoas também não se mostraram dispostas, e meu tempo estava encurtando. Pedi a John Mitchell, cônsul de Trinidad; disse que poderia ajudar, mas tinha que viajar por alguns dias. Mencionei minha dificuldade a Richmond, o homem com o duvidoso ancestral dinamarquês, e ele (é claro) disse imediatamente: "Meu pai e Rawlings são primos. A mãe dele é tia do meu pai. É por isso que meu pai sonha em se tornar político".

Acho que os dois pedidos — o de John Mitchell e o de Richmond — chegaram ao escritório de Rawlings; mas foi John Mitchell quem, na véspera de minha partida, me levou de carro à casa de Rawlings para almoçar.

A casa ficava numa área de Acra conhecida como a Crista (*the Ridge*). Era bem longe do centro. Tinha um grande portão de ferro e no pátio sombreado dois grandes cinamomos. Havia outros carros estacionados. Um poodle preto examinou John Mitchell e a mim, mas não latiu. Longe de nós, perto dos degraus da casa elevada, um homem alto e corpulento com uma camisa branca folgada conversava com um pequeno grupo. Estava de costas para nós.

Era, evidentemente, Rawlings, encaixando-se em todas as descrições dele que eu tinha lido.

Hesitei por um momento, sem saber se devíamos avançar ou esperar. Foi um momento breve, porque quase imediatamente uma mulher esguia se destacou do grupo e veio em nossa direção, acenando e sorrindo. Era a sra. Rawlings: cabelo escuro, traços finos, deslumbrante com sua calça preta e uma blusa florida. O grupo inicial começou a partir, caminhando para um dos carros estacionados sob os cinamomos. Rawlings veio em nossa direção. Tinha a compleição de um boxeador e trazia óculos de leitura na ponta do nariz. Começamos a subir os degraus que davam para a casa elevada. Surpreendentemente, ao lado dos degraus, entre os vasos de plantas, havia um gato cinza e branco, muito confiante, de grande beleza. Era o primeiro gato feliz que eu via em Gana. A sra. Rawlings disse que era um animal de estimação; eles também tinham diversos cães. Comecei a formar preconceitos favoráveis com relação à casa.

A sala de estar era espaçosa, fresca e confortável. Havia um aquário vazio com flores de plástico dentro, bem como fotografias de família na parede: numa delas, reconheci Rawlings quando jovem. Nos sentamos em sofás de couro. Ele se sentou no sofá próximo ao meu, ao meu alcance. Me chamou de "chefe". Achei que era o seu estilo; e tinha mandado às favas a necessidade de se lembrar de nomes.

Ele disse — e foi como um quebra-cabeça, como uma continuação de algumas coisas que ele tinha conversado com as pessoas que haviam acabado de sair —: "Oito generais são executados para impedir o país de desabar no caos, mas não se toma a vida de um homem para fazer o mesmo. Tentei rejuvenescer esta nação. Esta nação estava pronta para voar. Gana estava pronta para voar. Tudo o que fizemos foi dar poder ao povo. Eu digo: dê ao povo a liderança certa e o povo vai progredir".

Ele se levantou e começou a andar de um lado para o outro na sala. Voltou a mim, deu um tapa em meu joelho e disse: "Chefe, quero lhe falar sobre a língua, o quanto ela é importante. Existe uma qualidade espiritual na língua, nas palavras. Se você usa a língua como uma ferramenta para subjugar o povo, ela perderá a espiritualidade. Existe uma qualidade especial na língua dos nossos ancestrais, e perdemos isso ao deixar que outra língua nos fosse imposta. Nossa língua materna tem elementos históricos, e as palavras são importantes".

Ele estava excitado e, como alguns intelectuais que tentam impressionar, estava declinando os temas sobre os quais queria falar.

Eu disse, para manter as coisas caminhando: "Mas algumas pessoas podem ter duas línguas".

Ele disse: "Sim. Mas não vamos chegar a lugar nenhum por termos duas ou mais línguas. Se falamos inglês, temos de aprender a usar essa língua com suas palavras. Uma vez que é falada corretamente, a língua vem com sua própria espiritualidade. A língua sempre evolui, mas o africano está ameaçado. Sua cultura e tradição são atacadas".

Ele tirou os óculos e fixou o olhar em mim. Disse: "Chefe, deixe eu lhe contar. Em 1979, quando cheguei ao poder, havia casos que esperavam nos tribunais por cinco a dez anos. Estavam vestidos com a língua latina. Eu os resolvi em cinco ou seis dias. A justiça foi feita ao povo". Tinha começado a falar em voz alta. Parou, como se tivesse perdido o caminho em meio às diversas lembranças que havia libertado.

(Eu me lembrei de Pa-boh. Ele também tinha saído da escuridão e bem de repente havia descoberto seus dons de arbitragem: em poucos dias, resolvera para um chefe importante uma disputa que se arrastava por dezessete anos.)

Rawlings perguntou à mulher: "Onde é que eu estava?".

Ela disse: "Você estava falando de justiça".

Ele bateu nos joelhos: "Ah, lembrei. Certa ocasião, nos primeiros tempos do PNDC, pessoas iradas emergiram como líderes. Mas, conforme as coisas foram se acalmando, gente respeitável encontrou um lugar ali, e ele se tornou o NDC, o National Democratic Congress". Ele se referia às velhas guerras políticas. "Uma das nossas áreas era saúde e higiene. Eu levava as pessoas em campanhas de limpeza. Fui até um grande esgoto a céu aberto numa aldeia. Estava cheio de imundície e doença. Eu e meu partido queríamos dar um sentido social de responsabilidade limpando o esgoto. Ele se tornou limpo e moderno."

Ele tinha começado a falar alto de novo, rimbombando sala afora. E de novo parou. Quando disparou de novo, começou a saltar de um tema a outro, como que procurando o correto. Sua mulher olhou para ele (consciente de que nós olhávamos para ela), assim como dois de seus velhos colegas políticos, um ex-ministro e um advogado, que também tinham sido convidados para almoçar e chegaram à casa antes de nós. Rawlings se levantou e pediu a um desses homens que nos falasse sobre a língua e seu elemento espiritual. Em seguida, saiu da sala e a mulher o acompanhou.

A voz dele e sua inconfundível presença tinham preenchido a sala, e agora que ele saíra ela parecia silenciosa e incompleta, embora o ex-ministro estivesse tentando falar sobre a língua.

A casa era bem administrada. Nenhuma palavra fora dita, mas, para preencher a lacuna deixada por Rawlings e a mulher, um garçom bem-vestido apareceu com café e suco de fruta. Fui ao lavabo. Vi os cães da família em duas grandes jaulas cimentadas no fundo do quintal. Uma jaula tinha cães pequenos. A outra tinha cães maiores, um dálmata e vários sabujos, todos elegantes, bem-dispostos e felizes. Enquanto observava, eu os vi sendo alimentados por um empregado que entrou nas jaulas com a comida. Eu poderia ter contemplado aquela cena de alimentação por um longo tempo.

Retornei à sala de estar. Passados alguns minutos, Rawlings reapareceu. Sentou-se energicamente em sua cadeira e, como se fosse recomeçar, me chamou de chefe. Me deu um piparote no joelho e disse: "Como piloto, eu sobrevoava todo o país e percebia um trecho verde perto de cada aldeia. Nunca tinha pensado naquilo, mas quando cheguei ao governo me dei conta de que era o pátio da escola da aldeia. Era muito limpo. As pessoas eram sujas em casa, mas limpas nas escolas. Vou a uma fábrica. Ela parece tão limpa. Eu imploro a eles, digo a eles: 'Levem essa limpeza para suas casas. Por que deixam ela aqui quando vão para casa?' O que posso fazer para reviver esse senso de responsabilidade?"

Ele se recostou, inspirou longamente e disse: "Chefe, deixe eu lhe dar um último exemplo. No meu último mandato, os camaradas em meu castelo" — alguns dos velhos castelos e fortes da costa atlântica haviam se transformado em prédios do governo —, "os camaradas em meu castelo tinham se revelado encrenqueiros nos locais de trabalho. Fiquei muito preocupado. Eu pensei: 'O que posso fazer para baixar a temperatura?'. A cultura da lógica que nos foi transmitida pelo poder estrangeiro era na negativa. A palavra inglesa *sorry* ['desculpe-me'] não funcionaria. Não era boa o bastante. Eu disse: 'Usem o modo tradicional'. Cá entre nós, quando as pessoas querem se desculpar sinceramente, elas acordam você bem cedinho. Eu fiz meus camaradas irem bem cedinho, e deu certo".

Alguém na França tinha perguntado a ele se não era o uniforme que o mantinha no poder. Ele dissera que não era o uniforme; era a qualidade da integridade.

Ele estava falando dos direitos das pessoas, quando a sra. Rawlings entrou e, com voz suave e clara, disse: "Almoço".

Ele olhou para ela, mas continuou a falar da diferença entre poder e autoridade moral. A sra. Rawlings disse com firmeza que devíamos nos mexer, e nos mexemos, entrando primeiro num corredor e em seguida numa esplêndida sala de jantar, a cuja mesa poderiam se sentar catorze pessoas. Estava posta com uma delicada porcelana chinesa. A comida era chinesa e ganense: inhames e carne, guisado de bode, peixes. Um banquete perfeito. Não havia lugares determinados. A sra. Rawlings me fez sentar ao lado dela. Todos os demais tiveram de se virar sozinhos. John Mitchell, o cônsul de Trinidad, mudo o tempo todo, por fim voltou a si. Não conseguiu esconder o prazer de ver o guisado e os inhames fumegantes. Mas Rawlings o superou em prazer e entusiasmo.

Falamos sobre nomes. A sra. Rawlings disse que recebera dos pais um nome axânti — de fato, era uma princesa axânti — e que isso lhe causara bastante dificuldade quando, na quinta série, teve de ser confirmada como cristã. Foi indagada pelo professor da escola dominical sobre seu nome cristão. Ela não fazia ideia do que ele queria dizer. O professor insistiu: ela era Ester, Verônica, Maria, Rute? Ela disse que só tinha o nome que tinha. O professor disse que ele teria de ficar fora da classe até poder mostrar seu certificado de batismo; de outra maneira, não poderia ser confirmada.

Ela telefonou ao pai. Ele ficou furioso. No dia seguinte, ele veio de Kumasi e a levou ao diretor da escola Achimota. Ele tinha o certificado de batismo, mas se recusou a mostrá-lo. Disse que sua filha era batizada com um nome africano e que ia ser confirmada com aquele nome. O diretor concordou.

Alguém à mesa perguntou como Rawlings e a mulher tinham se conhecido.

Ela disse que eram namoradinhos de infância. Rawlings, já tendo comido muito àquela altura e tentando alcançar um prato de macarrão chinês, disse: "Bobagem. Levei nove anos só para pegar na mão dela. Era uma princesa axânti, enquanto eu era do gueto". Ele ergueu os olhos: "Um ninguém".

"Bem", disse ela, "você veio lavar o nosso carro."

Ele riu, e o momento passou.

# 4. O rei da floresta

Houphouët-Boigny foi o imperturbável presidente da Costa do Marfim, amado pelos franceses, adorado por seu povo: um homem tão imperturbável que poderia ser chamado de rei.

Richmond escutara uma história fantástica de sua tia acerca do modo como Houphouët tinha se preparado para uma vida no poder. Houphouët, segundo essa história, consultara um grande xamã ou curandeiro. Seguindo o conselho desse homem notável, Houphouët se fez cortar em pequenos pedaços, que foram cozidos junto com algumas ervas mágicas num caldeirão. Nesse caldeirão, num momento crucial, os pedaços de Houphouët se juntaram e se transformaram numa poderosa serpente que teve de ser derrubada no chão por um auxiliar de confiança. A serpente, então, se transformou em Houphouët novamente. A história tinha uma testemunha digna de crédito: a auxiliar confiável e forte que derrubara a cobra no chão. Ela era a tia de Richmond, cozinheira de ninguém menos que Nkrumah, o primeiro presidente da Gana independente e um dos grandes homens da África moderna.

O que Richmond me contara teria sido contado — em diferentes versões — a dezenas de milhares de pessoas no país. Não era desrespeitoso, como se poderia pensar; foi graças a esses relatos sobrenaturais ou mágicos que o mito do presidente foi mantido vivo em meio a seu povo.

Era uma história para crentes. Eu não era um crente. Tropecei no primeiro obstáculo. Nesse conto de fadas, picotar o grande homem era algo fácil demais. Ele era como uma minhoca, de textura macia e uniforme; podia ser fatiado. Nem ossos, nem músculos, nem órgãos delicados impediram a faca; não houve nenhum cegante jorro de sangue. Richmond (que tinha um ancestral dinamarquês) não se importava com esse tipo de detalhe. O que era importante para Richmond era que a receita do curandeiro tinha funcionado. Por toda parte da África havia mudanças, frequentemente mudanças sangrentas. Mas Houphouët governou por toda a vida. Perto do fim, foi desafiado, porém fez que seus desafiadores fossem descartados. Tinha permanecido pai de seu povo, um grande velho, *le vieux*.

Morreu aos oitenta e oito anos. Era sua idade oficial; muitos acreditavam que ele devia ser muito mais velho. Sua idade avançada era uma prova adicional de seu poder conferido por feitiço. Dizia-se que havia morrido num importante aniversário político. Mas ninguém no país tinha muita certeza. A vida privada do governante, do rei, sempre foi um mistério.

O pátio real ficava no meio da cidade de Yamoussoukro. Essa cidade foi construída em torno do sítio da aldeia natal de Houphouët. Uma aldeia de chefe, mas originalmente (antes dos franceses) ela tinha sido fechada para a selva. O pátio agora era rodeado por um muro alto, cor de ocre, de quinze quilômetros de comprimento e fechado aos visitantes comuns. Do lado de fora era possível ver algo como um jovem bosque atrás do muro. Deus sabe que rituais secretos, que sacrifícios, executados por sabe lá que sacerdotes secretos, eram maquinados para manter a salvo o rei e seu reino numa época em que nada na África parecia sólido.

Bem longe do pátio real, em dois pontos diferentes da nova cidade que ele mandara construir, havia poderosos emblemas das fés importadas: uma bela mesquita branca ao estilo norte-africano, um estilo que tivera de cruzar o Saara até aquele lugar longínquo nas florestas úmidas da África tropical; e uma basílica cujo projeto prestava homenagem à basílica de São Pedro. Dizia-se que era mais alta que São Pedro (apesar do pedido do papa de que o domo fosse encurtado em um ou dois metros). Aquilo era mais do que uma urbanização transcultural. Mesquita e basílica, erguendo-se sem nenhuma comunidade de fé, podem ter se parecido com uma caçada no deserto, o capricho de um governante rico em busca de aprovação estrangeira. Mas a intenção de ambas era séria. A religião era um ponto de honra para Houphouët; foi o que o manteve à tona; ele quase teria sentido que governava porque era religioso. Agradava-lhe, em sua dispendiosa cidade nova, honrar aquelas duas fés internacionais, mesmo enquanto se entregava às vibrações africanas mais profundas que deviam ser encenadas em rituais privados, destinados somente ao rei, no pátio real, para além do fosso com seu crocodilos sagrados, alimentados diariamente a um custo elevado.

Richmond dissera que a magia de Houphouët tinha funcionado para ele. E de fato tinha. O poder permanecera com ele até o fim. Mas até mesmo um rei é somente um homem e, quando chegou sua hora, Houphouët morreu de câncer de próstata.

Vinte e sete anos antes, quando eu fora pela primeira vez à Costa do Marfim, alguém da universidade local me dissera que, quando um grande líder morria, seus servos ou escravos tinham de tratar de fugir, pois podiam ser enterrados com seu amo.

O acadêmico que me contou isso parecia achar engraçado. Era um africano orgulhoso das tradições africanas, mas a seu modo africano achava que escravos domésticos também eram uma coisa engraçada. Ao me contar sobre os perigos que os escravos corriam na época da morte do amo, ele tinha batido suas grandes palmas e em seguida as usara para fazer um rápido gesto de esfregar, um gesto de comédia, para indicar a necessidade que os escravos tinham de fugir.

Ouvi desta vez, coisa que não ouvira antes, que havia servos de uma lealdade tão extremada, que queriam morrer com o amo. Pensavam nessa morte como um serviço final. Mas ninguém sabia o que acontecera aqui na morte da Houphouët. Os muros ocre e o palácio atrás deles, com o bosque ou floresta, preservavam seu segredo. De uma fonte estrangeira, mas bem situada, ouvi que "centenas" tinham sido mortos no funeral de Houphouët — não necessariamente escravos ou servos, mas pessoas apanhadas do lado de fora, vagabundos ou pedintes cuja falta ninguém sentiria.

Ainda havia crocodilos no fosso ou lago fora dos muros do palácio. Houphouët tinha levado para lá aqueles crocodilos e, em 1982, eles ainda eram uma novidade recente o bastante para que sua alimentação ao entardecer fosse uma das atrações da cidade. Um homem alto com um boné vermelho e uma longa túnica sacerdotal branca saía do portão do palácio e caminhava no espaço entre as grades do lado de fora do muro e do fosso. Trazia pedaços de carne num balde de plástico, umas quantas galinhas brancas de pernas e asas amarradas, e carregava um facão longo e fino. Esfregava a lâmina escura e flexível entre as vigas de metal da grade à beira d'água, isso gerava um ruído raspado, metálico, num sinal para os crocodilos de que era hora do jantar. Eles nadavam rumo às duas ou três rochas grandes que serviam para o banho de sol e que ficavam bem perto da grade e do alimentador de túnica branca.

A carne do balde era lançada para eles; uma parte dela ia para os cágados que podiam ser vistos nadando abaixo da superfície da água. Era então a vez das galinhas. Os espectadores na calçada entre a estrada real e o palácio, ou à beira d'água entre a grade e o muro do palácio, faziam pequenas expressões de horror. Os crocodilos com seus olhos aparentemente sorridentes arreganhavam as mandíbulas. Nem sempre era uma matança limpa. As mandíbulas do crocodilo são engonçadas de forma extremamente rígida; elas não podem se curvar ou girar, e as galinhas pareciam escapar. Mas não por muito tempo. Mais alguns estalos de mandíbulas, um pequeno ajuste do corpo, e a galinha que parecia ter fugido podia ser vista como uma massa de penas brancas na goela do crocodilo.

Em 1982, eu tinha assistido ao ritual ao pôr do sol, o momento adequado. Agora, 27 anos depois, fui no meio do dia; não podia esperar até o o sol se pôr. Eu me lembrava de jovens coqueiros de cada lado da calçada em torno do lago. Os coqueiros crescem depressa. Esperava que aqueles que eu tinha visto estivessem altos e começando a ficar esguios. Mas não estavam altos; talvez as árvores que eu vira tivessem sido substituídas; ou talvez a água fétida do lago ou fosso tivesse prejudicado seu crescimento.

Talvez a mesma água fétida tenha acabado com os cágados. Eu os tinha visto claramente em 1982, vindo pegar sua carne, nadando abaixo da superfície da água marrom-clara, mostrando seu lado inferior, fortes, silenciosos e ágeis e, de certo modo, mais perturbadores do que os crocodilos. Agora, não apareciam na água escura. Talvez fosse aquela água ruim que estivesse acabando com o ritual de realeza de Houphouët, matando lentamente ou sufocando os crocodilos sobreviventes (embora alguém me tivesse dito mais tarde que os crocodilos, ao emergirem à superfície para respirar, conseguiam sobreviver à água fétida). Havia um filhote de crocodilo, pálido, com pouco menos de um metro, afastado dos outros, descansando fora da água sobre um píer de concreto da calçada.

No antigo Egito, o crocodilo era um animal sagrado; aqui, a maioria das pessoas olhava para o bicho como um alimento. Na mitologia indiana, a Terra repousa sobre o dorso de uma tartaruga. Algum instinto, ou a sabedoria de algum xamã, tinha levado o velho rei a honrar aquelas criaturas de temor ancestral. Mas agora, em 2009, pouca gente procurava os crocodilos na água, embora fosse fácil vê-los. Havia poucas pessoas. Alguns rapazes e uma estranha jovem mendiga, possivelmente perturbada, rondavam por ali. A moça tinha um olhar alucinado; estava mais interessada no visitante do que nos crocodilos. Os rapazes estavam mais interessados no helicóptero prateado que surgiu sobre a cidade e parecia se dirigir ao palácio presidencial por trás dos muros ocre.

O guarda na calçada (ficava ali para manter afastadas as pessoas não autorizadas) disse que o presidente estava chegando naquele dia, e, é claro, ele se referia ao novo presidente que assumira na Costa do Marfim depois de todos os distúrbios que vinham abalando o país desde a morte de Houphouët.

Os romanos atribuíram divindade para um número reduzido de seus primeiros imperadores. Mas os romanos, quando transformaram Augusto num deus, também tiveram o bom senso de criar uma escola de sacerdotes para manter o novo culto. Esses sacerdotes de Augusto eram pessoas de boa extração social; essa exigência, mais do que a compaixão ou o conhecimento sacerdotal, era a mais importante. O culto não sobreviveu à turbulência dos dois séculos seguintes e desapareceu com o cristianismo. Duvido que o motivo de seu desaparecimento, o despropósito de sua escola de sacerdotes outrora orgulhosa, tenha sido registrado.

Agora, na Costa do Marfim, era possível se perguntar por quanto tempo sobreviveria um culto instaurado — durante tantos anos e a um custo tremendo — por Houphouët e que forma seu esquecimento assumiria.

Em meu hotel em Abidjan, a capital,* havia um funcionário das Nações Unidas que realizava um trabalho sobre epidemias. As epidemias eram muito estranhas, dizia ele. No início, varriam tudo à sua frente; mais tarde, por nenhum motivo discernível, o vírus ou a enfermidade se atenuava. Assim ocorrera com a sífilis. Era como se o vírus temesse que, se matasse todo mundo, destruiria a si mesmo, já que não teria mais ninguém para infectar. Algo parecido parecia ter ocorrido com os crocodilos de Houphouët. Já não eram temidos; as pessoas viviam mais tranquilamente com aquela ideia, que, por conseguinte, parecia perder poder.

De qualquer modo, dificilmente o ritual poderia sobreviver ao seu criador. Foi construído em torno das necessidades de Houphouët. E era como se, com sua morte, muito da grandeza de Houphouët tivesse se evaporado no ar. O aeroporto ainda trazia seu nome, assim como o grande estádio alaranjado às margens da lagoa em Abidjan, no qual estava pendurada uma enorme foto do ex-presidente. Mas algo como magia negra estava por se abater sobre aquele estádio. Algumas semanas depois que parti da Costa do Marfim, ocorreu uma calamidade durante o jogo de futebol contra o Malawi. Um muro caiu (talvez gente demais), a polícia, por alguma razão, atirou gás lacrimogênio contra a multidão em pânico e na confusão sessenta e nove pessoas morreram. Não seria fácil recuperar o nome de Houphouët. Mesmo antes dessa tragédia, as pessoas já estavam dispostas a falar com menos reverência do rei e dispostas ao mesmo tempo a abandonar os rituais togoleses usados antigamente para perpetuar o mandato do senhor dos crocodilos. (A mulher de Houphouët era originária do Togo.)

---

* Depois da criação de Yamoussoukro, a cidade passou a ser a capital administrativa da Costa do Marfim no lugar de Abidjan. (N. T.)

**2.**

Em 1982, quando os crocodilos e os cágados eram a atração de Yamoussoukro, a basílica só existia em esboço e seu domo (projetado para ser mais alto que o domo de São Pedro) não passava de algumas linhas curvas de metal. Não havia nada mais para ver. Agora, os visitantes eram levados a Yamoussoukro para ver a basílica. De fato, era um portento: bela, inesperada e desconcertante. Imitava São Pedro em seu domo e em suas altas colunas externas. De acordo com alguns relatos, tinha custado 300 milhões de dólares; de acordo com outros, 400 milhões; e havia pessoas levianas que diziam, por vaidade, mas longe da verdade, que ela havia levado o país à bancarrota.

Os degraus até o plinto eram de mármore branco italiano e no piso havia um desenho romano em mármore colorido. Abaixo do famoso domo, o forte brilho tropical era atenuado por altíssimos vitrais franceses azuis e púrpura que subiam do piso ao domo. No outro extremo, havia uma cópia do baldaquino de Bernini em São Pedro (o qual, em parte, tinha sido feito com o bronze impiamente arrancado do antigo Panteão romano exatos mil e quinhentos anos depois da reconstrução que Adriano mandara fazer do original incendiado). Um aviso pedia silêncio aos peregrinos e visitantes: estava-se numa casa de Deus.

Era bastante desolado por fora. As colunas do pórtico emolduravam extensos jardins planos: arbustos podados bem baixo para compor um projeto de estilo europeu. Várias comparações vinham à mente. Poderia ser um pastiche em algum lugar dos Estados Unidos. Por seu custo fabuloso — e minuciosidade — poderia ter sido o Taj Mahal de Houphouët.

O arquiteto deixou de prever um dispositivo pelo qual os funcionários da limpeza ou as vassouras pudessem se elevar até o teto abobadado entre as altas colunas do pórtico. Os homens da limpeza não conseguiam subir, mas as aranhas tropicais, sim: já tinham começado a criar teias escuras e perceptíveis lá no alto. Em outros pontos, entre uma coluna do pórtico e a camada externa do domo, um bom pedaço de estuque tinha caído, revelando a armação de metal. Seria preciso construir um andaime muito complicado antes de reparar aquelas falhas; talvez elas jamais fossem reparadas. É possível que esse fosse o modo como aquela demonstração da vanglória do rei da floresta iria desmoronar. Uma guia contou que aos domingos até novecentas pessoas vinham para os ofícios. Podia ser verdade; mas até que o governo deslocasse a capital 240 quilômetros, de Abidjan para Yamoussoukro (como estava planejado), não seria possível existir nenhuma comunidade cristã enraizada na cidade da floresta. Até lá haveria muito que fazer. Ocultos da basílica e de seus jardins, havia montes de lixo não coletado que se estendiam por todas as ruas da cidade: era a África reclamando o que lhe pertencia.

3.

Tanto quanto de sua feitiçaria, o governo de Houphouët dependera do apoio dos franceses. Em 1982, havia uma base do Exército francês em meio aos coqueirais perto do aeroporto; e em diversos lugares da Costa do Marfim havia franceses ajudando a manter em cena o espetáculo de Houphouët. Os franceses eram bem-vindos como investidores e se alegravam por vir, já que podiam repatriar noventa por cento de seus lucros. Controlavam os restaurantes e os controlavam bem, dando à Costa do Marfim sua reputação de fina cozinha francesa. Havia uma palavra oficial para esses hóspedes franceses que ajudavam a criar a ilusão de que aquele Estado africano, diferentemente de seus vizinhos, estava a toda. A palavra era *coopérants*.

Mesmo que alguém nada soubesse acerca da situação política, podia ficar preocupado com essa presença francesa. Parecia que uma crise estava em curso, e após a morte de Houphouët a crise veio: um assunto muito intricado, como tendem a ser as crises em lugares pequenos, difícil de um forasteiro desenredar. Houve uma guerra civil com vários lados: pessoas do país contra imigrantes negros de países vizinhos mais pobres, uma guerra tribal com os franceses de um lado e depois com os franceses retaliando africanos hostis, e por fim africanos contra franceses, de modo que mais um aspecto do legado de Houphouët se evaporou. E veio o dia em 2004 em que gangues de homens negros vagavam pelas ruas de Abidjan à procura de gente branca para matar.

Havia, por coincidência, uma sobrevivente desse dia hospedada no hotel. Ela não era branca, era de ascendência mestiça, com mãe africana e pai francês; e seu marido era negro. Naquele infausto dia de 2004, ela tinha ido buscar os filhos na escola. Uma multidão negra rodeou seu carro e a puxou para fora. Algum instinto de preservação a fez dizer que era marroquina, e não meio francesa. Ela parecia marroquina; talvez alguém lhe tivesse dito isso antes, e agora ela o dizia à multidão, e assim se salvou. O Marrocos, talvez graças à sua boa companhia aérea, popular entre os africanos, tinha uma boa reputação naquela parte da África.

Quando contou a história, ela bateu a ponta do dedo da mão direita na palma clara da mão esquerda. Disse: "Estavam procurando pele branca".

Ela vivera toda a vida na Costa do Marfim. Por isso, a experiência a tinha arrasado de diversas maneiras. Dera-lhe "palpitações" tão severas que seu marido negro, diplomata, a levara para fora do país por alguns anos. Agora estava de volta à Costa do Marfim, mas o país ainda a inquietava. Ela ainda temia uma multidão de homens negros.

Mas agora as multidões negras não podiam ser evitadas.

Num domigo ia haver um jogo de futebol pelo campeonato africano em Abidjan, no grande estádio alaranjado, batizado com o nome de Houphouët, que fica entre o hotel e a lagoa. A Costa do Marfim ia jogar contra a Zâmbia. A entrada era livre. O jogo ia começar às quatro da tarde, mas a partir das cinco da manhã as pessoas começaram a se reunir. O estádio tinha várias entradas, longe e perto. Logo a multidão compôs uma massa imóvel em cada entrada; talvez ninguém se movesse porque o estádio não estava aberto. Era algo pitoresco, algo para um pintor de multidões, um Canaletto africano: um pontilhado de rostos negros, jeans e camisetas laranja, brancas ou vermelhas.

Em dado momento, no meio da manhã, umas poucas pessoas apareceram em alguns assentos descobertos do estádio, à esquerda, que eu podia ver da minha janela do hotel. Aquelas pessoas iam esperar seis horas pelo jogo. Os assentos já deviam estar bem quentes, e o grande calor do dia estava por vir. Esperei que a multidão que aguardava se movesse agora lentamente estádio adentro, mas não foi assim que aconteceu. Não era possível, do meu quarto de hotel, entender todos os movimentos da multidão. De vez em quando, à medida que o início da partida se aproximava, a polícia antimotim atacava fatias da multidão; era como um jogo. A multidão atacada saía correndo em várias direções. O efeito pontilhado desaparecia e o que tinha parecido pitoresco se tornava assustador. E logo, bem depressa, a multidão se recompunha.

A senhora "marroquina" tinha visto as multidões. Mais tarde disse: "Eu *odeio* futebol".

A Costa do Marfim perdeu para a Zâmbia naquele domingo. O povo local não conseguiu ser generoso com os vencedores, depois de horas de espera, de calor e dos distúrbios ocasionais com a polícia. Era fácil entender sua frustração. O futebol libera grandes paixões aqui. O estádio Houphouët é alaranjado. O laranja era a cor da torcida nacional. Seis semanas depois, quando a Costa do

Marfim jogava contra o Malawi, e vencia, um muro do estádio desabou e sessenta e nove pessoas morreram.

4.

Abidjan havia crescido tanto que me foi difícil recuperar as lembranças da cidade que eu conhecera em 1982. Eu tinha me hospedado no hotel Forum. Ninguém parecia ter notícias dele agora. Eu me lembrava de um campo aberto do outro lado da estrada, onde cresciam opulentos baobás. Me lembrava da lagoa, como o mar, do lado de fora de uma das áreas comuns do hotel; no calor da tarde, a água coberta de algas se mexia e se parecia então com um tapete verde ondulante. Me lembrava de uma sensação geral de amplitude. Agora não havia nada semelhante; todas aquelas lembranças pareciam ter sido devoradas pelo tempo. Dois dias antes de eu partir, um taxista, mostrando-me a paisagem do local, me levou ao hotel Golf. Estava erguido, cheio de estilo, um pouco distante da movimentada avenida, tendo a lagoa às suas costas. Tinha sido o antigo Forum, reconstruído à imagem da África superpovoada, com um novo padrão de funcionários e um novo tipo de clientela.

Para promover sua cidade de Yamoussoukro, Houphouët mandara construir uma autoestrada de Abidjan até lá. Duzentos e quarenta quilômetros, principalmente de selva: na época pareceu parte da vanglória e do desperdício geral de Yamoussoukro. Mas a autoestrada ainda estava em uso, maltratada em algumas partes, com um pequeno trecho substituído por uma pista de terra vermelha (galhos de árvore no asfalto avisando do desvio), e agora era a principal artéria de circulação de caminhões pesados vindos do Norte e dos países ao norte, trazendo suprimentos para Abidjan.

Entre Abidjan e Yamoussoukro a terra estava devastada. Por duzentos e quarenta quilômetros, a floresta tropical tinha sido derrubada e substituída por pequenos lotes de plantações: banana, mandioca (introduzida na África pelos portugueses) — o alimento de subsistência de pessoas que ainda não são do campesinato. Elas criam clareiras na selva; essas clareiras podem se desenvolver numa aldeia de grama, lama e palha (para o telhado), e essa aldeia pode se tornar algo mais durável, de concreto e zinco.

A pressão sobre a terra é grande; os migrantes nunca param de descer do Norte árido e pobre. Do tempo de Houphouët e dos franceses, persevera o mito da abençoada opulência da Costa do Marfim, onde ninguém precisava passar fome. As necessidades são pequenas; não há tempo nem espaço para pensamentos grandiosos. No entanto, apesar do mito, é possível que nessa terra devastada, outrora coberta de mata, venha a haver fome algum dia. Para que as pessoas almejem a grandiosidade, elas precisam ter uma referência de grandiosidade em sua mente. Houphouët não lhes ofereceu isso. Suas retóricas construções faziam parte de um fascínio particular que só servia a ele e a mais ninguém.

A terra tem sofrido muito. A Costa do Marfim — terra do marfim ao lado de Gana, terra do ouro — agora não tem mais os elefantes, que morriam para fornecer o marfim de suas presas. Existem dois monumentos cruéis ao elefante em Abidjan — um de uma fêmea com seu filhote (os elefantes são comida nessa parte da África) e um obelisco alto e desajeitado construído (perversamente) só de presas de elefante. Muitas pequenas mãos deram cabo dos poderosos elefantes e muitas pequenas clareiras seguramente têm dado cabo da grande floresta.

Em outra direção — a leste de Abidjan, rumo a Bingerville —, a ideia de paisagem foi eliminada ou certamente escondida por fileiras após fileiras de deselegantes casinholas. Eu me lembrava da estrada para Bingerville como de uma estrada que atravessava o campo, quase selvagem. Agora ela pertence aos empreiteiros, e o infortúnio de Abidjan vai se estendendo.

O nome Bingerville vem de Binger, um governador francês da Costa do Marfim. E há tão pouco de história e de arquitetura aqui nesta ex-colônia francesa, que a casa de Binger, louvada como uma grande casa, é promovida a uma das atrações da cidade. Está longe de ser uma grande casa. Existe uma coleção de prédios mais bonitos, públicos e privados, num lugar pequeno como Trinidad, do outro lado do Atlântico; e a casa de Binger agora é, mais apropriadamente, um orfanato: a África se afogando na fecundidade de seu povo.

Em Gana, logo ali do lado, com o mesmo tipo de povo e vegetação, os britânicos (como fizeram em outras partes do império) criaram jardins botânicos, que ainda sobrevivem mais ou menos, com poucas intrusões locais. Perto da casa de Binger, dizia-se haver um jardim botânico. No muro externo, pintado com tinta fresca, um cartaz enorme, recém-recuperado com elegantes letras sombreadas de pelo menos setenta centímetros de altura, diz que ali há um jardim. Tudo o que está faltando é o jardim.

Depois de duas fileiras curtas de bambuzais antigos e opulentos, mortos e cinzentos no centro, em seguida amarelos, em seguida raiados de verde — claramente do jardim original, e ainda lançam uma sombra agradável, a grande virtude do bambu nos trópicos —, depois disso não há nada, apenas selva e uns poucos prédios de concreto mofado. Mas os guias ainda querem nos mostrar os jardins e as plantas.

Quando desistem, contam que a destruição atingiu os jardins botânicos de Bingerville durante os distúrbios, as várias pequenas guerras que arruinaram o país quando Houphouët o deixou. Assim, a imagem do empreiteiro que desfigura o que já foram belos morros entre Abidjan e Bingerville, junto com esses trágicos jardins, pode ser considerada um legado de Houphouët, que permitiu que os franceses mantivessem o país em marcha, enquanto fazia magia para si mesmo, desperdiçando a substância de seu país, construindo religiosamente, como um faraó — mais uma vez, o Ozymandias de Shelley.

A terra é cheia de uma crueldade difícil de o visitante aguentar. Dos países do deserto ao norte, o gado de chifres longos é mandado para o matadouro aqui em grandes caminhões desengonçados, carregamentos de miséria, que saltam ao longo da remendada e por vezes defeituosa autoestrada até Abidjan, para a extensa área de abatedouros perto das docas. E ali, numa terra preta encharcada e podre, aquelas nobres criaturas, ainda com dignidade, aguardam seu destino no odor da morte, às vezes com um bezerro, solitário, sem mãe, encontrando conforto num tipo de sono, um pequeno círculo marrom no chão imundo, junto com as belas cabras e ovelhas reunidas para morrer. O terreno em torno do matadouro se estende ao longe. Quando os olhos de pessoas simples topam com visões como essa todos os dias, não pode haver nenhuma ideia de humanidade, nenhuma ideia de grandeza.

5.

Fazia parte do folclore do país a ideia de que a natureza aqui era abundante e incansável; foi o que trouxe os imigrantes. Parte da abundância da natureza eram os morcegos. Por meia hora ou mais, todos os dias, no final da tarde, os morcegos vinham, voando baixo, bem perto das janelas dos edifícios mais altos. Pontilhavam o céu. Um milhão de morcegos já faria um espetáculo memorável, mas a pródiga natureza oferecia quatro ou cinco milhões, pelo menos. Os morcegos voavam em círculo sobre a cidade. Não tinham destinação fixa. Pousavam em árvores, pendurados de cabeça para baixo dentro da proteção rosicler de suas asas, que eles dobravam em torno de si mesmos num gesto quase humano. As árvores em que se penduravam, avariadas, meio desfolhadas.

Os africanos comem tudo o que a natureza oferece (exceto quando um animal específico é o totem de uma tribo ou clã). O povo local gostava de comer aqueles morcegos. O principal problema era trazê-los para baixo. Algumas pessoas usavam estilingues, mas depois havia o problema de cozinhar as criaturas. Os morcegos são duros (de tanto voar) e têm de ser cozidos durante horas antes de se tornar palatáveis.

Alguém poderia imaginar que, com todo aquele voo, algumas centenas de morcegos morreriam a cada entardecer e cairiam do céu para um povo agradecido. Mas ninguém jamais vira semelhante coisa, um morcego morto no chão. E alguém me disse (talvez não um especialista) que, quando tinham de morrer, os morcegos não se mostravam, mas se escondiam, sendo nisso semelhantes aos gatos, que podiam deixar suas casas e ir morrer longe.

Esse, no entanto, era um luxo que poucos gatos na Costa do Marfim podiam desfrutar. Aqui nenhum gato vagava pelas ruas. Os gatos eram comidos; eram parte da abundância da natureza e podiam ser criados para ser mortos. "Feito galinhas", disse o rapaz, e se divertiu com a comparação.

Foi somente na última manhã de minha estada, a caminho do aeroporto, que descobri qual era a melhor maneira de se matar um gato na Costa do Marfim. Coloca-se o bichano num saco de algum tipo e em seguida se joga o saco dentro de uma panela com água fervendo.

A ideia dessa crueldade culinária cotidiana fez tudo o mais na Costa do Marfim parecer desimportante.

Então, poucos dias depois, quando estava no Gabão, fiquei sabendo mais sobre os morcegos de Abidjan. Eram morcegos frugívoros; também conhecidos como raposas voadoras. E não eram tão inocentes quanto pareciam. Eles, ou suas pulgas, eram os portadores do contagioso vírus Ebola. As vítimas sangravam, indefesas, até morrer. Ninguém sabia ao certo como o vírus pulava do morcego para o homem, mas uma boa aposta era que o vírus se transmitia ao se comer o morcego. Assim, o escurecimento do céu de Abidjan ao crepúsculo não era só parte do espetáculo visual da África ocidental; era como uma praga esperando para se abater sobre os homens embaixo.

# 5. Filhos da antiga floresta

Guy Rossatanga-Rignault, advogado e acadêmico, ex-decano da Universidade do Gabão, disse: "As religiões novas, o islã e o cristianismo, ficam apenas na superfície. Dentro de nós está a floresta".

Em outro país, isso soaria demasiado poético e místico, impreciso demais, alguém tentando encobrir um país atrasado. Mas Rossatanga não era assim; e no Gabão suas palavras faziam sentido. O Gabão, com uma extensão territorial tão grande como o Reino Unido e com uma população de menos de 2 milhões de habitantes, é uma terra equatorial de rio e floresta. É quente, fumegante, tem malária. Vistos do ar, quando se desce para o aeroporto, o estuário brilhante e o mar parecem prestes a sobrepujar tudo o mais. A floresta perto da capital é secundária, com plantações de palmeira oleosa que falam de um trabalho e de um calor terríveis. Um pouco mais terra adentro, começa a verdadeira floresta, primitiva, alta e densa. A terra intumescida, verde com manchas do amarelo mais pálido, se torna montanhosa. Aqui as sombras das nuvens não caem achatadas, como no mar; caem desniveladas, e o sobe e desce dessas sombras recortadas ajuda você a imaginar os contornos da terra abaixo do dossel da floresta.

Os franceses não foram colonizadores ávidos. Tomaram posse de seu território nos anos 1840. Apenas trinta anos depois, após sua derrota na guerra franco-prussiana, sentiram que não tinham recursos e abandonaram o dispendioso empreendimento. Chegaram mesmo a enviar um navio para retirar seu pessoal. Os missionários, no entanto, se recusaram a sair, e a colônia sobreviveu. O tráfego fluvial se desenvolveu. O grande explorador franco-italiano Brazza, partindo do rio Oguwé, entrando por um afluente e depois continuando por terra, alcançou quatro dias depois a vista do poderoso rio Congo.

Com o estabelecimento da colônia, começou o corte, a derrubada da floresta primária. Embora ela nunca tenha cessado, depois de mais de um século a derrubada de fato não é notada. Talvez venha a ser em breve. Licenças de trinta anos foram concedidas a chineses, malaios e japoneses. Eles são mais impiedosos e mais bem equipados do que as pessoas que vieram antes e, ao cabo de suas licenças, com quase toda a certeza haverá trechos de deserto no que antes foi floresta. Um especialista florestal afirma que num breve espaço de tempo trinta por cento da floresta do Gabão — durante séculos foco do amor e do temor religioso dos gaboneses — terá desaparecido. A boa notícia, do mesmo especialista, é que pode haver algum tipo de ação internacional (alguma forma de subsídio talvez) que faça valer a pena, para os gaboneses, deixar suas florestas de pé. Nesse meio-tempo, mesmo com as áreas desmatadas, as florestas do Gabão ainda são uma das visões mais deslumbrantes do mundo.

Rossatanga-Rignault, um homem atraente passado dos quarenta anos, tinha ancestralidade mestiça, como sugere seu nome duplo. Seu pai era francês, sua mãe africana. Foi educado no Gabão e em Paris. Porém, como tantas pessoas de origem mestiça aqui, ele parecia abraçar o lado africano de sua herança. Não falava muito sobre o pai e tinha se casado com uma africana da Costa do Marfim. Quando veio me ver pela primeira vez, estava encerrando seu dia na universidade (era um homem muito ocupado) e vestia trajes acadêmicos, um terno cinza com duas fileiras de botões. Na segunda vez estava mais relaxado. Veio com seus dois filhos e vestido informalmente com uma longa túnica oeste-africana decorada na gola. Esse tipo de túnica não era uma roupa gabonesa, e imaginei que ele a vestia em homenagem à esposa marfinense. Achei que o terno cinza lhe caía melhor.

Quando ele frequentava a escola, o Gabão era rico o bastante (por causa do petróleo) para ser um Estado do bem-estar social. Seus pais, como ele disse, tinham de pagar somente pela mochila. Tudo o mais era de graça. Havia inclusive uma mesada para as crianças que chegavam ao secundário. Toda quarta-feira, as crianças formavam fila para receber um comprimido de quinino, e leite para ajudar a engolir o remédio. Até mesmo o curso superior em Paris era gratuito. E quando Rossatanga se casou em Paris, o governo pagou a viagem da mulher para o Gabão, muito embora ela fosse da Costa do Marfim.

Ele era advogado de profissão e se considerava um cientista político. Na Universidade do Gabão também lecionava antropologia política. Foi por meio destes últimos estudos, sem dúvida, que Rossatanga chegou à sua interpretação poética do lugar da floresta na mentalidade gabonesa.

Nem sempre foi assim. Sua mãe era funcionária pública e ele nasceu num hospital da cidade. Aos três anos, foi levado para a floresta. Uma ótima oportunidade para aprender os segredos da floresta, mas ele era jovem demais para ver a coisa desse modo. A floresta era assustadora; é assustadora mesmo agora, embora na casa da família haja um gerador. Na floresta a noite cai muito depressa. Escurece às sete horas e às oito todos vão dormir; e se acorda às cinco. A escuridão é densa. Para entender a visão do povo do Gabão, é preciso entender a floresta.

"Quando a escuridão chega à floresta, não existe som algum. Mas à noite há diferentes sons ou barulhos vindos dos animais caçando. A noite e os barulhos configuram nossa mentalidade, porque as pessoas estão ligadas a tudo na floresta. O trovão não é só o trovão, como para vocês. É a voz de Deus: tente entender isso. Em nossa aldeia, a criatura mais aterrorizante é a coruja. Ficamos assustados com a coruja porque é uma manifestação do mal. Se você está andando lá fora e vê uma coruja, é um mau prenúncio. E aquela nossa região é um lugar específico. Nossa aldeia fica na boca do rio e, ainda que a gente pegue um carro, não se chega a lugar algum por causa da água e das condições das estradas. É uma área primitiva. A floresta sempre vai irromper, sempre vence. Existe um lugar chamado Loango. Você precisa ir ver. É o paraíso, um Éden. Em terra você verá elefantes. Do mesmo lugar você verá baleias e golfinhos no mar. Quando você vir esse lugar, entenderá por que eu digo que essa terra não foi feita para seres humanos. Foi feita para os animais. É dificílimo sobreviver na floresta. Não se pode cultivar ali. Talvez você não tenha notado, mas não temos gado. Junte todas essas coisas e entenderá por que este país, com metade do tamanho da França, tem uma população tão pequena. Malária, doença do sono, clima quente."

Apesar de serem refinados engenheiros, os franceses nunca construíram estradas aqui. Havia chuva demais, água demais; ela carregava tudo. Os franceses se concentraram nas viagens aéreas. A primeira ferrovia foi construída em 1981 pelo Gabão independente; custou caríssimo e foi feita contra as recomendações do Banco Mundial.

Perguntei a Rossatanga: "Que sensação física se tem na floresta?".

Ele respondeu com extraordinária paixão: "É como um *muro*. Acima de cinco metros não se pode ver nada, porque é denso e espesso demais. A visão é limitada pela floresta e cada um de nós na floresta é *pequeno*. Vou dizer novamente: essa terra não foi feita para seres humanos. É preciso lutar para sobreviver. Você não sabe o que vai te pegar nem mesmo no rio. Pode ser um crocodilo, uma cobra-d'água ou alguma coisa que vive ali. Só Deus sabe o que mais existe lá".

"De que modo isso afeta sua crença?"

"Nós sentimos que tudo tem vida, inclusive as árvores. Existe uma árvore mística, uma árvore vermelha. Quando vamos à floresta, conversamos com ela e lhe contamos nossos problemas. Também lhe pedimos permissão para cortar seu galho ou sua casca, e contamos à árvore por que estamos pegando sua casca, por que a estamos cortando. Você *tem que* contar à árvore. Aqui todas as tribos têm totens, e o totem é tabu para elas. Elas nunca podem matar ou ferir seu totem. Nunca podem caçá-lo. Pode ser um crocodilo, um papagaio, um macaco, qualquer coisa."

Por serem tão árduas as condições de vida, todos no Gabão acreditam na floresta e no princípio da "energia" que a floresta ilustra. É esse princípio que mantém as pessoas em marcha. Perder energia é apagar-se. Reviver é obter nova energia da mesma fonte.

Rossatanga disse: "Cada coisa viva é energia. Cada um de nós é como uma bateria. Em nossa versão do mundo, até mesmo os animais são baterias. Por isso não acreditamos que exista algo semelhante à morte natural. Se alguém morre na família, sabemos que alguém pegou a energia dele. Para fazer isso você tem de matar a vítima, seja ela homem ou animal. Você mata e pega a energia. Também vamos ao curandeiro para tomar a energia de alguém. É por isso que às vezes as pessoas sentem que têm de fazer um sacrifício ritual. Somos uma sociedade matrilinear. Usamos o nome da mãe, e o irmão mais velho da mãe é o grande homem da família. É tão poderoso que, se um sobrinho morre, as pessoas na família suspeitam do tio. Pensam que ele quis a energia do sobrinho".

A primeira experiência de Rossatanga com o sobrenatural — vinculada ao poder esmagador da floresta — ocorreu quando ele tinha cinco anos. Foi na aldeia de sua avó, uma aldeia tradicional, como ele diz. Rossatanga tinha ido lá para o rito de sua circuncisão. Era um "imperativo", um rito de passagem para a virilidade. Qualquer que fosse a religião formal professada pela família (cristã, no caso), havia aqueles antigos costumes africanos que tinham de ser honrados e que eram talvez mais prementes do que a fé exterior formal.

Um dia, durante aquela visita à aldeia da avó, ele foi com a mãe a uma "plantação" — algo muito menor do que a palavra faz parecer: um canteiro familiar, uma horta. A mãe não tinha familiaridade com o caminho e, quando estavam voltando para a casa, se perderam. Chegaram a uma clareira. Era um cemitério, mas eles não sabiam. Lá viram algo muito estranho: quatro macacos sentados com faixas vermelhas nas testas. O vermelho é uma cor muito poderosa no Gabão. (Só três cores são conhecidas: vermelho, preto e branco.) Por fim, eles encontraram o caminho de volta para casa. Sua mãe contou aos aldeões o que tinha visto. Eles disseram que o que ela tinha visto não eram macacos, mas fantasmas.

Rossatanga disse: "Eu quis fugir da aldeia".

Mas agora o sobrenatural começava a pressioná-lo. Muito tempo depois, ele foi à aldeia da mãe com um amigo americano, filho de um amigo estrangeiro de seus pais. Esse amigo estava prospectando petróleo no Gabão. Quando chegaram à aldeia, um homem lhes disse que não jogassem lixo nem qualquer outro elemento poluente no córrego que passava pela aldeia. Um espírito ou gênio vivia ali e não gostava que o córrego ficasse sujo. O ame-

198

ricano disse que aquilo era magia negra, um absurdo, e para provar sua tese cuspiu no córrego.

Rossatanga disse: "Dez minutos depois, não havia mais água ali, e o povo gritou e protestou. A aldeia ficou em pé de guerra, tivemos de fazer um monte de coisas por meio do curandeiro local para aplacar o gênio ou espírito. Gastamos um dinheirão, e depois de várias cerimônias e rituais a água voltou tão depressa quanto tinha desaparecido".

Assim, apesar de sua ascendência e de sua educação parisiense, de sua mente analítica, e apesar de sua ferrenha racionalidade em outras matérias, Rossatanga se tornara um crente na magia da floresta e, como outros crentes, tinha diversas histórias para provar sua tese.

Disse: "Existe outro gênio desse tipo em Lambaréné". Lugar famoso como a sede do hospital de Schweitzer. "Ele vivia no rio. Era preciso tomar uma balsa para atravessar o rio, e o governo decidiu construir uma ponte. As pessoas mais velhas da região alertaram os engenheiros sobre o gênio e disseram a eles que primeiro deviam pedir permissão ao gênio. Os engenheiros, que eram holandeses, apenas riram e foram em frente. Todos os dias morria um operário. As pessoas ficaram muito assustadas e até mesmo os engenheiros acharam que deviam interromper a obra. Disseram que iam trazer um exorcista junto com o curandeiro local para aplacar o gênio. Foram e trouxeram um médico tradicional, que executou diversos rituais. Finalmente tiveram permissão de construir a ponte. Acredito que esses espíritos da floresta estão ligados à psique do nosso povo, mesmo das pessoas que vivem na cidade. Essa é uma razão pela qual as igrejas evangélicas americanas tiveram tanto sucesso aqui. Elas também invocam o espírito do Senhor para remover o mal. É parecido com o que fazemos quando vamos ao curandeiro para remover o mal. O princípio é o mesmo. O ponto comum é o espírito."

Perguntei-lhe se conseguiria definir a religião da floresta de maneira mais exata.

Ele disse, de um modo acadêmico preciso: "Não podemos chamá-la de religião. É um conjunto de crenças. Não rezamos a Deus porque em nosso entendimento Deus não é acessível aos humanos. Ele tem vários outros problemas e não tem tempo para os humanos".

Na crença da floresta, o mundo orgânico, o mundo que conta, é como uma pirâmide. "O primeiro nível são os mineirais, o segundo nível são as árvores e a flora, e o terceiro nível são os animais. O quarto nível são os seres humanos."

Se ele tivesse parado aí, aquilo soaria como uma versão da *scala naturae* ("escala da natureza") da era elisabetana. Mas ele seguiu adiante e logo ficou claro que aquele era um conceito local.

Ele disse: "Entre os seres humanos há divisões. As crianças são espiritualmente mais fortes que os adultos medianos, que são inúteis e cegos. Os idosos, como as crianças, são espiritualmente fortes porque estão prestes a ir para o lugar novo. As crianças são fortes porque acabam de chegar do lugar novo. São puras e ainda têm a visão. Elas conseguem sentir o mal porque têm a mente aberta. Às vezes elas choram porque veem demais e então é preciso levá-las a um poderoso mestre tradicional. Ele coloca uma pedra na testa delas para impedir a visão, mas é preciso ter muito cuidado, porque pedra em excesso pode deixar a criança idiota. Quanto aos idosos, são especiais porque têm poder e estão próximos dos ancestrais. Somente os ancestrais podem interceder junto a Deus. É preciso conservar os ossos e o crânio do ancestral, alimentá-lo, dar-lhe rum e falar com ele quando se está com problemas".

Era o que fazia o próprio Rossatanga. Portanto, ao menos nesse aspecto, ele não falava com o distanciamento do antropólogo.

Ele disse: "Antes de deixar a aldeia, eu vou e ponho álcool e comida no túmulo da minha mãe e do meu avô".

Gostei de ele ter dito isso. Havia outros modos de cultuar o ancestral?

Ele disse: "Cada família tem um ancião que consegue falar com o ancestral. Em cada família existe um homem escolhido para a função. Esse ancião mantém os ossos e o crânio. O modo de cultuar é através da iniciação. A iniciação é um rito e uma prática fundamental".

Eu tinha ouvido muito acerca de iniciação. Todos no Gabão falam disso, ou ao menos parece. Ela requer um mestre, uma cerimônia com danças e tambores que dura a noite toda, e comer a raiz amarga de uma planta alucinógena, a iboga. O rito é secreto e nem sequer no final da minha temporada no Gabão senti ter começado a entender a ideia ou a importância da iniciação.

Quis saber se nesse ritual de honra ao ancestral também estava contida a ideia de virtude, de vida feliz.

Rossatanga disse: "Não. Os ancestrais estão lá somente para oferecer respostas para nossos problemas e nos dar o que queremos". E sobre iniciação disse: "Você não tem voz na aldeia nem nos problemas dela se não tiver sido iniciado. Para ser reconhecido como homem, é preciso ser circuncidado na aldeia. Só isso já é um ritual. Você pega o prepúcio da criança e o enterra no chão. Depois, planta uma bananeira. É a banana do menino e você a observa crescer. Quando ela dá seu primeiro fruto, ocorre uma grande cerimônia, já que a banana é um símbolo sexual da virilidade do menino. O menino comerá a primeira banana e o resto das frutas é esfregado em seu corpo. Nenhuma mulher deve ficar perto ou assistir a essa cerimônia".

Perguntei a ele: "Você está dizendo que, se a pessoa seguir os vários rituais da floresta, não precisa mais ter medo da floresta?".

"Você continua tendo medo. A iniciação e o ritual apenas lhe dão uma trilha através da floresta. Você não fica protegido contra os outros, especialmente as mulheres. As mulheres são muito importantes nessa sociedade. Elas têm o poder real. Uma mulher pode não exercer o poder, mas ela o transmite a seu filho. Somos uma sociedade matrilinear, e as mulheres dão a vida. Esse país não foi feito para os homens. O corpo das mulheres é mais forte e, por isso, elas são feiticeiras. Existem diversos sacrifícios rituais em que os olhos são removidos e a língua é arrancada de vítimas vivas. Todo dia há um sacrifício ritual. A pele branca é muito prezada aqui e, por essa razão, não posso deixar meus filhos de pele clara do lado de fora à noite."

"Qual é a importância da língua?"

Ele disse: "Eles removem a língua para obter energia".

"O que você pensa disso?"

"É inominável. É chocante demais."

Foi um alívio ouvi-lo dizer isso. Ele tinha falado de "energia" de modo tão positivo que pensei que ele fosse receptivo a essa ideia.

Ele disse: "Poder é tudo. É sempre buscado. Há muita migração rural e, por isso, você tem muita gente da floresta vivendo nas cidades. Durante as eleições, é preciso ter muito cuidado por causa do sacrifício ritual. É preciso ir todos os dias buscar as crianças na escola. Eu tinha 25 anos quando fiz meu doutorado, e as pessoas acham que, porque sou um advogado de sucesso e trabalho até tarde da noite, sou um mago e pertenço a uma sociedade secreta. À noite as pessoas normais dormem! Vão pensar que você também é um mago. E no que diz respeito ao presidente, ele é o rei dos reis dos magos".

"Quando a floresta ficar mais escassa com a derrubada, essas ideias vão se enfraquecer ou mudar?"

"Talvez. Mas não tenho certeza. Pessoas que estão há vinte anos sem ir à aldeia ainda têm a mesma mentalidade. Ainda é uma mente da floresta. É um desafio, e não tenho certeza de que venceremos. Você verá gente aqui em Libreville chapinhando no mar. Mas em geral o povo gabonês não vai ao mar, porque não é nosso domínio."

"Esse fatalismo deprime você?"

"Não deprime. Conheço muitas pessoas educadas que vão ver o curandeiro e gastam um monte de dinheiro. Essa sociedade funciona à base dessa crença. Toda a nossa música, pintura, escultura, tudo está ligado à floresta."

## 2.

Foi pelo professor Gassiti que ouvi falar pela primeira vez da planta milagrosa do Gabão, a iboga. Não era especialmente rara e parecia bastante comum, com uma haste esguia e folhas de um tipo de pimenteira. A raiz, adequadamente, era amarga. Quando o paciente ou aspirante, depois da devida preparação psicológica, comia essa raiz, ela esvaziava seu estômago e produzia alucinações. E (uma vez que só podemos alucinar com o que já esperamos) as pessoas nativas podiam ser mandadas para uma viagem onírica para encontrar seus ancestrais no outro mundo. Também nesse outro mundo (já que a planta leva a pessoa para os bastidores, por assim dizer), a iboga mostra a você o outro lado da realidade e revela claramente, como à luz do dia, quem quer que possa ter procurado lhe fazer mal com encantos ou feitiçaria. Uma vez de posse desse conhecimento, você pode se proteger.

O professor ensinava na universidade e era farmacêutico por conta própria, com uma renomada farmácia moderna em Libreville. Também era conhecido como especialista em medicina local e métodos de cura tradicionais. Comparava essa medicina à ayurveda indiana. Baseava-se em metais, animais e, acima de tudo, em plantas. Tinha um lado espiritual; literalmente lidava com os espíritos. As plantas eram ervas aromáticas da floresta coletadas por curandeiros tradicionais.

Ele aprendeu sobre cura tradicional com seu avô paterno e

seus ancestrais que eram curandeiros. O nome de sua avó significava "a árvore é remédio". Toda a família era inspirada por essa senhora, mas a principal influência de Gassiti foi a prima de seu avô. Ela era uma famosa curandeira. Curou muitos pacientes por todo o Gabão.

"Fui estudar na França. Lá encontrei um gabonês que dizia a todos os estudantes que eles deviam adquirir conhecimentos e voltar para o Gabão. Ele me disse para eu me tornar farmacêutico. Na verdade, meu irmão mais velho devia ter feito isso, mas ele preferiu a engenharia. Então, estudei farmácia e especialização em plantas. Era a época em que todo mundo estava falando da iboga. É uma planta encontrada na África central. No Gabão é empregada para curar diversas coisas. Agora é utilizada como 'metadona' no Ocidente. É um substituto para a heroína e a morfina e agora é usada para ajudar os dependentes a romper com o vício. Ela tem quinze substâncias nas raízes. Desde tempos imemoriais, a iboga tem sido usada em rituais de iniciação, e esses rituais de iniciação são exclusivos do Gabão. Podem ser chamados de patrimônio gabonês. A primeira tribo a conhecer a iboga foram os pigmeus." O pequeno povo da floresta, gradualmente exaurido pelos povos maiores. "Eles são os verdadeiros mestres da floresta. Conhecem e destilam todo tipo de poção além da iboga, e passaram esse conhecimento para as outras tribos. Estranho, pensando bem. Eram os verdadeiros mestres e agora um americano tem uma patente e ganha milhões com ela."

Todo dia, disse o professor, havia uma iniciação no Gabão e as pessoas iam às "casas de tradição" para comer iboga e entrar no outro mundo. Ali, no outro mundo, as pessoas viam o que havia de errado com elas. Em seu estado de transe, encontravam seus ancestrais e lhes contavam seus problemas. Os ancestrais lhes diziam como desfazer os encantos que tinham se abatido sobre elas, que regressavam de lá "livres". Muitos estrangeiros, especialmente da ex-república iugoslava da Eslovênia, vinham às "casas de tradição" para serem iniciados.

O professor disse: "Eles, ou nós, somos uma raça muito supersticiosa".

E embora o professor fosse à cerimônia com os amigos, principalmente para estar com eles, e embora tivesse respeito pela cerimônia, ele queria se livrar dela. "Prefiro me manter nos domínios da química", disse. Era um homem idoso com um rosto redondo e bonachão.

Mais cedo do que eu esperava, fui levado a uma iniciação, ou à parte dela que não era secreta. Foi em Libreville, naquela distrito conhecido como PK 12, Quilômetro 12 — os quilômetros sendo medidos, imagino, a partir de algum ponto da costa de Libreville.

Fui com Nicole, uma capitã do Exército. Tinha sido designada como minha guarda-costas. Num extraordinário ato de generosidade, o ministro da Defesa, que também era filho do presidente, fizera de mim seu hóspede no Gabão; e durante toda a minha estada no país, tive essa importante proteção. Nicole era bem-educada, viajada e tinha bons contatos.

Depois da Costa do Marfim, Libreville, com sua avenida beira-mar e novos prédios oficiais, apresentava um rosto sorridente; era fácil acreditar que houvera um *boom* petrolífero. Mas o caminho para o PK 12, uma área periférica, desfez essa impressão inicial. As luzes eram mortiças; em determindo lugar, a via estreita estava inundada, por causa do rompimento de um duto de água; e o tráfego era difícil, sobretudo nos cruzamentos. Alguém que devia nos encontrar em algum lugar não pôde vir, e embora Nicole tivesse feito o reconhecimento do caminho à luz do dia, na escuridão as casas e lojas pareciam idênticas, com seus tubos fluorescentes fracos, quase fantasmagóricos, e ultrapassamos a casa de iniciação por um bom quilômetro. Habib, o motorista (também do Exército, e armado), começou lentamente a dar marcha a ré. Topamos com dois jipes cheios de gente branca. Atravessaram um grande portão num muro alto. Eram obviamente como nós, gente indo à iniciação, e nós os seguimos.

O muro escondia uma "aldeia" de iniciação. Era criação de um francês imponente e bonito, casado com uma gabonesa. O bater de tambores era incessante; misturava-se a algum tipo de cântico áspero e a guinchos muito profundos, bastante impressionantes. O francês parecia estar fazendo demasiadas perguntas a Nicole. Achei que estava se certificando de quem éramos; mais tarde, porém, no final da noite, quando ela lhe estava pagando em dinheiro, achei que ele tinha deixado Nicole ciente logo de saída que nosso grupo teria de pagar uma soma pesada. Nicole conhecia os modos gaboneses naquelas questões quase-espirituais e viera munida com dinheiro vivo, muito mais do que eu.

A "aldeia" e a "dança iniciática" eram produções para turistas ou gente da cidade, para lhes oferecer um aperitivo da experiência com a iboga. Não era, portanto, a coisa de verdade. Foi decepcionante; mas um momento de reflexão mostrou que era errado ficar decepcionado. O que mais se poderia esperar na capital? Para ver a coisa de verdade, presumindo que ela existisse e fosse acessível a estranhos, seria preciso ir longe pelo interior adentro; e lá a pessoa seria uma intrusa, o que teria sido desagradável. E os tambores aqui — incessantes — eram reais; os dançarinos pintados eram reais: eu os vislumbrava o tempo todo nas cabanas cobertas de palha na parte mais baixa do pátio — vermelho, branco e preto, as impressionantes cores nos corpos já pontilhados de transpiração.

Mais tarde, quando nos mostrou a cabana de iniciação, o francês se referiu a seus tocadores de tambor e dançarinos como *artistas*; e isso provavelmente dizia tudo. Apesar de toda a sua paixão e energia, eram atores. Faziam aquilo todos os sábados. Era um ganha-pão para os envolvidos. Todos da trupe, disse o francês, eram membros da família de sua mulher.

Um pouco depois da entrada, um declive de morro íngreme levava ao som dos tambores e cânticos. Degraus tinham sido escavados no flanco do morro, e no sopé havia uma clareira de terra batida, iluminada por lampiões a querosene e folhas de palmeira enroladas. Era ali que a dança ocorreria. Em torno dessa área, ficava um semicírculo de mesas e banquetas, para os visitantes. Fazia calor, com os lampiões e as folhas de palmeira ardentes, e havia muita umidade no ar; mas não mosquitos.

Os tambores não paravam, junto com os cânticos e os guinchos que configuravam um tipo de ritmo selvagem.

Uma mulher, aparentemente uma funcionária da casa, perguntou se queríamos beber alguma coisa. Pedi um refrigerante de cola. Veio numa garrafa aberta. Habib, o motorista, rápido como um falcão, protestou. A mulher disse: "Eu não fiz nada".

Quando o francês nos convidou para irmos à cabana de iniciação ver os artistas invocar seus ancestrais e os espíritos, Nicole se recusou a ir. Era cristã e não queria saber daquela conversa de espírito. Os tambores e os cânticos podiam ser destinados somente aos turistas, mas a deixavam agitada. Mexendo os lábios, mas sem falar em voz alta, ela ficava dizendo "Ave, Maria" o tempo todo, pronunciando seu encantamento cristão contra quaisquer encantamentos que estivessem em ação ali, involuntariamente prestando tributo ao poder dos espíritos africanos.

A cabana da iniciação era uma estrutura baixa de argila e folhas de palmeira secas. Folhas de palmeira ardiam no chão de terra e os iniciados, esplêndidos com seus trajes e pinturas, se sentavam num semicírculo em torno do fogo. Eram de várias idades, dos seis aos trinta anos. Já estava quente o bastante lá fora; o fogo de folhas de palmeira tornava o calor insuportável. O forte calor, os tambores, os gritos e guinchos, o teto baixo, a sensação de uma escuridão galopante, junto com uma incapacidade de ver com clareza, tornavam a cena hipnótica.

Os iniciados gritavam (creio) "*Bukowa! Bukowa!*" O francês tentou nos ensinar uma resposta, mas como precisávamos de muito mais tempo para aprender fizemos o melhor possível: demos dinheiro. E, como costuma acontecer tão frequentemente nesses casos, foi o bastante.

A dança, feita às vezes com brasas de folhas de palmeira, era de tirar o fôlego. A energia parecia vir aos dançarinos de alguma fonte exterior, e podíamos imaginar que vinha da raiz de iboga. Habib, o motorista, que levava a sério seu dever de guarda-costas, me disse mais tarde que houve momentos, durante a dança e a ondulação das brasas, em que se preocupou comigo.

Após a dança, haveria jantar para quem quisesse. Num nível mais baixo (o morro era cheio de níveis) podíamos ver mesas cobertas com toalhas. Havia, é claro, uma taxa. E depois do jantar, por um preço a mais, haveria algo ligado à iniciação. Parecia bastante sério, e não achei que devesse ficar para aquilo. Só se pode ser um observador até determinado ponto. Para além desse ponto, era-se um intruso (e havia a preocupação adicional com a agitação cristã de Nicole).

Subimos de volta os degraus íngremes até o topo do morro. Lá o francês nos encontrou e nos mostrou a iboga. Nicole pagou a ele; na escuridão, me pareceu que ela lhe pagou uma soma justa.

O general que era o superior de Nicole telefonou a ela enquanto voltávamos para o hotel. O tráfego estava mais tranquilo do que no começo daquela noite, mas a fraca luz fluorescente ainda estragava a vista. O general Ibaba queria saber sobre a noitada. Nicole lhe fez um relatório, mas o general queria saber nos mínimos detalhes. Estávamos em boas mãos.

Perto do final da minha temporada no Gabão, quando adentramos bem para o interior, numa aldeia do parque nacional Lopé, testemunhei outra exibição de dança africana. Foi do lado externo da casa de um chefe, que era um galpão com paredes tradicionais de cortiça e um velho telhado de zinco. Só a cortiça deixava transparecer as tradições da floresta. O galpão foi limpo na nossa presença e uma pequena vassoura rija foi aplicada ao chão irregular do lado de fora. A dança veio depois de um jantar cuidadosamente preparado e disposto sobre uma mesa ao ar livre.

Os tambores estavam lá, mas não tão arrepiantes; a pintura corporal estava lá sobre os dançarinos, porém mais superficial, um pincelada de branco e uma pincelada de vermelho representando algo mais completo; os originais de todos os movimentos estavam lá, mas de um modo reduzido, menos desenvolvido. Havia crianças entre os dançarinos, mas não muita gente jovem; havia pouca coisa naquele trecho de selva de Lopé para segurar os jovens; os ambiciosos ou entediados queriam ir para Libreville. No entanto, mesmo com sua escassa coreografia (por assim dizer), aquele espetáculo de aldeia era o mais genuíno possível. Mas preferi a invenção metropolitana do francês em Libreville, e não só porque seu material humano era mais bonito e seus dançarinos mais performáticos. Ela usava os mesmos materiais locais, mas acrescentava estilo e acabamento, e não achei que lhe faltasse espiritualidade ou sentimento.


3.

Os pigmeus, o pequeno povo, foram os primeiros habitantes da floresta e se tornaram seus mestres. Conheciam suas incontáveis plantas, suas propriedades curativas ou venenosas. Foram os primeiros a desvendar a iboga alucinógena. ("Alucinógena para você", disse inesperadamente uma instruída senhora gabonesa. "Para os africanos, é a realidade deles", completou, abrindo todo um panorama relativizado de percepções, um monte de areia movediça para o viajante temporário penetrar.) A África é uma terra de migrações, e foram os pigmeus que mostraram aos migrantes bantos posteriores a "trilha" da floresta, a filosofia da floresta.

Claudine era apaixonada pelos pigmeus. Agora vivia na floresta bem perto deles.

Ela disse: "Achei que era um horror eles serem considerados sub-humanos e incapacitados e ficarem confinados em reservas. Por isso quis saber mais sobre eles. Não temos nenhum respeito por eles, mas recorremos a eles em segredo para nos curarmos. Para iniciação, esterilidade, para doença o hospital não pode curar. Às vezes as pessoas pisam num despacho escondido no chão e ficam doentes. O hospital não consegue descobrir o que há de errado com elas, apesar de todos os seus equipamentos modernos. Assim, a pessoa doente vai ver o pigmeu. O pigmeu dirá a ela quem fez o despacho, onde e como. Uma pessoa pode ficar paralisada por pisar num despacho. Perde a sensação dos membros inferiores. Já fiz várias fotos de pessoas que foram prejudicadas por essas armas místicas e vi como elas foram curadas".

Seu sentimento pelos pigmeus e pela "trilha" fazia Claudine usar uma linguagem extraordinária e às vezes comovente.

Disse: "Quanto mais perto ficamos dos pigmeus, mais entendemos que o mundo tem uma alma e uma vida. Tem energia. Os pigmeus são como nossas lembranças do passado. Eles detêm o conhecimento desse mundo".

Os eventos da segunda metade do século XIX escancararam o continente. Mas os pigmeus permaneceram apegados à floresta. Preservaram seu conhecimento da floresta; nesse conhecimento residia sua civilização. Outras tribos perderam muito desse conhecimento.

"Apesar da incessante pressão do mundo externo, os pigmeus retêm sua civilização. Ainda têm de matar um elefante para se tornar 'um homem'. Um grupo de jovens iniciados usa máscaras de galhos de palmeira e vai caçar. É um rito de passagem."

E depois havia os feitiços — nunca longe demais, sob qualquer aspecto, da realidade mutante que rodeia os homens. Claudine disse: "No mundo místico" — *místico* era a palavra usada para qualquer coisa além da racionalidade — "você pode fazer um feitiço com a sobra de comida de alguém para ferir essa pessoa. E essa pessoa terá de ir correndo ao pigmeu para ter ajuda. O pigmeu vai olhar na água ou no espelho para dizer se a vítima viverá ou morrerá. Ou se, de fato, a vítima já 'cruzou o rio', como dizem: se já morreu. Aqui existem dois tipos de curandeiro. O curandeiro menor lidará apenas com malária e gripe. Os pigmeus são ótimos com a malária. Para problemas maiores, como feitiços, é preciso consultar o curandeiro mestre. Ele foi discípulo de um grande homem durante anos. Aprendeu todas as 'táticas' do mundo espiritual. Quando se trata de lutar com os espíritos, é preciso conhecer as regras, senão você pode morrer, porque os espíritos são muito fortes".

Como o curandeiro ou mestre pigmeu era recompensado?

Claudine disse: "Eles agora conhecem o dinheiro. Mas aqueles que realmente conhecem seu trabalho, os curandeiros genuínos, os mestres de verdade, não vão querer dinheiro porque sentem que corrompe seus dons. Eles consideram seus dons como algo que lhes veio do ancestral. Então, você dá ao curandeiro ou ao mestre o que você quiser — roupa, bebida, comida ou tabaco. Ele não vai pedir. Você não dá dinheiro. Ele não quer. Conheci uma pessoa que ficou realmente louca. O homem foi levado ao mestre pigmeu, que cuidou dele por três meses, e ficou curado. Ele quis recompensar o mestre com toda e qualquer coisa — carro, casa, um lote de terra. Disse que faria qualquer coisa pelo mestre. Mas o mestre não quis nada. Tudo o que ele disse ao homem foi: 'Leve minha filha com você para casa. Adote-a e eduque-a do jeito moderno". O homem fez o que o mestre pediu. Levou a menina para Libreville e a educou e a tratou como uma confidente íntima. Ela agora é uma funcionária comum e está muito próxima de seu povo. Veja, o mestre sabia que o mundo tinha mudado e que os pigmeus iam precisar que gente de seu próprio povo fosse uma ponte para o novo mundo".

As aldeias dos pigmeus são pequenas, com vinte a cinquenta pessoas ao todo. Houve época em que os pigmeus viviam em iglus feitos de galhos ou folhas, construídos do nada a cada noite. Mas agora seguiam os hábitos bantos e viviam em cabanas de barro permanentes, ao estilo banto.

Claudine disse: "Não acredito que a cultura deles tenha se alterado por causa disso. A forma exterior mudou, mas o conteúdo é o mesmo".

Havia duas tribos importantes no sul do Gabão. Elas tinham apresentado aos pigmeus a importantíssima cerimônia de iniciação, e os pigmeus por sua vez tinham lhes transmitido seu conhecimento das plantas, inclusive da iboga. A iniciação (somente para os homens) era um estágio necessário na adivinhação, que aqui era feita com água ou com um espelho; e nesse campo os pigmeus eram mestres. Por isso se podia dizer que as duas culturas, a dos bantos e a dos pigmeus, tinham se juntado.

Mais importante que a adivinhação era o dom de comunicação com o ancestral. Isso também só podia advir depois da iniciação e era de grande importância. Somente através do ancestral a pessoa podia aprender sobre sua posição na sociedade, seus deveres e responsabilidades. Para isso, eram necessários o crânio e os ossos do ancestral, e eles tinham de ser verdadeiramente do ancestral; não se podia usar o crânio e os ossos de um sacrifício ritual. O crânio e os ossos para esse ritual precisavam vir de um ancião, que, perto de morrer, dava à pessoa permissão de guardar seus ossos como uma relíquia.

Em cada família só uma pessoa tinha o privilégio de falar com os ancestrais, e ela era um ancião. Esse ancião e sua mulher eram quem conservava o crânio e os ossos; o dever da mulher era manter o crânio e os ossos limpos.

Claudine disse: "Esse *bwiti*, ou ritual, é só para homens. Algumas tribos têm incluído mulheres agora, mas as pessoas não gostam nada disso". Ela começou a falar de modo prático sobre a ingestão da iboga. "É muito amarga. A boca fica dormente. O corpo fica dormente, e toda sensação é realçada. No verdadeiro *bwiti*, o ancestral chega às três da manhã." Lembrei que no PK 12 eu tinha ouvido algo parecido, mas pensei que fosse um modo de conseguirem que ficássemos mais tempo. Claudine disse: "O ancestral chega às três da manhã e fala numa língua antiga que ninguém entende. Somente os iniciados do terceiro nível conseguem entendê-lo. Nesse nível, o iniciado pode falar com as relíquias e também pode iniciar outras pessoas. As mulheres podem ser curadas pelo *bwiti*, mas não podem ser iniciadas. Outra coisa: para ser um curandeiro, é preciso ter um ancestral em algum ponto do passado que tenha sido curandeiro".

Mesmo com o conhecimento de Claudine sobre os costumes pigmeus, e com seu amor por eles, era difícil chegar a um entendimento humano dos pigmeus, vê-los como indivíduos. Talvez não o fossem.

Perguntei a ela: "Os pigmeus são pessoas felizes?".

"São felizes e são gentis, mas são uma raça muito prevenida. Ficaram desconfiados depois de um longo tempo. Não confiam com facilidade".

"Eles ainda caçam?"

"Caçam à noite agora e têm armas. Antes faziam armadilhas."

"Você realmente gosta de morar na floresta?"

"Gosto. Porque meus ancestrais eram selvagens." Ela riu por causa da dupla ironia de suas palavras, que confirmava o que as pessoas de fora diziam dos africanos e, com isso, o que os bantos diziam dos pigmeus. Ela disse: "A vida na floresta é simples. Não se tem o estresse urbano. Você se banha no rio. Come em cozinhas comunitárias e vai dormir às sete da noite. A floresta é pacífica e tranquila e posso pensar em 'mim mesma'. Não tenho medo da floresta. Nunca pensei nos perigos daqui, porque a gente irradia energia. Os animais podem farejar ondas negativas de medo e então atacam. Foi aqui, na floresta, que entendi que a floresta fala conosco. Ela nos faz perguntas e nos alimenta. Ela é o princípio e o fim e é por isso que os pigmeus, que entendem isso, são os mestres".

Eu quis saber sobre a morte: como os pigmeus lidam com ela?

"Os pigmeus acreditam na natureza. Acreditam que procedem da terra e é por isso que não querem poluí-la com os mortos. Eles não enterram os mortos. Quando um mestre morre, eles o envolvem numa esteira e o põem sob uma grande árvore. Deixam-no ali para apodrecer e ninguém vai àquele lugar. Não vão caçar nem coletar alimento ali. Quando a decomposição está completa, colocam os ossos numa tumba e põem a área em quarentena. Não conseguem entender o cristianismo."

"O que eles consideram especialmente difícil no cristianismo?"

"Não conseguem ver por que Jesus tem que deter todo o poder. Para eles, o poder deve ser distribuído entre vários chefes."

"Por quanto tempo eles vivem?"

"A média de vida é de cinquenta anos. A vida é curta porque a civilização introduziu várias doenças que eram desconhecidas para eles. Alcoolismo, HIV."

"Quanto a floresta é escura?"

"Durante o dia a luz se filtra através do dossel e a floresta é cheia de sombras. À noite, é preta como breu. Penso nela como uma escuridão 'trancada'. É importante lembrar também que o dossel absorve poluição. Por isso devemos preservar a floresta."

## 4.

Vista do ar, mal se percebe a depredação dos madeireiros. A floresta parece inteira, compacta e eterna. No nível do chão a história é outra. Existem as estradas dos madeireiros; a chuva lava a terra solta para dentro dos rios, e os peixes sofrem. A dor existe para qualquer um que sinta o vínculo místico com a velha floresta. M^me Ondo, uma alta funcionária pública, e uma senhora muito elegante, sentia essa dor agudamente. Tinha ascendência mestiça, mas seu coração era todo africano.

Ela disse: "Disseram-nos que plantaríamos uma árvore para cada árvore que cortássemos, mas não é assim. Meu coração adoece por não seguirmos esse princípio. Quando vejo um caminhão cheio de toras, não vejo árvores nem madeira. Vejo gente assassinada. Não são toras para mim, mas pessoas mortas. As árvores são criaturas exatamente como nós. As árvores vivem mais tempo do que os seres humanos e elas nos dão tudo, até oxigênio. Temos muito a aprender com elas".

M^me Ondo era elegante, mas essa elegância não era uma simples questão de herança. Vinha de muito fundo de dentro dela. Sua mãe era camponesa, assim como a mãe de sua mãe.

"Eu ajudava nas pequenas fazendas onde elas trabalhavam e costumava ir à floresta com minha mãe. Fui criada por uma tia e um tio. Uma vez, quando eu tinha oito anos, eles me levaram para a floresta e me deixaram sozinha num acampamento enquanto iam pescar no grande rio. Fiquei sozinha de noite e tive medo porque não parava de pensar nas histórias da anaconda que vem à noite à procura de crianças. De manhã, fiquei contente por comer o peixe que eles tinham pego, mas à noite a história era diferente."

Mais tarde ela se sintonizou com a beleza da floresta.

"O lado positivo é que é muito fresco. Há uma grande calma. Os pássaros cantam e existe uma grande beleza nas árvores. E quem vê a pequena trilha se contorcendo e se recurvando feito uma cobra pensa na imagem do absoluto. A busca da verdade vem da floresta. Adoro a floresta e, mesmo que eu passe anos no exterior, tenho de voltar correndo para a floresta. Preciso da floresta densa para me sentir viva."

"A filosofia do povo mudará com a rarefação da floresta?"

"Ela vai nos mudar completamente, porque somos todos ligados à floresta. Precisamos das toras para desenvolver a economia do Gabão, mas precisamos de uma política de reflorestamento que seja estritamente seguida. Também é preciso lembrar que uma floresta primária é muito diferente de uma floresta plantada. Ainda que se deixem as árvores novas crescer em torno das árvores derrubadas, isso continua afetando a flora e a fauna. Os animais desaparecem."

Os madeireiros escancaram a floresta, rasgam pistas e a deixam pronta para os caçadores ilegais, que aparecem agora com as AK-47 e outras Kalashnikovs, que, contra animais na floresta cheia de clareiras, têm o efeito letal equivalente de um jato de inseticida contra moscas e insetos num quarto pequeno.

M$^{me}$ Ondo tinha um coração africano; mas, dentro dele, e mesmo com sua ascendência mestiça, considerava-se culturalmente da tribo fang. Os fangs (pronunciado à moda francesa, sem o "g" final) são uma das grandes tribos do Gabão. O viajante franco-americano Du Chaillu (1831-1903) esteve entre eles nos anos 1850 e (embora suspeito por outros aspectos) deixou desenhos pormenorizados dos fangs, de seus penteados, de seus dentes limados, de seus instrumentos musicais e artefatos de ferro. Disse que os fangs eram canibais. Isso (em vez de suas extraordinárias habilidades como metalúrgicos) deu a eles uma notoriedade especial no século XIX, sempre ávido pelo lado sensacionalista da África. M$^{me}$ Ondo disse: "Os fangs nunca foram canibais. Mas não sabemos o que se faz nas cerimônias místicas. Pode ser que comam gente ou não. Não sabemos. Esse foi o jeito colonialista de denegrir os fangs, porque os fangs eram vistos como ferozes e belicosos. Os fangs estavam vindo do nordeste da África. Disseram a eles que sua terra ficava junto ao mar. As lendas diziam que eles deviam ir ao lugar onde o sol se põe no mar. Para tanto, tiveram de passar por diversas tribos e territórios, e tiveram de ser guerreiros e ferozes para chegar aqui, onde o sol mergulha no mar".

Foi nessa grande migração que os fangs encontraram os pigmeus.

"Os fangs desprezavam os pigmeus, mas aprenderam sobre a floresta com esses mesmos pigmeus que eles desprezavam. Os pigmeus são os mestres da floresta e conhecem todos os remédios necessários para as várias doenças que se encontram nela. Os pigmeus também são mestres da cura tradicional." Era interessante como essa ênfase na doença e na cura emergia o tempo todo, sugerindo que a floresta, embora fosse uma fonte de cura espiritual, boa para a alma, era sempre, ao mesmo tempo, considerada na imaginação popular como um lugar de enfermidade, um lugar de constante necessidade de cuidados médicos ou mágicos.

M$^{me}$ Ondo disse: "Muito embora odiassem os pigmeus por seu tamanho e pequenez, os fangs precisavam deles para correr e explorar a floresta. Para sobreviver na floresta, precisavam dos pigmeus. A floresta é uma batalha gigantesca. A luta dos fangs com a floresta, sua penetração nela, é cantada em sua história oral. Têm uma lenda chamada *Odzaboga*. Ela fala dos fangs e da floresta. Diz a lenda que, quando eles chegaram, viram uma grande árvore, o *fromager*, ou árvore-queijo".

Eu tinha ouvido esse nome pela primeira vez na Costa do Marfim e entendido que a árvore, de fato muito bonita, de tronco cinzento, imponente, com uns poucos galhos bem equilibrados, perceptível mesmo na alta floresta, era usada pelos franceses para fazer as caixas de certos tipos de queijo francês. Imagino que a madeira do *fromager* era neutra no aroma e no gosto.

Na lenda fang, o povo migrante levou anos escavando um túnel no tronco de um *fromager* que lhe barrava o caminho para a grande floresta. Eles escavaram e escavaram.

M<sup>me</sup> Ondo disse: "A árvore que eles escavaram se chama *adzap* e está na história oral. Ali, ela é o símbolo do país imortal e é sagrada. O universo inteiro vê essa árvore. Ela fica no topo de uma montanha e tem largos ramos laterais. Ora, os fangs tiveram sucesso em escavar o tronco, mas então o tronco desabou e os levou a uma ravina, onde uma cobra gigante apareceu e os levou para o outro lado da floresta. É aqui que a lenda termina".

M<sup>me</sup> Ondo tinha sido iniciada nos ritos fangs. O silêncio era a primeira lei da iniciação, disse ela; e não desejava contar nada de sua iniciação. Estava disposta a falar mais sobre a floresta, a medicina e as plantas que combatiam doenças e tornavam possível lidar com os gênios e os espíritos da floresta. Esses gênios e espíritos podiam curar o corpo humano. Os fangs têm uma religião que eles praticam em grutas bem no fundo da floresta; as mulheres têm de ficar longe desses lugares.

"Cava-se um buraco e nele se colocam os ossos do ancião ou mestre curandeiro. Em seguida, tem uma estátua de madeira especial. Essas estátuas eram feitas antigamente por sacerdotes tradicionais. Hoje em dia são procuradas como antiguidades e custam muito caro. Coloca-se a estátua de madeira sobre os ossos no buraco. O sacerdote então será capaz de falar com a pessoa enterrada, que é um ancestral ou ancião. Haverá um serviço religioso, e os fangs que se reúnem ali entrarão numa espécie de transe. Comem uma planta muito semelhante à iboga. Essa planta se chama *alane* e é muito amarga. O sacerdote primeiro pede perdão por seus pecados e pelos pecados dos iniciados."

Nesse relato de M^me Ondo, o pedido de perdão pelo sacerdote me pareceu ter sido tomado de empréstimo do cristianismo. Mas não levantei essa questão com ela; não quis distraí-la.

M^me Ondo disse: "Somente o sacerdote consegue falar com a estátua do ancião, porque sabemos que só o ancião pode falar com Deus. Nós não podemos falar com Deus; somos impuros. O ancião intercederá por nós e nos dará o que buscamos. Em seguida, fazemos os rituais. Sacrificamos um carneiro sem chifres".

Se, como eu sentia, algum laivo de cristianismo tinha se insinuado no ritual fang, também era verdade, como dizia M^me Ondo, que o cristianismo fizera desaparecer vários ritos e rituais dos fangs. Na lenda fang, a tribo teve de buscar uma terra onde o sol se punha no mar. Encontraram essa terra no Gabão. O que a lenda não tinha condição alguma de dizer era que, tão logo os franceses demarcaram sua colônia nos anos 1840, os missionários cristãos, americanos e franceses entrariam em atividade, solapando de maneiras imprevistas (e no Norte suprimindo) a antiga vida fang.

M^me Ondo disse: "Aqui, quando uma pessoa idosa morre, dizemos que uma biblioteca se queimou".

Eu ouvira isso na Costa do Marfim em 1983. As palavras eram reverentemente atribuídas ao velho sábio marfinense Ahmadou Hampaté Ba, que as teria dito quando estava muito doente no hospital, perto de morrer; as palavras, obviamente, entraram na memória popular.

Mas M^me Ondo também achava que algumas tradições, algumas formas de crença, sobretudo as que tinham sido conservadas como relíquias pela tradição oral, sobreviveriam. "Aqui algumas tradições se tornaram institucionalizadas ao longo das gerações e não podem ser perdidas. Eu concordo: se um mestre ou um ferreiro morre e não transmite o conhecimento de metalurgia ao aprendiz, o conhecimento do ferreiro morrerá. Mas ritos tradicionais como a iniciação e os vinculados à tradição oral têm preservado seu conhecimento."

Perguntei: "Como é que os fangs se recarregam?"

"Os mestres fangs fazem viagens astrais. É um fenômeno comum, como é para os iogues da Índia. Eles podem se desdobrar e estar em dois lugares ao mesmo tempo. Quando voltam, nós os alimentamos com ovos crus e oferecemos sacrifícios animais para eles. Bruxas e feiticeiros também conseguem fazer essa viagem astral, e às vezes podem não conseguir retornar. São encontrados mortos de manhã. Ou voltam como corujas, morcegos e chamas que a gente vê na floresta à noite. A luz do dia os impede de voltar a seus corpos. Só um feiticeiro muito poderoso consegue fazer isso, mas ficará muito doente. Então, o sacerdote tradicional terá de realizar vários rituais e sacrifícios para curá-lo."

Desdobramentos, viagens astrais, a fragilidade e contudo a perseverança do ritual, a ideia de energia, o deslumbramento da floresta: temas recorrentes. No entanto, havia coisas que me surpreendiam.

Ernest, um curador de museu, cristão, disse: "Nossa vida está vinculada à floresta. Toda iniciação tem a ver com a floresta. A relação entre as pessoas e a floresta é vista no ritual. Você foi ver no PK 12. A harpa, ou o que chamamos de *gombi*, é fundamental. Nas cordas da harpa estão as tripas do nosso primeiro ancestral, os primeiros homens que viveram na floresta. É o principal instrumento da cerimônia de iniciação e foi a primeira religião da floresta".

Rememorei a ocasião: a noite, o calor, as brasas ardentes das folhas de palmeira enroladas, o bater dos tambores, as figuras pintadas, os gritos. Agora eu me lembrava: na extremidade remota da área de dança, um homem com a harpa, reclinado com infinita ternura sobre o instrumento, como que ansioso, em meio à algazarra, por captar cada vibração das cordas. Ele era, pensei, como a figura vendada da Esperança, mal equilibrada no topo do mundo, pintada por G. F. Watts. No estrépito do pátio de dança, eu o vi como uma figura menor, contribuindo pouco. Eu o percebi, mas não olhei para ele. Era chocante para mim agora entender, como quase todo mundo lá deve ter entendido, o que as cordas da harpa representavam.

5.

Eu tinha ouvido tanto sobre o esplendor da floresta que, antes de ir ao parque nacional Lopé, me permiti brincar com ideias do tipo João-e-Maria sobre o que poderia encontrar. Me imaginei dormindo na estreiteza de clareiras entre árvores gigantescas, em meio a cujas raízes protuberantes um povo pequeno e gentil se movia para dentro e para fora de suas cabaninhas de barro: pigmeus. Imaginava um chão de floresta maravilhosamente limpo, salpicado com a luz suave do sol que caía através do dossel da alta floresta.

É claro que não foi assim. Durante 160 anos, desde o início da colonização, Lopé (não um nome espanhol ou português, mas africano, o nome de um rio local pequeno e agitado) tinha sido um ponto de parada do grande rio Oguwé. Desde os anos 1980, havia um serviço ferroviário que saía de Libreville; e Lopé, com cerca de mil pessoas, era agora em parte uma cidade ferroviária, com as casas dos funcionários da ferrovia perto da estação de trem.

Disseram-me que a ferrovia fora construída com grande dificuldade sobre terra alagada. Os vagões de alumínio pareciam meio foscos, sem dúvida por efeito do sol e da chuva tropicais.

Mas o trem no geral parecia bastante sólido, o leito de escória alto e definido; a locomotiva francesa era suave e poderosa com rodas notavelmente silenciosas; e após trinta anos de uso ininterrupto, o ar-condicionado ainda funcionava de maneira admirável.

A floresta vinha devagar, recortada no início por pequenas clareiras e habitações camponesas, às vezes por pequenos assentamentos. A floresta absoluta parecia nunca chegar; mas talvez a uma pequena distância dos trilhos sempre tenha havido floresta absoluta; e era preciso lembrar que os trilhos foram dispostos no que teria sido a floresta original, intocada. Por isso, e por outras razões aparentemente menores, a floresta estava sendo mordiscada aos poucos. Onde as companhias madeireiras atuavam, a floresta tinha sido terrivelmente massacrada. Em certos trechos, era possível ver os caminhões longos e pesados trazendo as toras retas e antigas (os corpos mortos de $M^{me}$ Ondo) para a ferrovia. Me disseram que a rodovia fora construída para atender às necessidades das companhias madeireiras, mais do que às necessidades dos viajantes. Pode ter sido assim; mas alguns acontecimentos têm consequências inesperadas, e agora todos admitiam que a ferrovia tinha unificado o país. Mas, do mesmo modo, não havia dúvida de que aonde a ferrovia passa as pessoas e as cidades também chegam, e a floresta começaria a se desmanchar.

A terra começava a se repartir: córregos, ravinas, precipícios, tudo coberto de floresta, tudo exigindo pontes, tudo fazendo aumentar o custo desse grande empreendimento de engenharia no meio da floresta equatorial. E logo estávamos rodando ao lado do próprio Oguwé e de suas várias águas laterais, por assim dizer: era maravilhoso ser trazido para tão perto do poderoso rio e dos grandes e pequenos vislumbres de seu poder avassalador: a vista espetacular continuava, estonteante, quilômetro após quilômetro, coisa demais para ver, assimilar, compreender.

O trem nos deixou em Lopé. Pudemos ver, pouco depois, os

altos vagões de alumínio partindo. Para M^me Ondo, uma trilha sinuosa na floresta era a imagem do absoluto. Para mim, criado à antiga moda ocidental, a visão do robusto trem partindo transmitia uma ideia horrível de solidão.

O Oguwé atravessava Lopé. Era uma espécie de Nilo daqui, com ilhotas, rochedos e árvores isoladas. Ficava num amplo vale e era mais barrento do que o Nilo em Uganda. Rugia sobre rochas invisíveis. Para além do rugido, do outro lado, erguiam-se suaves colinas, de um verde estranhamente claro (eu viera ansioso para ver a floresta), estranhamente parecido com savanas ou campinas, com acúmulos contrastantes de floresta escura e profunda em fendas nas colinas e sobre a margem do rio. Em torno desses acúmulos, havia o que pareciam ser pequenas manchas verdes de vegetação: pareciam superficiais, fáceis de arrancar, mas era a grande floresta, sempre tentando recolonizar a terra e estender seus domínios. A floresta mais antiga, com alguns milhares de anos, estava ao lado da margem do rio; ficava, é claro, onde estava a água e, da outra margem (onde eu estava), isso parecia bastante lógico.

A cor verde pálido da savana dava a impressão de estar na base de tudo, como a primeira camada de tinta numa tela. Fazia a paisagem parecer mais domesticada do que era, um lugar aonde turistas podiam vir em ônibus e onde lhes podiam servir chá.

Havia uma surpresa a mais: naquela terra, limpa e verde em tantos lugares, blocos isolados de floresta marcavam o sítio de velhas e até mesmo antigas aldeias. Por essa razão, a Unesco incluíra Lopé em sua lista de patrimônios mundiais. Entre setecentos anos e mil e quatrocentos anos atrás, por algum motivo desconhecido as aldeias foram abandonadas e jamais retomadas. Assim, apesar de sua aparência domesticada, a terra escondia um mistério.

Minha guia era Kate White. Ela tinha passado vários anos em Lopé como pesquisadora, em condições de isolamento nas quais, acredito, eu não teria durado um mês.

223

Era necessário povoar a paisagem com africanos — tal como ainda se podia ver — para começar a entender seu drama: a terra descoberta e colonizada vários séculos atrás; aldeias construídas, árvores plantadas; em alguns lugares, resquícios de fornos onde o povo desaparecido tinha derretido em ferro o minério de ferro, usando carvão e foles locais num método complicado que Du Chaillu, o viajante do século XIX, ainda presenciaria; e então, após séculos de sucesso, após séculos de domínio da terra, por causa de alguma calamidade desconhecida, tudo foi abandonado, apenas as árvores das aldeias deixadas a crescer, com mais nenhum registro adicional da presença humana até a nossa própria era.

Os lugares da antiga fundição do minério ainda se mostravam como trechos nus sobre o flanco dos morros. Havia muitos deles num só lugar. Ainda era possível — e isto pareceu um privilégio, um elo com o passado remoto — apanhar minúsculos flocos brilhantes de carvão antigo, calcinado, e lascas de minério semifundido.

As estradas de Lopé eram estradas rurais, ásperas e vermelhas, a maioria recortada pela chuva e pela água torrencial. Exigiam paciência e garupas resistentes, mesmo com tração nas quatro rodas.

Algumas pequenas árvores ao lado da estrada tinham sido partidas ao meio por elefantes e nos disseram que os elefantes da floresta equatorial eram um metro menores do que os elefantes africanos de espaços mais abertos. Lopé era um parque nacional e os elefantes aqui eram de certa forma protegidos. Mas nos outros lugares do Gabão os elefantes estavam ameaçados; o próprio tamanho que fazia deles criaturas temíveis antes da invenção da pólvora agora os tornava indefesos e vulneráveis. O povo local gostava de comer carne de elefante e, novamente, existia um mercado chinês para o marfim. Os madeireiros escancaravam a floresta; os caçadores ilegais seguiam a trilha. Algumas companhias madeireiras eram elas mesmas chinesas, capazes agora, muito longe de casa, de expressar plenamente o ódio dos chineses pela terra.

224

O povo local gostava do que chamava, à sua maneira viril, de "carne da selva". Com armas modernas, agora também podiam matar para fazer comércio, enviando carcaças para Libreville. Numa revista do governo, li que um milhão de animais — sem dúvida, uma cifra aleatória — eram mortos no Gabão todos o os anos. Uma vez que pessoas em lugares como Lopé caçavam o tempo todo, a cifra real devia ser muito mais alta. Os africanos, como os franceses, os chineses e os vietnamitas, comem toda e qualquer coisa, não apenas elefantes, cães e gatos, mas tudo o que tenha vida. Tudo o que tem vida se torna, por assim dizer, objeto de caça. Comer carne da selva se tornara um aspecto cultural; não era para ser questionado. A floresta, com seu suprimento aparentemente infinito de carne da selva, era como um supermercado gratuito, aberto a todos.

Essa dependência da carne da selva, da cômoda abundância da floresta, talvez fosse uma das razões para o fracasso do povo em desenvolver uma agricultura séria, que poderia ter criado outro tipo de civilização, outro tipo de homem, mais capaz de se apropriar do mundo exterior, mais capaz de se mover em todas as direções. Mas esse era só um lado da história. Guy Rossatanga-Rignault dissera que a doença do sono, a malária e o grande calor tornaram a criação de gado uma impossibilidade no Gabão. Talvez, então, como ele dizia à sua maneira inimitável, a terra não tivesse sido feita para os homens, e sim apenas para os animais.

O problema permanecia: por que as aldeias tinham desaparecido? O povo teria comido todo o suprimento da floresta? Teria sido compelido a se aprofundar cada vez mais na floresta? Teria se tornado difícil arrastar as carcaças de volta para as aldeias? As aldeias então teriam começado a passar fome? A teoria corrente, segundo Kate White, era de que elas teriam sido arrasadas pelo vírus Ebola, trazido pelos morcegos frugívoros, eles mesmos uma iguaria africana.

## 6.

Em Lopé travei conhecimento com Mobiet, um americano branco de 37 anos. Ele tinha se formado numa universidade particular (financiado pelos pais) e viera para o Gabão com o Corpo de Paz* onze anos antes. Estava em algum tipo de busca espiritual e aqui permaneceu. Andava insatisfeito com os Estados Unidos e sua vida agitada lá. No Gabão, fizera a iniciação à iboga, que atendera a algumas de suas expectativas. Casara-se com uma gabonesa e tiveram três filhos. Por alguns anos, depois do Corpo de Paz, fizera pesquisa paga; mas agora, com três filhos para sustentar, e o avanço dos anos, começara pela primeira vez a pensar mais a sério em dinheiro e num emprego propriamente dito.

Por enquanto, vivia de trabalhos free-lance. Viver de free-lance num lugar como o Gabão, e sobretudo num lugar no meio do nada como Lopé, devia ser um osso duro de roer. Mobiet vendia esculturas africanas, mas não imagino que tivesse um grande mercado por ali; e suponho que era um trabalho do qual ele tinha lançado mão por causa do nosso grupo.

Viera para o Gabão com o Corpo de Paz na qualidade de especialista agrícola. Um exagero, para usar um termo caridoso, que de início o deixou apreensivo; tudo o que ele tinha feito nos Estados Unidos era ter trabalhado por algum tempo num viveiro de plantas. Finalmente lhe ocorreu dizer às pessoas do lugar que ele viera para aprender sobre a agricultura delas.

Ele gostava de nos contar sobre seu primeiro dia na aldeia. Algumas pessoas o levaram à casa onde ele ia morar. Um homem entrou na fila atrás deles e, quando entraram na casa, esse último

---

* *Peace Corps* (Corpo de Paz): instituição criada em 1961 pelo presidente americano John F. Kennedy com o intuito de promover trabalho voluntário de jovens americanos em outros países, com o suporte do governo. (N. T.)

homem começou a gritar: "Para fora! Para fora!". Foi enervante, mas o homem — o proprietário da casa, como logo ficou claro — não estava gritando com Mobiet. Gritava com pessoas que estavam dentro da casa, e essas pessoas — sem dúvida, inquilinos inadimplentes — recolheram suas coisas espalhadas e saíram. Na manhã seguinte, o dono da casa voltou para levar Mobiet à delegacia local. Queria que ele contasse às pessoas ali por que estava na aldeia. A guarita era onde o homem morava. O chefe da delegacia e vigia da aldeia era uma espécie de chefe, e Mobiet teve tempo de perceber que ele estava tecendo uma rede.

Mobiet olhou ao seu redor. À direita havia um rochedo de granito altíssimo e pontiagudo; e a uma pequena distância estava a floresta profunda. O ar era fresco. Era mais bonito do que Mobiet tinha imaginado; ao mesmo tempo, por ser tão diferente de tudo quanto conhecia, ele estava temeroso. Algumas casas eram de barro, algumas de concreto com telhado de palha. Pensou, alarmado: "É aqui que vou ficar por *dois* anos?".

Foi quando decidiu abandonar o Corpo de Paz e dizer às pessoas que viera aprender acerca do tipo de agricultura que elas praticavam.

Aprendeu do jeito mais rude. Era um aldeia fang. Cortava o mato e capinava com os homens, aprendeu a caçar e a instalar armadilhas e a fazer o que os homens faziam. Era exaustivo; ele nunca antes fizera tamanho esforço físico. As mulheres trabalhavam nas plantações, que em geral eram pequenas, cerca de cem metros quadrados.

Havia uma mulher na aldeia que simpatizara com o ex-voluntário do Corpo de Paz. Agora simpatizava com Mobiet. Morava logo do outro lado da rua de Mobiet. Tinha seus trinta anos, somente um pouco mais velha que Mobiet, e tinha oito filhos. Ele valorizou aquela amizade e as diversas coisas que ela lhe ensinou acerca da vida na aldeia. Ensinou-lhe, por exemplo, sobre a posição social de várias pessoas da aldeia, as quais ele nem sempre apreciara. Fez com que ele se acostumasse com a ausência de privacidade (as crianças entravam nas casas o tempo todo, para ficar olhando para ele ou tocar em suas coisas). Também lhe ensinou sobre coisas do dia a dia, como formigas, que podem se apoderar de uma casa, e sobre lesões de pele simples que podem infeccionar. Era uma relação platônica; ele a considerava como mãe e guia; não percebeu que o marido da mulher estava ficando enciumado e que os irmãos do marido e outras pessoas da aldeia olhavam para aquela afeição como uma espécie de insulto à família.

Quando se deu conta disso, ficou furioso. Pensou que devia dizer ao Corpo de Paz que tinha sido enviado a uma aldeia perversa e que deviam mandá-lo para outro lugar. A melhor maneira de fazer isso era ir a Libreville. Libreville não ficava muitos quilômetros distante, mas as empresas madeireiras não conservavam as estradas: eram necessárias oito horas em trajetos realmente apavorantes, usados para o transporte de toras, até se chegar à capital. Com isso, Mobiet foi adiando e adiando a viagem.

Então, uma coisa terrível aconteceu em sua aldeia perversa.

Ele estava em casa na hora do almoço. Tinha preparado seu almoço, tal como era: arroz, ervilhas, molho de tomate e sardinhas. Não era cozinheiro; cozinhava somente porque precisava. Uma criança da família do outro lado da rua entrou em sua casa, uma menininha de dois anos e meio. Era costume na aldeia repartir a comida. Assim, ele deu à menininha um pouco de seu arroz. Ela comeu e voltou para casa. No dia seguinte, ele ouviu gritos e gemidos na casa da menininha. Foi ver. Alguns meninos da aldeia, do lado de fora da casa, lhe disseram que a menininha a quem ele dera arroz na véspera tinha sido envenenada. A tia dela a envenenara. Mobiet conhecia a tia. Era uma mulher forte e inteligente, e era louca. Metade da família estava fazendo um caixão; o resto da família estava amarrando a tia. Mobiet achou que era um caso de polícia.

A família disse que não; eles cuidariam do assunto à sua própria maneira. Mais tarde Mobiet ouviu dizer que a tia estava morta.

Foi por volta dessa época que a mulher amiga de Mobiet decidiu abandonar o marido e ir para Libreville. Pediu dinheiro a Mobiet para a viagem e ele, com toda a inocência, deu. Mobiet ia visitá-la de vez em quando e foi durante uma dessas visitas que Mobiet conheceu a mulher com quem se casaria. Era vizinha da amiga-mãe. O que lhe agradou naquela mulher foi sua calma. Dois anos depois de conhecê-la, casou-se com ela.

Mais próxima dela agora, ele compreendeu que sua mulher não estava bem. Descobriu que ela tinha sido "espiritualmente perseguida" pela própria família. E foi através dessa busca pela saúde mental da mulher que Mobiet deu início à sua própria jornada espiritual. Na busca de cura para a mulher, os dois consultaram curandeiros tradicionais. Não ajudou. Ela estava grávida na época e queria urgentemente ficar boa. Era urgente para ele também. Tinha deixado o Corpo de Paz e procurava trabalho.

A ajuda, porém, estava ao alcance de ambos, na forma de um jovem curandeiro. A mulher de Mobiet decidiu, por insistência desse novo curandeiro, ir à floresta para estar com os pigmeus e também com o novo curandeiro dela. Foi uma época de grande ansiedade para Mobiet. Ele se perguntava: "O que há de errado com a mulher que eu amo? Será que ela volta?". Queria dizer: voltar da terra dos pigmeus, voltar à saúde. E algum tempo depois a mulher voltou da terra dos pigmeus completamente curada. Por causa disso, ele mergulhou cada vez mais fundo no lado espiritual das coisas. Sempre tivera uma inclinação religiosa, mesmo nos Estados Unidos, e mesmo antes de ir para a universidade; nunca considerou as "estruturas de poder" a seu redor como coisa óbvia; tentava compreendê-las.

Mobiet passou pela iniciação, a iniciação local à iboga, quando seu filho fez dois anos.

Ele disse: "Eu estava feliz com minha mulher e queria conhecer minha essência espiritual. Queria saber como dirigir minha energia. Quando decidi que queria ser iniciado, fui ao mesmo curandeiro tradicional que havia curado minha mulher. Considerava-o meu pai espiritual. Foi um teste para nós dois, um teste para mim e um teste para meu pai espiritual. Ele estava receoso de iniciar alguém. Era também sua primeira vez. Falando honestamente, eu sempre me interessei pela iboga. Sabia que ia fazer a viagem. Queria fazer essa viagem quando estivesse pronto para ela. Você parte numa longa viagem e deve estar preparado para ela, porque corre o risco de ir para um lugar onde os espíritos estão mortos. Você vê seus ancestrais e pode ser puxado em diferentes direções. Eu tinha visto as iniciações no interior, mas não nos contam tudo. Depois da iniciação, você não teme a morte. Eu só a temia por que não tinha preparado minha família para viver sem mim. Não tenho medo de perder minha essência. Rezo para viver muito tempo e ver meus filhos crescidos, mas você precisa ir para além de si mesmo".

Pedi a Mobiet que descrevesse seu pai espiritual: não apenas suas qualidades espirituais, mas também sua aparência.

"É um homem forte. É um soldado, muito esguio e musculoso e muito bem definido. Eu sei que se as coisas se danarem e nós estivermos em perigo real vou querer estar com ele, porque ele é muito poderoso. Só frequentou a escola até a quinta ou sexta série primária, e é escultor. Fui a primeira pessoa que ele iniciou. Ainda era um jovem curandeiro então, aprendendo sua arte, e agora já aprendeu muito mais. Herdou isso do pai. Há outros modos de alguém se tornar curandeiro, mas eles envolvem magia negra."

A iniciação tinha dado certo para ele.

"Ela me faz ouvir minha voz interior. Confirma a existência de Deus e me faz entrar em sintonia com meus sonhos. E a gente medita."

## 7.

Mobiet tinha organizado uma excursão vespertina especial para nós. Suponho que fosse o tipo de coisa que ele fazia em Lopé para ganhar a vida. E era especial: ia nos levar para ver os ossos ancestrais de uma tribo. Não era o tipo de coisa que se pode ver todos os dias. Implicava uma viagem por estrada até a nova aldeia da tribo — após a morte de um chefe, a aldeia se mudava, normalmente para a outra margem do rio — e, depois dessa viagem por estrada, um percurso pelo rio, em piroga (talvez com um motor de popa), na companhia do chefe tribal, até o sítio da antiga aldeia, onde ficavam guardados os velhos ossos sagrados.

A viagem por terra demorou mais do que eu esperava (Mobiet não tinha sido lá muito preciso); e a própria extensão dessa viagem me fez acreditar que estávamos indo na direção de um cais sobre o rio. Não foi assim. Chegamos a uma aldeia. Mobiet procurou seus amigos. Isso levou um tempinho, e logo pegamos nosso caminho passando por um grupo de cabanas de madeira; não para o cais, conforme eu tinha esperado, mas para uma picada de capim bem alto ladeada, de modo desencorajador, pela mata. Tive problemas com o capim alto; ele se enrolava em torno dos meus sapatos. Passado um momento, minhas pernas nervosas e frágeis começaram a falhar, e falharam completamente quando vi alguns barris, mais altos do que o capim alto, impedindo o caminho na distância.

Uma plaquinha dizia: *Débarcadère 500 mètres*. Suponho que a intenção da placa era boa, mas ela derrubou meu ânimo. Senti que já tínhamos caminhado essa distância. Tinha me empenhado demais nela. Pensei no que teria de caminhar até a outra ponta, antes de poder ver os ossos, e duvidei que houvesse forças em mim para andar os mil metros da volta. O problema é que eu já fizera uma boa caminhada (para mim) de manhã, na grande floresta, seguindo o rastro encharcado de um elefante. Aquilo me esgotara; mas Mobiet achava, como disse, que tinha sido uma demonstração do que eu era capaz de fazer.

Ele investira muito naquela excursão para ver os ossos. Agora achava que eu poderia ser carregado num carrinho de mão até a margem do rio. Milagrosamente surgiu um carrinho, mas era uma coisa de africano, enferrujadíssimo e não muito sólido que afundou sob meu peso quando, reclinando-me demais, tentei sem sucesso me sentar nele.

Foi o próprio chefe da aldeia, pequeno e robusto, que pôs fim à ideia absurda do carrinho. Ele apareceu vindo do rio, caminhando sem dificuldade pelo capim alto, segurando um conjunto de ferramentas — martelo, picareta, serrote — espantosamente parecidas com as que Du Chaillu desenhara em seu livro. Era nítido que ele investira muito esforço para deixar os ossos prontos para nossa visita, e estava mais desapontado do que Mobiet. Eu tinha perdido a chance de ver as sereias do rio, disse ele. Eram mulheres brancas e valia muito a pena vê-las; protegiam o rio e não gostavam de intrusos; ele tivera muito trabalho para apaziguá-las em nosso proveito.

Então eu tinha decepcionado todo mundo. Para a aldeia, tinha tirado um pouco do sabor do resto do programa — o jantar, e a subsequente dança de iniciação — que Mobiet havia preparado.

Mas eu não tinha decepcionado minha guarda-costas, Nicole. Embora fosse cristã, sentia a velha ansiedade gabonesa com relação à água, um elemento pouco auspicioso. A conversa sobre as sereias brancas no fundo do rio não tinha lhe agradado nem um pouco, e ela ficara rezando e rezando, contra toda probabilidade a maior parte do tempo, para que a viagem no rio não acontecesse. Agora, milagrosamente, suas orações tinham sido atendidas, dando a ela, suponho, mais uma prova do poder da oração.

Comecei a retornar a pé para a estrada. Dei a volta pelas cabanas de madeira na frente do pátio, me desculpei com uma surpresa mulher junto às pias coletivas, e atravessei a rua.

Quem não conhecesse o chefe e procurasse nele alguma realeza ou aparência superior decerto não o notaria. Ele falava com facilidade, tinha boas maneiras, mas não havia nada de chefia nele. As casas simples de madeira de sua família — duas ou três casas separadas, presumi que fossem casas da família dele — eram como as das mulheres do outro lado da estrada.

Lá estava ele agora, trabalhando no pátio com outros de sua família, para deixar o lugar bem-arrumado para o jantar. Havia cadeiras — de plástico branco e de *design* familiar, dessas que podem ser empilhadas — para os visitantes em seu salão de chefe, uma construção baixa e rústica com teto de zinco e paredes tradicionais de cortiça. Tinha alinhado as cadeiras brancas e nos convidou para sentar. Lamentou não ter tido a dignidade de nos mostrar as sereias do rio e os ossos do ancião; queixou-se, mas só um pouco, e a partir daí seus modos e sua formalidade não falharam.

Era um curandeiro tradicional em Lopé. Também era agente policial aposentado. Portanto, ser um chefe não significava, como quase pensei, ser detentor de uma honra hereditária. Aqui, um chefe era algo assim como um funcionário público, alguém designado pelo governo. Seu pai fora um construtor de pirogas e também um curandeiro à moda tradicional, além de iniciador. Era possível dizer que o lado religioso das realizações de seu pai (um curandeiro precisava ter curandeiros em sua ascendência) era a verdadeira herança do chefe.

Eu quis saber se ele estava achando difícil hoje em dia conservar as antigas tradições.

Respondeu: "A primeira dificuldade é o próprio parque". O parque nacional de Lopé. "O parque aniquilou todos os nossos lugares sagrados da floresta. Quando o parque foi criado, disseram que a aldeia teria uma zona protegida. Essa zona para a aldeia não foi respeitada. A segunda dificuldade é o crescimento das igrejas evangélicas." Nicole pertencia a uma igreja evangélica, mas permaneceu quieta. "Ficam chamando a gente de adoradores do diabo, de pagãos, e sua propaganda tem funcionado. Na realidade, nossa religião respeita Deus mais do que essas igrejas."

Tinham existido igrejas protestantes e católicas ali; mas essas igrejas evangélicas — o povo local as chamava de igrejas *rock-and-roll* — apareceram nos anos 1990. Sobre a influência das igrejas evangélicas, ele disse duas coisas diferentes. Primeiro, que eram uma ameaça à religião tradicional; e em seguida disse que os jovens da aldeia estavam na igreja dele. Ele mesmo os iniciara. Para mim aquilo soava como um superdimensionamento da ameaça evangélica. Mas ele disse que não era. A influência das igrejas *rock-and-roll* estava crescendo.

Ele disse: "Fui batizado e crismado, mas concluí que a religião tradicional era mais forte em mim e quis voltar a ela. Na nossa iniciação, a crença fundamental é que só existe um Deus".

Ele tinha sessenta e quatro ou sessenta e cinco anos. Nascera num dia de 1944 em que um francês viera à aldeia fazer um censo; por isso, era fácil para ele se lembrar de quando tinha nascido. O povo de sua tribo sempre vivera onde vivia, às margens do rio. Só se mudavam para a outra margem quando um grande chefe morria.

"Queríamos levar o senhor aonde está nosso grande rei ancestral e aonde está a sereia, uma mulher branca. Mas o senhor não conseguiu chegar à margem do rio."

"O senhor já a viu?"

"A sereia? Várias vezes. Não é preciso ser iniciado para vê-la. A pessoa vai à margem do rio, faz uma oração para ela, oferece-lhe um sacrifício e lhe pede peixes. Se ela estiver satisfeita, concede o que foi pedido, e às vezes aparece."

"Ela sempre esteve no rio?"

"Não sei."

"Como o senhor se tornou chefe?"

"Eu era funcionário público e mais qualificado. Me tornei chefe em 1987. Mas eles podem me transferir, ou eu posso me demitir. É uma nomeação do governo. Sou responsável por duas aldeias, sou mestre e iniciador."

"Como se tornou um iniciador?"

"Nasci nesse meio. Meu avô foi um mestre iniciador. Quando nasci, ele passou a pasta vermelha da árvore *padouk* em mim e disse que eu o seguiria. Eu ia à escola e tinha minha vida, mas a religião tradicional sempre esteve em mim."

"O senhor está preparando alguém para ocupar o seu lugar?"

"Por enquanto não. Ainda sou forte e poderoso e não estou pronto para partir. Quando você designa alguém, a religião te abandona. Você está pronto para partir e ela te abandona. É algo meio místico. Você atravessa o rio. A pessoa que você designou não pode escapar de seu destino, não importa para onde vá ou o que faça."

"Essa é a religião dos pigmeus?"

"Os pigmeus são mestres dessa religião particular. Eu me treinei com eles. Falo a língua deles e, por isso, foi fácil para mim."

"Onde o senhor se treinou?"

"Numa aldeia chamada Okouka, a quarenta quilômetros daqui. Meu avô tinha ido para o Sul por uma velha trilha de caminhantes e capturou dois pigmeus. Era dono deles. Os pigmeus têm poder e você os conserva exatamente como faz com uma mascote. Você pode fazer o que quiser com sua mascote, mas tem uma coisa na mascote que você não tem. Nós os conservamos e tivemos pena deles. Nós lhes demos comida e logo eles souberam que não éramos maus com eles, por isso vários outros vieram, e trabalhamos juntos. Eles nos deram seu conhecimento. Mas os pigmeus que mantinham sua tradição morreram. Hoje sobrou apenas um nessa área. Os pigmeus jovens não estão interessados em sua herança. Foram vencidos pelos hábitos modernos e agora são beberrões. Nos velhos tempos nenhum pigmeu bebia desse jeito. Agora todos querem álcool e coisas modernas."

Perguntei ao nostálgico chefe sobre a floresta. Ele se preocupava com o futuro dela?

"Eu temo por ela. Esta aldeia já não é minha aldeia ancestral. Ela se tornou propriedade do mundo. *O senhor* tem tanto direito aqui quanto eu, embora seja *minha* floresta. O desmatamento traz seus próprios problemas. A árvore *mwabi* sumiu. Era um remédio tradicional importantíssimo, junto com a gordura de píton."

"O senhor acha que o desmatamento vai prosseguir sem parar? Consegue imaginar um tempo em que não haverá nenhuma floresta ao seu redor?"

"Depende do Estado. No que diz respeito à floresta, não acredito que isso possa ocorrer aqui. Somos um berço de paz, diferente da Costa do Marfim. Se a floresta sumir, haverá consequências globais."


8.


O sol estava se pondo. Por causa do jantar (e, mais tarde, da dança de iniciação) as cadeiras foram levadas para fora do salão do chefe e colocadas em fila sobre o chão irregular a céu aberto, e a fila era uma continuação da linha da parede de cortiça, de modo que nós, nas cadeiras, víamos, para além do pequeno pátio do chefe, palco da dança por vir, um crescimento muito perceptível da selva e das árvores jovens, baixas e quebradas, que marcavam o limite do terreno do chefe. Logo ao lado podíamos ver a parede da cabana vizinha. Do nosso lado da fronteira corria, da frente do pátio para trás, e pela lateral do salão do chefe, um caminho não marcado. As pessoas transitavam por esse caminho o tempo todo, sozinhas ou em pares, reunindo-se no verdor claro-escuro do final — o quarto verde, poderíamos dizer, a versão rural da cabana do francês de Libreville com o teto de folhas de palmeira — para a dança do chefe.

Mulheres vindas das casas do pátio do chefe começaram a dispor o jantar. Trouxeram uma mesa, cobriram-na com um linóleo branco, reluzente e estampado, e começaram a trazer prato após prato cheios de comida, de cerâmica excelente: plátanos, batatas doces, peixes e outras coisas. Era um divertimento metropolitano; talvez Mobiet tivesse sugerido o estilo.

A comida — o aroma, o retinir dos pratos — fez o cão da casa sair. Era da raça local mestiça, marrom e branco, pequeno mas em boa forma, peito largo. Talvez fosse um cão de caça, com um lugar fixo no esquema familiar. Estava perfeitamente seguro naquele pátio; deitou-se atrás das cadeiras brancas, confiante em que ia receber o que ia receber.

O mesmo não se podia dizer do segundo cão que apareceu. Devia ser da mesma família do cão da casa. Era alto, mas no conjunto mais acanhado e ossudo. Um bom tratamento lhe teria dado estofo, mas por algum motivo não era mimado. Tinha uma cor mais pálida, como se desde o nascimento lhe tivesse faltado algum alimento necessário. Seu nervosismo transparecia nos olhos e no tremular do rabo.

O cão da casa rosnou quando o recém-chegado apareceu, mas não muito agressivo. Talvez fosse uma das coisas que ele fazia pela casa: avisar aos outros cães que se afastassem. Uma das mulheres que tinham ajudado a dispor os pratos do jantar percebeu o intruso e fingiu que lhe atirava alguma coisa. Sem demora, ele correu para trás do salão do chefe. E também sem demora já estava de volta, numa obsessão doentia por comida. Era assim que levava a vida.

Perguntei a Kate White se seria deselegante eu dar a ele um pouco da comida do meu prato. Ela disse que tudo bem, e eu dei ao cão um pouco da minha comida. O cão da casa percebeu e, estranhamente, aceitou; não rosnou. Era como se, na qualidade de cão da casa, ele fizesse o que se esperava dele.

O ponto de reunião, ou o "quarto verde", na parte de trás do pátio do chefe, ficou movimentado. Os dançarinos da noite, muitos deles crianças pequenas, tinham sido recrutados — o chefe claramente era um homem de autoridade — e estavam sendo marcados e pincelados com tinta. Viram também alguns homens mais velhos. Eram os tocadores de tambor, muito sérios, e seus tambores eram inabitualmente esguios e longos, como pequenos canhões. Acenderam uma fogueira no espaço aberto à nossa frente e aqueceram as peles de cabra de seus tambores até ficarem satisfeitos com o tom.

Um deles interrompeu essa tarefa importante para dizer a Nicole: "Gosto de você. Que tal?". Quando contou isso, ela disse que era o costume banto; nesses assuntos eles podiam ser bem diretos.

O chefe me disse: "Veja como os jovens compareçem. Não estão todos em Libreville. Veja como mantemos nossas tradições".

Ficou escuro o bastante para as tochas de folha de palmeira, muito românticas. Uma faísca de uma das tochas caiu sobre o dorso de minha mão e a queimadura ficou ali por dias.

Os meninos, de pé, fizeram fila na entrada do salão do chefe da aldeia, as meninas e uma ou duas mulheres fizeram uma fila externa. De dois em dois, então, saíram de onde estavam e deram sua volta; esse era o ponto máximo da coisa. Não foi muito melhor quando o velho chefe esguio deu ele mesmo a sua volta. Tive a sensação de que ele gritara e dera sua volta para estimular os outros. Mas não funcionou. Faltava alguma coisa; talvez nós, a plateia, fôssemos estranhos e estivéssemos deslocados ali; talvez não inspirássemos os percussionistas e os dançarinos.

\* \* \*

Mobiet ficou decepcionado. Disse: "Podiam ter lhe mostrado muito mais. Esses camaradas que tocam os tambores sabem muito do ritual de iniciação".

Sugeriu que eu os tinha desestimulado por não ter descido ao rio para ver os ossos do ancião da tribo. Não podiam dar o melhor de si depois de eu os ter desapontado.

Apesar disso, foi meticuloso nos agradecimentos às pessoas da aldeia pelo que haviam feito. O espetáculo da tarde tinha sido dele; sentia o fracasso de forma aguda.

No carro, de volta, falamos um pouco mais sobre a iniciação. Ele disse que sua mulher tinha feito a iniciação especial, mas havia coisas ali sobre as quais não podiam conversar.

Que coisas? Bruxaria?

Ele disse: "Acredito que existem pessoas que usam sua energia negativa para prejudicar outras. Emoções negativas prejudicam. Às vezes usam objetos materiais para garantir que o dano foi feito. Começa com meditação, e as pessoas vão chamar isso de magia negra, mas eu não chamaria desse modo, porque é racista".

"Você já falou disso com outras pessoas? Com seus pais?"

"Faz parte da trilha espiritual iluminar os outros, mas não de um modo evangélico. Quanto aos meus pais, eu tentei, mas não deu certo. Faço filmes e os exibo nos Estados Unidos. Meus pais ficam na plateia e nunca me fizeram nenhuma pergunta. Por isso, vou esperar o momento certo."

"Você acha que vai perder sua vida espiritual nos Estados Unidos?"

"Não. Ela está dentro de mim. O que vai me fazer falta é a floresta, as folhas, os lados rituais da cerimônia. São muito importantes. Preciso voltar para dar aos meus filhos um futuro melhor, mas quero que eles guardem o sabor do país da mãe deles.

O Gabão tem sido parte do meu destino, mas ainda não conheço toda a história."

"O que você sente agora sobre a floresta?"

"Sempre soube que as plantas eram seres vivos, mas agora sei que são seres conscientes. Elas têm espírito, e a diversidade entre elas é tão grande! Têm propriedades especiais, propriedades químicas que podem ser usadas para falarmos com elas. Sei que se você analisar todas as plantas do Gabão, não vai conseguir ativar o processo de cura a menos que conheça a linguagem das plantas. Para conhecer essa linguagem é preciso conhecer a religião que vem com a iniciação."

## 9.

No caminho de volta para Libreville, paramos em Lambaréné, o lugar relacionado com o dr. Schweitzer. Tínhamos ido de Libreville a Lopé de trem e voltávamos de helicóptero, cortesia do Exército e do ministro da Defesa.

Antes de chegar ao Gabão, eu não associava o país com o dr. Schweitzer. Quando pensava no dr. Schweitzer, imaginava um vago espaço africano tropical. Agora eu pensava nele aqui, perto do terreno de pouso do helicóptero, e meu primeiro pensamento foi sobre o caráter esmagador da água e do calor, sobre a proximidade de nada que fosse íntimo de alguém, e quanto deve ter sido difícil passar a melhor parte de uma vida adulta aqui. Lambaréné era uma ilha estreita, com cerca de 25 quilômetros de extensão, no rio Oguwé. Depois do incômodo das hélices do helicóptero mandando poeira ruidosamente para a mata ao lado, veio (como me pareceu) o incômodo equivalente da recepção oficial. Todas as pessoas que davam as boas-vindas ao convidado do ministro da Defesa pareciam tocadas pela urgência do helicóptero; todas as pessoas — representantes de diferentes níveis do governo local, funcionários do hospital Schweitzer — pareciam ansiosas por dizer logo o que precisavam dizer. Foram momentos sufocantes. Eu vinha na esperança de um período de tranquilidade em que eu pudesse me expor ao gênio do lugar (usando o termo em seu sentido clássico), deixando o lugar falar por si mesmo e obtendo, através disso, uma ideia toda própria do homem que vínhamos homenagear.

Não foi assim. O lugar parecia varrido da presença do dr. Schweitzer, apesar do comprido prédio do hospital de beirais baixos, com dois quartos numa das extremidades que haviam pertencido ao médico. Havia um piano desbotado (o segundo de dois pianos que o doutor tinha mandado vir para Lambaréné, disseram-nos), com partituras abertas desnecessariamente no lugar (para conferir realismo, sem dúvida) 44 anos depois da morte do doutor, a partitura exposta já marrom por causa da luz inclemente do vasto Oguwé. Havia uma estante com alguns livros do doutor: não livros que ele possuíra ou lera, mas traduções asiáticas (para as quais nenhum verdadeiro lar fora encontrado) de alguns livros escritos pelo próprio doutor, parte do desimportante detrito de uma vida de escritor. No quarto seguinte, estava a cama estreita do doutor com um mosquiteiro. Sobre uma mesa, relíquias de aparência técnica, inclusive um microscópio. Havia fotografias difíceis de contemplar. Era possível que as verdadeiras relíquias estivessem em outro lugar e que estivéssemos olhando apenas para coisas que podiam ser dispensadas.

Quando menino em Trinidad, do outro lado do Atlântico, eu costumava pensar que a luz e o calor tinham reduzido a cinzas a história do lugar. Era impossível sentir que a mata ou o mar tivessem uma história. Para haver uma sensação de história, eram necessários prédios, arquitetura; e a história vinha para o lugar — você parecia ver a mudança ocorrendo — em Marine Square no centro da velha cidade espanhola e nos poucos prédios ambiciosos do período britânico. Aqui em Lambaréné não havia arquitetura, somente prédios tropicais incaracterísticos, pintados com têmpera ocre, sem estilo definido, que pareciam ter engolido o passado.

Enquanto olhávamos, a jovem mulher que era a guia oficial recitou as datas da vida do dr. Schweitzer: era parte da azáfama ininterrupta de nossa recepção.

Apesar daquele microscópio sobre a mesa, sabia-se muito bem que o dr. Schweitzer foi mais missionário do que médico. A formação médica que ele obtivera era a abreviada que todos os missionários recebiam; de modo que isso, na África, era um pouco semelhante aos médicos descalços que os chineses criaram para a China bem mais tarde nesse mesmo século. Quando ele e Lambaréné se tornaram famosos, médicos mais qualificados vieram, atraídos pela ideia de serviço que o dr. Schweitzer parecia exemplificar.

O dr. Schweitzer chegou ao Gabão em 1915. A colônia francesa fora estabelecida mais de sessenta anos antes e a atividade missionária, tanto americana quanto francesa, presbiteriana e católica romana, vinha sendo executada durante quase todo aquele tempo.

A viajante inglesa Mary Kingsley veio ao Gabão em 1893 e em 1895. Seu famoso livro, *Travels in West Africa* (Viagens na África ocidental), foi publicado pela editora Macmillan em 1897. (Mesmo ano em que Somerset Maugham publicou seu primeiro romance, o que dá um pouco do contexto.)

Mary Kingsley descreve uma agitada vida fluvial no Gabão, com mercadores e missionários. O dr. Schweitzer, quando veio para o Gabão vinte anos depois, em 1915, não precisou levar a vida de um Robinson Crusoé. Àquela altura a vida missionária já se institucionalizara. Crianças africanas eram treinadas em serviços domésticos; o missionário, cuja energia era pouco necessária, apenas conduzia o serviço em sua igreja, que podia ficar logo ao lado de sua casa.

Mary Kingsley escreve especialmente sobre o dr. Nassau, um missionário pioneiro da igreja presbiteriana americana. Fazia quarenta anos que ele já vinha trabalhando entre os africanos quando Mary Kingsley o conheceu. Ela não lhe poupa elogios; ele nitidamente era um homem incomum, de alto intelecto, cheio de energia e bem informado acerca dos costumes e crenças dos africanos. O tema religião africana interessava Mary Kingsley também. Ela consultou longamente o dr. Nassau acerca do que ela chamava de "fetiche", sua palavra-ônibus para a crença africana, e dedicou ao tema cinco capítulos em seu livro, uma centena de páginas.

Posto ao lado de Mary Kingsley e do dr. Nassau, o dr. Schweitzer não brilha. Entre os africanos, sua reputação, que perdurou até os nossos dias, é a de um homem áspero com os africanos e nada interessado na cultura deles. Esse talvez seja o verdadeiro mistério do homem: não sua capacidade de, em 1915, dar as costas à civilização da época (embora a guerra de 1914 possa ter sido uma razão), mas a ideia — quase heroica — de sua própria integridade que lhe permitiu viver isolado na África por todo aquele tempo: o ideal do missionário levado ao extremo, o homem menos interessado em servir aos homens do que em ludibriá-los.

Cedo em suas viagens, Mary Kingsley viu as ruínas da primeira casa de missão do dr. Nassau, construída no alto Oguwé. Ficava num dos lados de uma ravina e, em frente a ela, "como uma ilustração da natureza transitória da vida europeia na África ocidental", o túmulo da sra. Nassau. As quatro ou cinco linhas sobre isso — a casa de missão arruinada acima do túmulo — fornecem um quadro eloquente da dedicação e da perda, e do rápido crescimento da selva.

Bem diferente é o conjunto de cruzes de granito ao lado do prédio do hospital de Lambaréné. As cruzes estão bem juntas. Parecem não deixar espaço para mais ninguém. São os túmulos da família Schweitzer. Falam mais de possessão e triunfo do que de

tragédia. Ao lado está um pelicano, enjaulado, de aspecto deprimi-
do, chapinhando na lama pisoteada. O dr. Schweitzer tinha um
pelicano de estimação; e aquele infeliz pelicano, voando para lugar
nenhum, mergulhando em lugar nenhum, é conservado em sua
memória.

Chegou a hora de retornar ao helicóptero e partir. Algumas
crianças da escola tinham sido enfileiradas sob o sol da tarde para
a despedida, e havia fotógrafos. O menino mais próximo de mim,
mergulhado na própria imaginação, cego a tudo o mais, começou
a lutar boxe com a própria sombra para os fotógrafos e eles, sem
vê-lo, desperdiçaram os cliques.

# 6. Monumentos particulares, terras arrasadas particulares

Era o inverno sul-africano. No planalto em torno de Joanesburgo o ar era seco e a grama, marrom; do lado de fora do aeroporto, os jacarandás (tal como foram identificados para mim) tinham amarelecido. Nada de África tropical aqui, tudo indicava; as cores eram como as cores castigadas pelo inverno de lugares muito mais ao norte, o Irã, talvez, ou Castela. As linhas retas dos prédios industriais a caminho da grande cidade pertenciam a uma cultura de ciência e dinheiro, o estilo de um outro continente, de uma outra civilização. Os operários africanos ao lado da estrada, a princípio exóticos naquele cenário, aos poucos começaram a se encaixar (embora a luz extraordinária desse um matiz mais profundo e um brilho extra à sua negritude).

Dois dias depois, no centro de Joanesburgo, vi o que tinha acontecido com uma área pós-apartheid da cidade. Os brancos, apreensivos com o que o fim do apartheid poderia causar, tinham ido embora, simples assim, e os africanos se mudaram para o lugar, mas não pessoas da região, e sim gente desimpedida dos países ao redor, Moçambique, Somália, Congo e Zimbábue. O governo

245

da África do Sul liberada, num acesso de africanidade, havia escancarado suas fronteiras àquela gente, que agora vivia à sua maneira nesse canto da cidade grande demais, sólida demais e inabalável, reduzindo notáveis edifícios e notáveis rodovias a favelas ou, de qualquer modo, a um tipo de semivida, de um modo que teria sido difícil imaginar na época em que os edifícios serviam a seus propósitos originais. Na rua, sólidos painéis de vidro tinham sido destruídos a pontapés, e de cima a baixo de um prédio de escritórios (ou de apartamentos) havia varais com roupa pobre pendurada.

Nas palavras do extraordinário escritor sul-africano Rian Malan (nascido em 1954) — buscando sempre sem retórica ou falsidade, e de um modo quase religioso, uma explicação para o sofrimento racial de seu país —, os brancos construíram uma base lunar para sua civilização; quando ela desmoronou, não havia nada ali para negros ou brancos.

Quarenta anos antes, em Ruanda, às margens do lago Kivu, eu tinha visto uma colônia de férias belga bem mais simples arrebatada pela floresta e pela gente da floresta. A gente da floresta, acolhendo de bom grado o telhado pronto, as paredes e o piso sólido, um abrigo perfeito, tinha se mudado para lá, mas logo ficou insatisfeita: eles não gostaram dos espaços retangulares das casas belgas e gradualmente tentaram reduzir esses espaços para os espaços mais familiares, circulares, de suas cabanas. Alguns anos depois, já no Congo, vi áreas residenciais inteiras da cidade antes chamada Stanleyville, agora chamada Kisangani, engolidas pela floresta, exibindo aqui e ali placas desbotadas de sua vida anterior (embora o traçado das ruas já tivesse se tornado indecifrável).

Aquela área de Joanesburgo, que falava de ciência, estilo e arquitetura (que falava tanto de aprendizado e dedicação quanto o misterioso manual que Joseph Conrad encontrara numa cabana às margens do Congo), teve sobre mim o efeito da selva de Kisangani. Mandou meu pensamento de volta a outros lugares de abandono e ruína que eu vira: os escombros da época da guerra de Berlim Oriental, conservados como um monumento no período comunista. Contudo, mesmo nos dias ruins, aquela parte de Berlim Oriental parecia mais fácil de ser reconstruída do que a semivida dessa parte de Joanesburgo ser restaurada em termos de algo parecido com seu sentido original. Por onde alguém começaria? Teria de começar pela ideia da cidade, pela ideia de civilização, e antes mesmo de começar a pessoa se veria afogada em protestos.

Havia descobertas adicionais a se fazer dentro daquela nova favela. Um velho e robusto armazém tinha sido ocupado por novas mercadorias, o que parecia uma paródia do que teria existido aqui. Era um mercado de artigos de curandeirice, e era enorme. Havia os artigos *muti* que os curandeiros exigiam que seus clientes comprassem, para serem usados pelo curandeiro como ele bem entendesse, normalmente para fazer remédios que o infeliz enfeitiçado, homem ou mulher, tinha de beber. Os mais inofensivos desses artigos mágicos eram os maços de ervas usados para fumigar um cômodo ou uma casa tornar desagradável a vida de um espírito do mal. Bem mais acima na escala da seriedade, estavam raízes, com terra presa nelas; talvez fossem usadas para purgação: a purgação é um tema recorrente da magia africana.

E logo chegávamos ao reino dos horrores: partes de corpos de animais nitidamente expostas numa espécie de plataforma. O ambulante estava sentado num tamborete baixo ao lado de seus artigos. Os artigos eram armazenados no próprio mercado; gente como o ambulante não tinha que arrastar tudo para longe ao fim do dia e trazer tudo de volta na manhã seguinte; regulações municipais ajudavam o mercado *muti*. Nosso ambulante era muito habilidoso no arranjo desse tipo de exposição; sabia colocar coisas descombinadas lado a lado, uma mandíbula, uma costela, e fazê-las parecer relacionadas ou como parte de uma série. Acima do canto esquerdo de sua banca, havia três cabeças de cavalo, ainda com pelos, sugerindo que tais peças, que ocupavam um lugar de orgulhoso destaque entre seus artigos (e obviamente preciosas), tinham acabado de chegar do matadouro. Não deve ter sido fácil trazê-las. Um tipo mais grave de feitiçaria devia ter se abatido sobre o homem a quem o curandeiro pedia que tratasse de conseguir uma cabeça de cavalo. Era um artigo de magia caríssimo. (Talvez não tão caro quanto os seios de uma mulher branca que, segundo a polícia, alguém chegara a oferecer como *muti*.)

Eu teria gostado de saber o preço da cabeça de cavalo, mas estava nervoso para perguntar. Já havia feito muitas perguntas e esgotado meu crédito com o ambulante. Ele estava começando a parecer aborrecido. Tinha orgulho de seu estoque e do modo como o exibia. Todos os dias era obrigado a aguentar ociosos como eu, visitantes, turistas, que vinham e perguntavam sobre a utilidade disso e daquilo, sem nenhuma intenção de comprar, apenas fazendo o vendedor perder tempo e esperando ser levados a sério.

Além das cabeças de cavalo, havia muitas cabeças de cervos, rachadas ao meio por um único golpe de facão afiado ou machado, tal como numa fazenda de cacau, na época da colheita, um bago de cacau, segurado na mão esquerda, podia ser partido ao meio por um facão na mão direita. A precisão e a rapidez eram necessárias para que o cérebro do pobre animal pudesse ser retirado do crânio e posto à venda; e isso se fazia com tal rapidez que as cabeças de focinho delicado ainda estavam atraentes e ilesas, com olhos que continuavam a parecer vivos, interessados e sem medo.

O cheiro era abominável. Além das partes dos corpos dispostas horizontalmente na banca do ambulante, havia pedaços de estômago pendurados em cordões, como peças de pano, de modo que o especialista pudesse escolher ou examinar o que quisesse. Essas partes expostas eram brancas ou esbranquiçadas, sem cor; haviam acumulado poeira.

O ambulante tinha dois porquinhos-da-índia numa gaiola.

Atormentados pelo cheiro de morte, estavam agarradinhos, buscando um conforto fugaz no calor e na vida um do outro. O ambulante, notando meu incômodo, gritou que eram suas mascotes. Uma piada. Os porquinhos-da-índia, quando vendidos, eram sacrificados de maneira ritual, com uma faca no coração, um modo muito doloroso mas obsequioso, e seu sangue fresco era tomado, sob indicação do curandeiro, como parte do sacrifício.

Achei tudo isso horrível, uma grande decepção. O povo da África do Sul tinha travado uma grande batalha. Eu esperava que uma grande batalha tivesse dado origem a um povo maior, um povo cujas práticas mágicas pudessem apontar um caminho para a frente ou para algo mais profundo. Era impossível para qualquer pessoa racional achar que alguma virtude pudesse provir dos restos daqueles pobres animais. Como foi impossível, mais tarde, sentir que algum socorro oferecido pelos adivinhos locais pudesse reparar a profunda ferida que a grande cidade e suas *townships*\* subsidiárias, draconianas, infligiam ao povo que nelas vivia. Não havia aqui nada da beleza que eu encontrara na Nigéria entre os iorubas, com seu culto, como me pareceu, do mundo natural; nada aqui se parecia com a ideia gabonesa de energia, vinculada à ideia e ao assombro das florestas portentosas. Aqui existia somente o tipo simples de magia como um fim em si mesma e da qual nada poderia brotar.

No entanto, apenas algumas horas antes, no Museu do Apartheid, eu tinha lidado com outro tipo de dor africana. As duas Áfricas estavam separadas; eu não conseguia reuni-las. Eram assim as coisas quando se começava a olhar: oscilava-se de uma África para outra. E movendo-se dessa maneira de um conjunto

---

\* *Township*: na África do Sul, subúrbio ou vila de população predominantemente negra instituída oficialmente para ocupação negra pela legislação do apartheid. (N. T.)

de ideias para outro, acabava-se com a sensação de que a política e a história tinham conspirado para tornar simples o povo da África do Sul.

Não muito longe do mercado *muti*, ficava a rua dos adivinhos. Os espaços eram exíguos; o balcão e o banco para os clientes ocupavam quase toda a área do consultório. Na primeira tenda, havia uma mulher magérrima que viera buscar um remédio para sua filhinha — obviamente algum problema relacionado com AIDS, mas eu não quis perguntar. Ela deu ao curandeiro cem rands e o curandeiro voltou a seguir com quarenta rands e alguma erva ou pó de erva num pedaço de jornal, com o que a mulher magra ficou pateticamente satisfeita, pensando que tinha comprado a saúde de seu bebê. De outro lado da rua, outro consultório. De novo o espaço era um problema, e muito escuro. Havia dois candelabros. A adivinha, acocorada, nos fez jogar ossos, exatamente como tínhamos feito meses antes na Nigéria, num espaço igualmente sufocante, e interpretou os sinais para nós.

Carros de polícia estavam estacionados do lado de fora. Nosso motorista foi e conversou com os guardas. Disse, quando voltou, que os policiais estavam no encalço de bandidos perigosos e tinham vindo aqui para comprar *muti* protetores.

2.

No Museu do Apartheid, uma parede estava gravada com os nomes de alguns atos de repressão racial que tinham ajudado a manter o Estado em ordem. O apartheid já não existia, mas ele havia durado tempo suficiente — 36 anos — para que as pessoas estivessem moldadas por suas leis intrusivas. Fatima, nossa guia, tinha sido moldada pelas leis. Uma pessoa menos notável teria sido esmagada. Fatima possuía ambições literárias; essa ideia digna lhe ajudara a conservar a alma. Também fazia uma ideia de como eram outras culturas estrangeiras. No início, sonhava com o mundo islâmico e, embora esse sonho islâmico fosse equivocado, ele também lhe fora de ajuda, no final das contas. Quando nos conhecemos, ela nos contou que era *coloured* ("de cor"). Era uma palavra sul-africana que podia significar, de modo puramente descritivo, uma pessoa mestiça. Tinha outro sentido também, dessa vez carregado de uma ofensa silenciosa. Vinha do passado remoto e implicava que algum ancestral era boxímane: o equivalente aqui do que eram os pigmeus no Gabão, fisicamente desprezíveis, mas também considerados como os primeiros homens, cheios de sabedoria sobre árvores, plantas e poções. No "Centro das Origens", na Universidade Witwatersrand, incessantemente se exibiam documentários (arranhados e ruidosos por serem exibidos sem parar) com os boxímanes cantando, dançando e caçando o magnífico órix, que eles envenenavam e matavam de modo terrível.

Pelo lado materno de Fatima, havia um bisavô inglês. Sua bisavó era xhosa. Ela reivindicava ser de raça mestiça (já uma fantasia criada pela legislação do apartheid), mas Fatima viu fotografias dessa senhora e achou que era em grande parte uma mulher xhosa. O avô paterno de Fatima era muito negro, mas a família falava africâner e odiava a pele negra; e quando Fatima foi visitá-los, levaram-na para o salão de beleza e mandaram alisar os cachos de seu cabelo pixaim para que ela pudesse parecer branca.

Assim, ela cresceu como "apenas uma garota *coloured*", sem nenhuma identidade. As meninas xhosas na escola tinham uma identidade, mas ela não. Cresceu numa comunidade *coloured*. Alguns de seus vizinhos eram muçulmanos e ela via que eles faziam festas e rituais e tinham uma identidade muçulmana completa. Sem dúvida foi para se apoderar dessa identidade que, aos vinte anos, se casou com um clérigo muçulmano. Ficou muito satisfeita por ter feito isso, bebendo a religião direto da fonte, por assim dizer. Começou a "se cobrir"; primeiro com um lenço na cabeça e logo estava toda coberta, com exceção do rosto e das mãos. Fez isso por conta própria, mas depois o marido se tornou cada vez mais exigente. Não gostava que ela se sentasse em táxis com outros homens; não gostava que ela trocasse cumprimentos de mãos com eles. Ameaçou divorciar-se. O emprego dela como repórter se tornou impossível; o sonho de uma identidade islâmica desmoronou. Já tinha sido um golpe para ela ir a Durban tentar se vincular a uma comunidade indiana de lá. Os indianos não facilitavam; queriam saber seu nome de família, sua aldeia; invariavelmente, ao cabo dessa inquisição, quando entendiam que ela era *coloured*, eles desistiam dela. Fatima leu muito sobre o islã; passou a saber mais do que os indianos e muçulmanos que a interrogavam; isso não ajudou. Foi em peregrinação a Meca, mas não sentiu nada; viu apenas as restrições que lhe faziam por ser mulher.

Começou então a buscar uma identidade negra, mas foi difícil. Seus antecedentes *coloured* lhe impediram novamente o caminho; os negros a rejeitavam como alguém sem país e sem cultura. Assim, todo seu percurso sul-africano foi para ela a descoberta de um sofrimento: de seu início *coloured* a seu sonho islâmico, dos indianos de Dubran aos negros das *townships*. Havia *townships* em Durban, mas ficavam perto do aeroporto e ela não as viu. Só as viu de fato quando veio para Joanesburgo e começou a trabalhar com os negros. Foi só então que entendeu o grande sofrimento e a consequente ilusão que foi, para os africanos, a liberdade política e o fim do apartheid.

Fatima disse: "Vejo que os negros aqui são mais compreensivos do que os sul-africanos brancos. Eles, os brancos, querem que os negros fiquem 'pra lá', bem longe deles. Não conseguem compreender ou perdoar, e querem manter distância dos negros. São cheios de ideias preconceituosas; por exemplo, que Soweto é perigosa e um namorado negro é uma coisa ruim".

Quando comecei este livro, eu pretendia ficar longe de questões políticas e raciais, olhar abaixo desses temas e enxergar o âmago da crença africana. Mas, um pouco como Fatima em busca de sua identidade, eu me senti encurralado na África do Sul, e vi que aqui raça era tudo e um pouco mais; que a raça mergulha tão fundo quanto a religião em outros lugares.

3.

O Museu do Apartheid foi minha introdução à ideia sul-africana de monumento. Achei-o comovente; mas havia algo ainda mais imponente no final da rodovia Joanesburgo-Pretória. Era o monumento africâner que celebrava a Grande Marcha (*Great Trek*) dos bôeres da Colônia do Cabo para o interior na primeira metade do século xix. Eles marcharam para se livrar dos britânicos. Levaram consigo todos os seus bens e animais, e foram em carros de boi. Uma jornada lenta e árdua. Os caminhantes nem sempre sabiam o que estavam enfrentando. Os africanos eram inamistosos; muitos caminhantes morreram. Na escola, Fatima teve de estudar a Grande Marcha; todas as escaramuças no caminho se tornaram batalhas e todas essas batalhas tinham de ser conhecidas de cor. No entanto, em mais um lance de crueldade, não lhe foi permitido visitar o monumento.

O monumento, de granito marrom, fica no topo de um morro. Visto da rodovia, parece um calombo no morro. Nada erguido de forma isolada, nenhuma escultura heroica, faraônica. A gente se aproxima dele pelo jardim dos fundos, olhando para cima, para sua grande altura, e sobe até o nível principal. Na entrada, há uma estátua de bronze verde de uma mulher resoluta, em tamanho maior que o natural, de cabeça coberta, protegendo duas crianças penduradas nela. É um estranho toque sentimental, não combina com o peso do monumento, estilo alemão anos 1930, que (como tantos prédios *art déco*) se parece um pouco com uma radiografia ampliada daquela década. Há um muro perimetral simbólico que parece proteger o monumento. É composto de um *laager** circular de sessenta e quatro carros de boi esculpido em baixo-relevo. O número é importante. Esse número de carros de bois compunha o *laager* quando os caminhantes foram atacados pelos zulus em 16 de dezembro de 1838. Os zulus foram massacrados e é essa vitória, a de Blood River (rio de sangue), que o monumento celebra.

Dentro, passada a porta de teca, o monumento é circular, fresco e bonito, iluminado por quatro janelas altas e arqueadas, uma de cada lado. Encaixadas em quatro vigas, essas janelas têm lasquias de granito que, estranhamente, criam um padrão islâmico. No nível dos olhos, sobre a parede circular, estão 27 placas esculpidas em baixo-relevo marcando as paradas, as derrotas e as vitórias da Marcha. É preciso dizer de imediato que nessas esculturas os africanos não estão caricaturados. São mostrados mais ou menos nus e, por essa razão, parecem mais heroicos do que os caminhantes, que estão com trajes completos do século XIX, o que não funciona tão bem nas esculturas quanto corpos nus.

Tudo isso já seria impressionante, porém tem mais. Abaixo do piso do saguão principal, existem outros níveis onde são exibidos artefatos relativos à Grande Marcha. As obras do monumento foram iniciadas em 16 de dezembro de 1938, o centenário da batalha de Blood River, e o monumento foi inaugurado formalmente, na presença de uma multidão de duzentas e cinquenta mil pessoas, em 16 de dezembro de 1949, por D. F. Malan, quando se comple-

---

* Na África do Sul, acampamento de viajantes em que os carros são dispostos num círculo. (N. T.)

tou o primeiro ano da política de apartheid que ele e seu governo do Partido Nacionalista instituíram na África do Sul. Era um monumento africâner, um monumento da derrota africana, e é fácil entender por que Fatima e pessoas como ela eram impedidas de visitá-lo.

O arquiteto, Gerard Moerdijk, disse que construíra um monumento que duraria mil anos. Devia ter sido mais cuidadoso. É fácil demais num lugar tão fraturado quanto a África do Sul ver o que se deseja ver e se lançar em construir sobre areia. Os tempos, é claro, mudaram. O monumento africâner de Moerdijk se tornou um monumento nacional, parte do patrimônio nacional, o que lhe permite continuar existindo. Mas ninguém pode realmente estar seguro do que o futuro vai trazer.


4.

Rian Malan me apresentou ao escritor africâner Herman Charles Bosman. Pouco antes de minha partida, ele me deu um exemplar de *Mafeking Road,* uma das quatro coletâneas de contos do autor. Era uma publicação sul-africana e não dava indicação da carreira e da cronologia do autor.* Por conseguinte, me senti lendo às cegas. Eu tinha somente uma citação de Roy Campbell em que me apoiar, e ele morrera vários anos antes. O talento de Bosman era despretensioso. Ele escreve sobre gente do campo simples ou atrasada, perto do final do século XIX, e as histórias se encadeiam, umas se somando às outras. Elas criam uma comunidade, e o estilo simples do autor pode levá-lo longe, a diversos humores. Ele consegue fazer graça; a mesma voz simples pode

---

* Herman Charles Bosman nasceu em 1905 e morreu em 1951. O livro a que se refere Naipaul foi publicado em 1947. (N. T.)

criar grande beleza. Há um conto sobre um leopardo que aparece ao narrador, fareja ameaçadoramente quase até chegar ao rosto, mas em seguida se comporta como um cão. O narrador começa a se gabar de seu leopardo. Os vizinhos não acreditam nele. Um dia, o narrador vê o leopardo dormindo como um cão na estrada, com as patas cruzadas. Uma olhada mais de perto revela a ferida causada por um rifle Mauser no peito do animal. O Mauser é a arma favorita da aldeia. A gabolice do narrador e a crueldade dos vizinhos ignorantes causaram a morte da criatura fantástica.

O maior conto da coletânea trata de uma marcha fictícia. A grande marcha do Cabo faz parte do folclore daquela gente simples; em sua imaginação, é algo que todos podem tentar. É fácil agora, depois de terminada a guerra dos bôeres, que foi perdida, persuadi-los de que estão prestes a ser oprimidos pelos britânicos lá onde vivem e que devem marchar para a liberdade, para a Namíbia, a África do Sudoeste Alemã, onde encontrarão um povo germânico mais semelhante a eles mesmos. Mas essa marcha atravessará o terrível deserto da Namíbia. Poucos sabem acerca do deserto e como encontrar água ali. Mas o desvario deles ameniza os problemas por vir.

Carregam os carros de boi, como os caminhantes pioneiros, e partem. As calamidades se sucedem quase imediatamente. Não há pistas falsas na escrita de Bosman. Depois da primeira vez que dão de beber ao gado, a água se esgota. Mais tarde encontram uma poça lamacenta, mas o pobre gado atormentado afunda até os joelhos, não consegue água alguma e tem dificuldade em se levantar. Em seu delírio, os viajantes, passados apenas alguns dias, se persuadem de que a travessia do deserto está quase terminando. Certa manhã, descobrem que seus servos africanos desertaram; isso é como uma sentença de morte para o grupo. As circunstâncias se sucedem: o estilo singelo de Bosman fica maravilhosamente à altura da dor e da majestade de seu terrível assunto. Alguns pretensos caminhantes decidem retornar, mas numa estranha reviravolta (embora agora esteja claro para todos que a travessia do deserto foi um horrível engano) as pessoas que tentam retornar perdem sua autoridade moral; deixam os outros na mão. Um homem, o primeiro incentivador da marcha, enlouquece. Ele insiste em seguir e, mais tarde — quando os sobreviventes retornam e podem contar as perdas —, é encontrado morto por rastreadores africanos de Botswana.

Eu associei os contos de Bosman com o Monumento Voortrekker porque ambos compartilham uma ambiguidade. A ambiguidade reside no tema. O Monumento Voortrekker não fala apenas da Grande Marcha. Fala também da derrota africana e do sofrimento africano. O Monumento é uma obra de arte; seu objetivo é elevado. Demorou onze anos para ser construído e no início dos anos 1940 custou perto de quatrocentas mil libras esterlinas. Tudo o que lhe diz respeito é minuciosamente levado em conta; no entanto, seu tema o rebaixa.

Algo parecido se pode dizer dos contos de Bosman. São belamente compostos, mas seu tema subjacente não se revela. Aquelas pessoas não são apenas gente simples do campo; por causa de seu caráter simplório, de sua falta de imaginação, elas trazem um sofrimento indescritível aos africanos que estão entre elas. Pode-se dizer que Bosman joga limpo, que com seu modo tranquilo ele não deixa nada de fora, e o leitor fica livre para interpretar tudo. Pode ser que, à sua maneira, Bosman seja tranquilo demais. Rian Malan achava que ele podia ser comparado a Mark Twain. Há algo aí. A comparação deve ser com o pai assustador e absurdo de Huck Finn, uma maravilhosa criação cômica. Mas não há nada tão vigoroso assim em Bosman; o vigor está fora de sua seara, que é mais delicada.

## 5.

Um grande homem de verdade viajou nos anos 1890 de Durban a Joanesburgo e a Pretória. Sua jornada, em parte uma versão moderna (feita por trem e por diligência) da Grande Marcha, foi uma espécie de calvário; ela modificou sua vida e o colocou no caminho da obra de sua vida; essa obra, porém, se fez na Índia mais do que na África do Sul, e há um monumento para ele em Joanesburgo e em Pretória. O viajante era Mohandas Gandhi e a história de seu calvário foi assim. Ele veio para a África do Sul em 1893. Tinha apenas 24 anos e, embora por causa de conexões familiares tivesse vindo como advogado para um rico empresário indiano muçulmano, sua experiência era muito escassa.

Só tinha estado uma vez num tribunal, em Bombaim, num caso ridículo de trinta rupias (duas libras) no Tribunal de Pequenas Causas. Nada podia ser mais insignificante, e para Gandhi foi um fiasco. Quando o caso foi convocado, Gandhi se levantou. Devia ter interrogado as pessoas do outro lado, mas se sentiu intimidado e não conseguiu pensar em nada para dizer. Tudo o que conseguiu fazer foi se sentar e pedir que o caso fosse transferido (por 51 rupias) para o sr. Patel, um dos advogados da banca de advogados. O sr. Patel lidou brilhantemente com a questão e, sem dúvida, recebeu seus honorários; mas Gandhi ficou mortificado demais para descobrir se sua ex-cliente tinha ganho ou perdido. Pareceu-lhe depois disso que tudo o que podia fazer como advogado era evitar o tribunal e rabiscar petições.

Era um ganha-pão mais que modesto, mas então veio a oferta sul-africana de um amigo da família Gandhi. Um ano na África do Sul, bilhete de volta na primeira classe, um salário de 105 libras, com casa e comida. Gandhi teve a perspicácia de entender que, em tais condições, ele estava indo mais como um serviçal do que como um advogado. Também deve ter percebido que o empresário estava adquirindo um advogado por uma pechincha. Mas não se incomodou; gostou da ideia da aventura e não regateou.

No início, foi como uma aventura: uma lenta viagem marítima: Lamu, Mombaça, Moçambique e depois Durban. Lá conheceu seu empregador, e o empregador lhe disse que ele seria um elefante branco na firma, já que não haveria muita coisa para fazer. Gandhi descobriu que o caso legal tinha a ver com contabilidade. Comprou um livro, começou a estudar e logo já estava sabendo tudo que precisava.

Depois de oito dias, compraram-lhe um bilhete de primeira classe para Pretória (no Norte). O empregador achava que Gandhi devia levar um bilhete de cinco xelins para ter um leito. Gandhi preferiu poupar o dinheiro e acreditou que essa teimosia e mesquinhez seriam lucrativas — embora seja difícil entender por que ele pensava assim. E foi então que seu calvário começou. Cada parada no caminho — Maritzburg, Charlestown, Standerton: cada nome lembrado trinta anos depois quando Gandhi escrevia sua biografia (embora nem todos sobrevivam num atlas moderno) — foi repleta de vergonha, medo, insultos, de um tratamento tão vil, de uma tamanha violência que ele chegou a pensar se conseguiria chegar inteiro ao final.

Em Maritzburg, o atendente da ferrovia perguntou se Gandhi tinha pedido um leito. Ele disse: "Tenho um comigo". E, embora não o diga, acredita que isso tenha dado início aos problemas. Vieram dois agentes, e logo um terceiro, e foi o terceiro quem lhe disse que ele devia se mudar para o compartimento de bagagem. Quando Gandhi se recusou e disse que teriam de removê-lo, o agente chamou um policial; o policial empurrou Gandhi e sua bagagem para fora. Gandhi se preparou para esperar durante a noite. Fazia muito frio. Tinha um casaco na bagagem, mas pensou que se o pedisse seria insultado. Naquela noite, conversou muito consigo mesmo. Devia voltar para a Índia? Devia ficar e lutar? Devia seguir para Pretória e não se incomodar? Concluiu que devia ficar e lutar contra a doença do preconceito, sofrendo se fosse preciso. Ao final dessa reflexão íntima, decidiu pegar o próximo trem disponível para Pretória.

Se isso fosse tudo o que lhe dissesse respeito numa crise, ele não seria Gandhi. Mas ele já era Gandhi — e, acima de tudo, um homem correto, um homem da lei, com fé na lei (ainda não com fé na fé) e, na manhã seguinte, enviou um longo telegrama ao gerente geral da ferrovia. O trem em que embarcou (com o bilhete de leito que ele recusara em Maritzburg) o levou a Charlestown. Ali o calvário continuou. Não havia ferrovia entre Charlestown e Joanesburgo naqueles dias, apenas uma diligência, e o homem encarregado dela era uma besta quadrada. Atormentou Gandhi, não permitindo que ele se sentasse dentro do carro e logo exigindo que ele se sentasse não na cabine ao lado do condutor, mas no estribo da carruagem. Ficou chutando Gandhi o tempo todo de modo tão violento que os outros passageiros protestaram.

A diligência parou no vilarejo de Standerton (ausente de qualquer mapa detalhado atual) para passar a noite. Havia indianos lá, enviados pelo empregador de Gandhi para recebê-lo. Portanto, havia proteção e Gandhi aproveitou a bonança para escrever uma longa carta ao agente da empresa de diligências. Recebeu uma resposta encorajadora: a diligência que partia de Standerton seria maior e o funcionário estúpido não estaria nela. Os indianos que cuidaram dele o levaram à diligência ao entardecer, encontraram um bom lugar para ele e assim, finalmente, Gandhi chegou a Joanesburgo a salvo. Para o trecho final da jornada, até Pretória, no estilo em que, como advogado, insistia em manter — primeira classe —, teve o cuidado de escrever um bilhete ao chefe da estação dizendo-lhe quem e o quê ele era, indo pes-

260

soalmente comprar o bilhete (um soberano*) vestido de casaca e gravata (existe uma fotografia de Gandhi na África do Sul com esses trajes e, se presumirmos que seu guarda-roupa era limitado, é possível que ela mostre Gandhi indo à bilheteria de Joanesburgo). E então, como ocorre frequentemente quando nos preparamos excessivamente para algum problema, não houve problema nenhum. O homem da bilheteria não era sul-africano, vinha da Holanda e foi todo cortesia e afabilidade.

Gandhi, naquela época, acreditava no Império britânico. Acreditava que os indianos na África do Sul sofriam discriminação porque eram politicamente indiferentes, não faziam representações e não eram organizados. Quando terminou o trabalho legal que o trouxera à África do Sul (persuadiu as partes em disputa a aceitar um acordo), ele se preparou para voltar para a Índia. Foi a Durban esperar um navio. Quando estava lá, viu uma nota no jornal local sobre o direito de voto dos indianos: na Câmara Legislativa da província de Natal havia um projeto de lei que buscava destituir os indianos da província do direito ao voto. Gandhi ficou chocado, mas os ricos empresários indianos com quem falou nada sabiam a respeito, e também não estavam lá muito preocupados. Isso foi ainda mais chocante; e o que eles decidiram fazer depois de uma pequena discussão foi transferir o fardo do protesto para Gandhi.

Assim, Gandhi adiou seu retorno para a Índia. E isso se repetiu várias e várias vezes; sua visão das incapacidades indianas se ampliou; aquele um ano de Gandhi na África do Sul se estendeu, no final, por vinte anos. Quando veio para a África do Sul, ele era muito jovem, destreinado, absurdamente tímido, apenas um advogado que conseguia rabiscar petições. Estava na meia-idade

---

* Antiga moeda britânica de ouro no valor de uma libra, cunhada hoje só para eventos comemorativos. (N. T.)

quando partiu, o advogado já absorvido pelo *mahatma*,* suas ferramentas políticas aperfeiçoadas: a desobediência civil, o jejum, sua própria espiritualidade.

Tudo tinha começado a acontecer naquele terrível trajeto de Durban a Maritzburg, a Charlestown, a Standerton, a Joanesburgo, a Pretória. Em 48 horas sua timidez escorregou ao chão feito um casaco; jovem como era, tornou-se um líder de homens. Muitos europeus, sobretudo judeus alemães, o ajudaram em Joanesburgo. Isso seria uma revelação para ele. Sua causa era indiana e local; esse estímulo externo o tornaria menos paroquial e lhe abriria o mundo em termos políticos e religiosos. Quando mais tarde escreveu sobre Joanesburgo, foi com amor. No entanto, é preciso dizer que Gandhi teve problemas com os africanos; achava difícil vê-los, encaixá-los em seu cenário mundial.

Até mesmo naquele momento de crise na diligência de Charlestown, ele consegue encontrar uma palavra cruel, *hotentote*, para o subalterno africano do condutor da diligência sentado ao lado deste. É uma palavra estranha para vir da boca de Gandhi, quando ele está se queixando do preconceito racial. Mas pode haver uma explicação. Gandhi estava ditando sua autobiografia em língua gujarati para seu secretário gujarati, Mahadev Desai. Desai fez a tradução para o inglês e é possível que *hotentote* seja a palavra no dicionário de língua inglesa, uma espécie de sinônimo, que Desai encontrou por acaso.

6.

Você pode ficar algum tempo em Joanesburgo — as grandes avenidas, as concessionárias de automóveis, os parques — sem ver

---

* O título *mahatma* (em sânscrito, "grande alma") foi atribuído posteriormente a Gandhi, a ponto de se tornar quase seu prenome. (N. T.)

as *townships*. Sabe que elas estão em segundo plano, é claro — já se escreveu tanto sobre elas —, mesmo assim a primeira *township* que você vê pode lhe causar um sobressalto: pequenas casas de tijolo ou concreto, uma igual à outra, as fileiras retas, os quintais pequenos, a ausência de árvores. Quando você está bem mais distante, em áreas deterioradas, as casas ou os barracos se tornam rasteiros casebres com velhas folhas de zinco, grosseiramente lambuzados com um número, somente para fins de identificação. É espantoso que as pessoas consigam viver e crescer em tais habitações, mas elas conseguem, e nos fazem pensar em Oscar Wilde: "Pode-se sobreviver a tudo, menos à morte".

Quando a vida termina, lá está o caminho para o cemitério de Avalon, batizado como que por ironia com o nome do cemitério dos cavaleiros do rei Artur: acre após acre de túmulos baixos que parecem repetir o padrão dos casebres, completando desse modo o ciclo de vida e morte. Sábado é o grande dia para os funerais aqui. Os carros acendem o pisca-alerta para dizer às pessoas que eles estão participando de uma solenidade e precisam ter prioridade. Bastava apertar um botão para ligar o pisca-alerta, mas o efeito dos carros de aparência rica, das pistas fundindo-se e das luzes dançantes era tão animado que a gente tinha a impressão de que os motoristas, por causa de sua alegria de sábado, estavam brincando com os botões enquanto dirigiam.

Os muros no caminho para o cemitério estavam pintados com os nomes das funerárias. A morte aqui era um grande negócio, nunca falhava; os sábados sempre traziam novos clientes. No espaço aberto de Avalon, debaixo do céu alto e brilhante, era possível ver grupos de homens de terno preto e mulheres de vermelho e branco, cuja presença marcava os pontos das covas recentes e dos funerais. O solo era vermelho e pedregoso. Às vezes — suponho que dependia do estilo e dos preços das funerárias —, uma pequena tenda (de teto achatado, sem paredes) era instalada não longe da cova, e sob essa tenda (e não realmente à sombra) ficavam as mulheres que tinham alguma relação com o morto. Essas mulheres se sentavam em cadeiras e algumas se vestiam com colchas. A colcha aqui, disse Fatima, era um traje cerimonial, uma evolução da pele esfolada da vaca sacrificada, que às vezes era usada para envolver o cadáver e mantê-lo aquecido.

As covas recentes ficavam bem juntas, os montes de terra quase se tocavam, e cada cova estava marcada com uma laje identificadora provisória, que com o tempo seria substituída, imagino, por uma lápide mais adequada. Muitas lajes eram para gente jovem, talvez levada embora pela pandemia do HIV, um desdobramento a mais na crônica de sofrimento daquele povo.

Considerando a extensão de Avalon, o abundante pesar que ele representava, pensei no que Fatima (e outros) tinha me contado: que, sem o apartheid, não havia mais causa para a África do Sul no mundo, nada para seus escritores explorarem, nada que atraísse a atenção, nenhum motivo verdadeiro para perdas ou tragédias. Não havia nenhum motivo mais profundo, mais universal do que a obviedade do apartheid? Algo que continuasse puro e valesse por si mesmo? Parecia improvável. D. H. Lawrence (para citar um nome ao acaso) conseguiu escapar das carvoarias de Nottinghamshire, mas tinha o resto da Inglaterra para contemplar (embora no íntimo permanecesse um provinciano) e logo teve o resto do mundo. O mesmo não se podia dizer dos escritores sul-africanos: eles permaneciam presos em sua roda de fogo.

Perguntei a Fatima se ela achava que as pessoas podiam se modificar.

Ela disse: "O atual governo quer que as pessoas se mudem para longe, mas as pessoas não querem. As pessoas parecem as mesmas que eram antes, e os ressentimentos do apartheid são mantidos vivos para se fugir da responsabilidade. Quando não se tem uma resposta melhor, usa-se esta. Ela sustenta nossa indústria cinematográfica: 'Uma vez éramos negros...'".

Quis saber o que ela sentia em Avalon ao ver as colchas sobre as mulheres e os pranteadores dançando sobre os túmulos. O que eu via era novo para mim e achei que para outras pessoas também haveria algo mais imediato e pessoal do que ideias sobre o apartheid.

Ela disse, com seu extraordinário modo insolente: "Isso lembra o meu passado. Me faz pensar na minha avó, que usava o uniforme branco e vermelho. Também me lembra que, mesmo que a pessoa seja cristã, ela vai sacrificar um boi para os ancestrais. Em alguns lugares, sacrificam um boi ou uma vaca e envolvem o corpo na pele do animal para o enterro. O animal tem de gritar de modo que os ancestrais escutem, mas eu não consigo fazer isso. Não consegui nem olhar minha própria cabra sendo sacrificada quando fiz a peregrinação".

Essa ideia de fazer a vaca berrar na morte era tão dolorosa que me lembrei do modo como matavam os gatos na Costa do Marfim, colocando-os num saco e depois mergulhando o saco na água fervendo. E assim como aquela maneira de preparar os gatos para a mesa na Costa do Marfim tinha feito tudo o mais parecer desimportante no país, também esse modo de sacrificar o gado obscureceu tudo o mais por aqui.

## 7.

Ser negro na África do Sul era ser um herdeiro ou, de algum modo, ter essa possibilidade. Ser branco e sensível era se perguntar sobre o lugar da pessoa no novo esquema das coisas e, quase imediatamente, quando uma situação era difícil demais, começar a lidar com ideias que talvez fossem amplas demais para o tema brutal da sobrevivência.

Colin vivia com um sentimento de medo. Disse: "É extremamente difícil dar voz a qualquer coisa sem olhar sobre o ombro. Existe uma completa ausência de discurso. Sinto-me incapaz de falar e estou reagindo interminavelmente a uma situação sem ser capaz de dar um passo atrás e pensar sobre a situação ou minhas reações. Assumi um novo olhar sobre o humanismo na esperança de encontrar alguma coisa a que me agarrar. É possível haver africanos contribuindo para o humanismo, porém é impossível haver um humanismo africano. Mas não se pode dizer isso. Vivo com medo e com a paralisia que ele traz. O sufocamento é muito presente. Olho para trás e penso nos anos 1980 e na luta para fazer o certo. Persisti na luta porque venho de uma família cheia de conflitos. Agora é só uma lembrança, mas essa lembrança me sustenta".

Os conflitos na família de Colin vêm de sua ancestralidade dividida. Ele era meio inglês, meio africâner. Tinha uma avó que falava muito sobre os campos de concentração britânicos durante a guerra dos bôeres. Ele entendia a raiva africâner contra os campos; ao mesmo tempo, por meio do pai, tinha simpatia pelo liberalismo britânico. Quando fez doze anos, Colin foi enviado para ficar com um tio numa pequena cidade do interior. Naquelas cidades, a segregação não era tão severa quanto em outros lugares, e Colin fez amizade com um menino negro, Franz, da mesma idade que ele. Essa amizade foi muito importante para o desenvolvimento intelectual de Colin. Sobre ela, disse: "Eu via Franz, eu e a nossa ligação como um momento humanista no tempo". E Colin podia falar dessa maneira porque era absolutamente sério.

Ele contava a Franz sobre a cidade e Franz, em troca, lhe mostrava a natureza, o deserto, a floresta e os gafanhotos. Um dia Franz foi picado por abelhas. Colin arrancou as abelhas mortas de seu cabelo: uma lembrança ainda fresca depois de todos aqueles anos.

Chegou o tempo de Colin voltar para a família. Pensou que ele e Franz poderiam se escrever. Mas não era possível. Franz, no entanto, lhe pediu um favor: queria que Colin lhe enviasse por correio um dicionário e um atlas. Essas coisas eram dadas aos estudantes brancos como material indispensável; mas não aos estudantes negros. E Colin tinha o dinheiro para comprar esses livros para Franz.

Por causa do medo que continuava a importuná-lo e, talvez também, por seus anseios humanistas não realizados, Colin agora se consolava com a natureza, com seu trabalho e — inesperadamente — com a "relação pessoal muito intensa" que tinha com seu gato.

Senti, no entanto, que na África, onde os gatos e os animais em geral passavam por tantos apuros, mesmo num lugar protegido como o parque Kruger, o relacionamento de Colin com seu gato podia inaugurar toda uma nova época de sofrimento. O próprio Colin contou esta história: "Algum tempo atrás, houve um grande campeonato de futebol no estádio daqui. Em algum momento, durante a partida, alguém atirou um gato preto no meio do time rival. O gato, é claro, foi morto e o time rival ficou em pé de guerra, dizendo que haviam lançado magia e feitiço do mal contra ele. Não paro de pensar nisso, e a única resposta racional que encontro é que a própria proximidade entre animais e animismo é o que permite um comportamento tão brutal. Também é preciso entender que enquanto todas as sociedades têm metáforas que diluem a emoção vinculada com o que é desagradável, ou com a frustração e a raiva, aqui na África do Sul a distância entre metáfora e realidade é muito pequena. Durante as eleições, o CNA [Congresso Nacional Africano] e seu oponente chamaram-se mutuamente de baratas, cobras e cães. Alguém pode arranjar uma encrenca séria aqui usando metáforas, e durante os intensos debates em que metáforas de animais são usadas, correrá sangue de verdade. Isso é muito assustador e deprimente para mim".

Em 1987, Colin foi a Paris pela primeira vez. Ficou "estupefato". Algumas coisas ele conseguiu relacionar com outras, mas houve coisas que ele não conseguiu entender de jeito nenhum. No entanto, a experiência lhe trouxe um novo modo de olhar.

Disse: "Teremos que atravessar um período pós-colonial violentíssimo para nos tornarmos humanos. Não é preciso ir à universidade para se tornar intelectual. Existem tradições orgânicas aqui também. Biko* chamava isso de *buntu*, e é a ideia de que você é uma pessoa por causa de outra pessoa. Isso dá vontade de aspirar a alguma coisa. Minha esperança reside na aspiração, não nos defeitos que nos rodeiam — embora a ideia de aspirar possa trazer seus próprios defeitos".

Não conseguiu escapar do alistamento no Exército sul-africano. Foi mandado para Angola e lá teve de guardar campos de refugiados. Os campos tinham mulheres e crianças negras, mulheres *coloured* e algumas mulheres e crianças brancas e loiras — famílias portuguesas que tinham sido abandonadas por seus homens.

"Foi nesse campo, enquanto usávamos o odiado uniforme, que me dei conta de que os homens têm uma opção moral para fazer o que fazem. Havia homens que estupravam, exploravam e faziam coisas terríveis, e também havia homens, como eu, que compunham um pequeno grupo que tentava tornar as coisas melhores para aquelas mulheres, que estavam prontas a fazer qualquer coisa para proteger seus filhos. Eu via sombras morais nesse exército. Sempre havia, e sempre há, uma opção moral. Mas sinto que ser branco é uma dívida que você não tem como pagar, nem mesmo se tiver lutado na batalha."

8.

Perguntei a Phillip se poderia haver uma ideia de possibilidade na sociedade. Eu acreditava que era uma ideia importante, tanto para a sociedade quanto para o indivíduo.

---

* Steve Biko (1946-1977), ativista político sul-africano morto pela polícia. Símbolo da luta contra o apartheid. (N. T.)

Ele disse: "Na minha opinião, a ideia de possibilidade está ligada a humanidade. Na minha modesta maneira de ver, acho que nossa transição do apartheid para a democracia através da Comissão da Verdade e da Reconciliação forneceu de certa forma um senso de humanidade. Pode ter falhado em alguns aspectos ou não ter sido o bastante, mas pelo menos não tivemos uma guerra civil como no Zimbábue, onde quiseram se livrar dos brancos. Isso traz um senso de possibilidade".

Ele trabalhava profissionalmente com um grupo mestiço. "Eu não sinto que por não ser negro não tenha possibilidades aqui. De um modo estranho, essa é e não é uma região de desastre. Talvez seja como estar em negação. No entanto, por outro lado, estou tentando fazer o que posso, como sul-africano, pelo meu país. Também sei que vivo num dilema constante: devo ir ou ficar? Às vezes até me pergunto se isso não será um resquício ou parte de minha ascendência judaica. Os ancestrais de minha mãe chegaram aqui nos anos 1900 para fugir dos pogroms da Europa oriental. Havia uma grande comunidade judaica aqui antes de 1994, e houve uma queda terrível nessa comunidade depois de 94. Foi realmente uma queda terrível. Muitos partiram e foram para o exterior. Quando acho que não há esperança, ao ver crime, corrupção e essa decadência geral, sinto que estou me comportando como os brancos choramingas. Mas sempre trago isto no fundo da minha cabeça: devo ir?"

Essa liberdade de partir para longe era como um privilégio. Colin não tinha esse privilégio.

Phillip disse: "Quando Zuma [o novo presidente, eleito em 2009, Jacob Zuma] chegou ao poder e houve toda esta controvérsia de estupro e corrupção e um clima tribal em torno dele, ocorreu um novo êxodo. Achei que, embora eu não gostasse de Zuma, eu iria ficar, porque talvez fosse uma coisa boa. Talvez ele nos conecte com o movimento populista no país".

Diferentemente de Colin, ele não via nenhum aspecto filosófico em seu dilema.

"Uma parte de mim diz que isso estava fadado a acontecer. Talvez eu esteja inventando desculpas, mas o povo aqui sofreu tanto como 'inferior' que esse racismo negro invertido tem que acontecer a fim de se curar a longo prazo. Creio que será preciso mais uma geração para termos uma resolução filosófica para o nosso dilema. E isso só poderá acontecer se nosso sistema educacional melhorar. Esse é um grande 'se' por aqui."

Uma queixa universal. A péssima educação dos africanos (nada de dicionários para Franz, nada de atlas) era parte do aparato do apartheid; quinze anos depois, seus efeitos ainda eram sentidos bem no seio da sociedade.

Phillip disse: "Nesse momento, o consumismo americano está nos consumindo — shoppings, ruas compridas e carros para ir a qualquer lugar. É muito irônico. Eu tenho me tornado mais recluso porque não gosto do que vejo na cidade. Existe um clima de medo, e eu vi o que é viver numa cidade sem medo. Quando vou à Europa, vejo o que pode ser uma cidade grande — lojas pequenas, gente caminhando, uma cultura de rua. Nem todo mundo está num shopping nem dirigindo para todo lado. Ainda tento caminhar pela cidade hoje em dia, porque não consigo viver num carro o dia inteiro, e se eu não puder fazer isso, vou ter de ir embora. Existe um movimento que reivindica nossa cidade e áreas delas de onde os brancos simplesmente foram embora. Foram embora por causa do medo".

9.

Disseram que Joseph era um tradicionalista zulu. Achei que devia ir vê-lo, para me conectar novamente com algo das investigações religiosas que eu fizera em outros lugares para este livro. Não fazia ideia do que esperar. Ele vivia numa casa baixa de concreto no que parecia ser uma área mista pacífica. Ela era bastante comum, mas ele tinha cães de guarda numa cerca de arame, como gente rica, e havia rapazes no quintal (várias cadeiras de plástico por lá) e na rua do lado de fora da casa. Esses jovens eram seus seguidores: Joseph era famoso e rico, e as pessoas que o seguiam tentavam andar como ele andava e falar como ele falava. Boa parte do que se passava por pensamento político e cultural na *township* vinha de Joseph. Ele estava na casa dos trinta anos. Conhecia sua reputação. Falava um bocado, sempre de modo provocativo. O estofado das cadeiras de espaldar alto em sua sala de visitas parecia um pouco amarrotado; elas tinham sido muito usadas naquele dia. Uma secretária de meia-idade estava sentada ao computador, de costas para a sala; estava selecionando ou organizando os compromissos de Joseph. Ele era muito requisitado.

Ele disse que os brancos dominavam a maior parte dos meios de comunicação e enunciou esse fato muito conhecido como alguém que tivesse obtido o direito de falar daquilo. Prosseguiu dizendo que a mídia estrangeira não dava a menor importância às tradições locais. Esse era bem mais o tipo de coisa que se esperava que ele dissesse; e, tendo chegado ali, ficou mais à vontade e seu discurso fluiu. Ele sabia, coisa que os estrangeiros nem sempre sabiam, que quando alguém estava trabalhando numa área tinha de pedir permissão ao chefe local; depois, assim que ela era concedida, era preciso dar um presente ao chefe: uma garrafa de conhaque e duzentos rands. E depois de terminado o trabalho, a pessoa não podia simplesmente ir embora. Se o chefe quisesse que ela ficasse para um banquete de despedida, ela tinha de ficar. Os produtores brancos e indianos não entendiam isso e criavam problemas. Às vezes, por causa disso, o chefe os multava, e essa multa precisava ser paga. Era uma tradição africana e compensava diversos erros — engravidar uma garota, roubar os bens de alguém, ficar bêbado e maltratar um idoso. Dessa maneira se contornava completamente a lei do homem branco. Era o jeito africano.

De um modo um tanto abrupto, então, ele interrompeu a fala e me perguntou: "De onde você é?".

Eu disse: "Trinidad".

Ele ficou completamente perdido.

Eu disse: "Perto da Jamaica".

Ele disse: "Bob Marley". E então, pensativo, disse: "Tráfico de escravos".

Eu disse: "Sim".

"A Inglaterra já pediu perdão pelo tráfico de escravos?"

Eu disse: "Foi há muito tempo e várias nações estiveram envolvidas".

Ele deixou de lado nosso diálogo para fazer um discurso, nitidamente um discurso que já fizera várias vezes, de que não se conhecia nada das lendas, da história ou das tradições africanas. Por outro lado, todas as crianças africanas conheciam Cinderela, os duendes, as telenovelas ocidentais e a história ocidental. Isso as deixava "confusas".

Ele disse: "Nós anglicizamos nossas crianças e as alimentamos com informação seletiva que está sempre louvando o Ocidente. Você sabia que as pessoas aqui se esqueceram de seus próprios cânticos fúnebres? Trazem grandes aparelhagens de som como as dos guetos e tocam um CD no túmulo ou no velório. Se você lhes disser que o cristianismo e o islã foram parte de nossa colonização, elas ficam furiosas. Mesmo quando fazem um casamento de branco e entram com a noiva na igreja, tudo isso é parte de nossa colonização. A festa de aniversário de 21 anos não é africana. Nós perdemos todas as nossas tradições e estamos fazendo a coisa errada".

As pessoas falavam contra a poligamia. Isso o irritava. Ele era produto da poligamia e não tinha problema com isso. Na África, a proporção dos gêneros era de um homem para treze mulheres.

"Isso era parte da riqueza africana. Nossa riqueza era terra, mulheres, gado, colheitas e filhos. Para ser um ancião, tínhamos de ter essas coisas, e agora tudo isso se foi."

Ele dominava a conversa; ele levantava os temas. E bem depressa estava falando sobre o cristianismo e comparando-o com as crenças tradicionais africanas que ele dizia serem as suas.

Ele disse: "Sou um homem moderno". Queria dizer: um homem africano moderno, alguém que tinha jogado fora muita bagagem colonial; usava algumas palavras do seu próprio modo. Disse: "Não sou cristão. Minha mãe era sacerdotisa e meu pai também estava na igreja, mas não conseguiram me dar uma identidade. Só quando saí de casa e descobri meus ancestrais é que tive o sentimento de pertencer a algum lugar. Os velhos costumes me chamaram e encontrei a paz. Temos várias igrejas cristãs aqui, todas se aboletaram aqui e sufocam nossa identidade africana".

Era possível, reunindo tudo aquilo, entender por que ele se considerava um tradicionalista zulu e por que tinha tanta influência sobre os jovens. Uma pessoa pouco instruída da *township*, que nada soubesse da história e que mal tivesse ideia de seu lugar no mundo, teria algo a que se agarrar, e o estilo especial de Joseph tornava aquilo atraente.

Ele era ferrenho na necessidade de sacrificar vacas e bodes à maneira tradicional; os defensores dos direitos dos animais tinham de ficar longe. "Eles só fazem barulho quando uma pessoa de renda baixa ou média faz isso. Você precisa ver quando é um figurão. Ele não esconde e todo mundo chega em carros, limusines e helicópteros para participar do ritual. Quando matamos um bode, precisamos apunhalá-lo do lado diversas vezes para que o mau agouro se vá. Olhe para o meu corpo. Está cheio de cicatrizes. Não é abuso infantil. Um curandeiro veio e me cortou com uma navalha e depois esfregou e encheu os cortes com as cinzas de uma cobra. É o nosso modo. E eu, como um homem tradicional, tenho que matar uma vaca ao nosso modo. Por que você vai querer que o animal seja morto de outro modo que você acha que é menos cruel? Antes de mais nada, o animal que vai ser sacrificado pertence ao ancestral e por isso ele tem de alertar o ancestral gritando bem alto. Fico enjoado de ver gente negra censurando ou condenando nossa cultura. Fazem isso porque já estão muito diluídos. Não sabem quem são e o que significa o ritual. Eu questiono o cristianismo até o fundo de suas raízes. Quem são eles para dizer que precisamos fazer essas coisas de uma maneira higiênica? Nós vamos chegar lá por nós mesmos. Por acaso vamos lá filmar as circuncisões deles? Por que então eles vêm aqui e dão dinheiro às pessoas pobres para que elas permitam que eles filmem seus rituais sagrados? Eles, os cristãos, criaram o apartheid e escravizaram meu povo, apesar da Bíblia. Eu pratico os velhos costumes. Vou às *townships* para matar o animal, e se o ritual for muito complicado, então vou à minha aldeia ancestral. Tenhos meus santuários e faço lá a adoração."

Havia um par de algemas enferrujadas na parede atrás dele. Enferrujadas, mas não muito velhas: tive certeza de que estavam ali como inspiração para as conversas, uma amostra da escravidão de que ele gostava de falar. Disse que tinha comprado as algemas num brechó. Retirou-as da parede e começou a brincar com elas, como se as tivesse tornando inofensivas. Perguntou: "Essas coisas são mais velhas que você?". Refleti sobre a pergunta, temendo uma armadilha, mas não encontrei nenhuma, e então disse que não sabia. Deve ter sido a resposta certa, porque ele desistiu do assunto e tratou de recolocar as algemas na parede.

Continuou a falar, saltando das algemas para as cadeias de *fast-food* de Joanesburgo. Ele se perguntava por que não faziam *fast-food* africano. Tinha esgotado seus próprios temas e agora falava por falar. As pessoas do *fast-food* e todos os outros tinham vindo à África apenas para fazer dinheiro, disse ele e, por conseguinte, a África era um "atoleiro de guerras". Nos velhos tempos havia guerras tribais, mas elas se extinguiam bem depressa. Agora que não havia mais tradição, e as pessoas não tinham ideia de onde vinham, havia pouquíssimo respeito pelas tumbas de seus reis, e as coisas em geral eram deploráveis. Os antigos túmulos dos reis zulus — enterrados em posição sentada e envoltos em pele de vaca — eram negligenciados.

Ele disse: "Eu realmente sinto que pagamos muito caro pela nossa liberdade. Mandela nos decepcionou. Deixou que os brancos conservassem suas riquezas e seu estilo de vida e entrassem na democracia. A nação arco-íris é um lixo. Os negros ainda são chamados de cafres, e as pessoas *coloured* não estão em lugar nenhum. Não têm heróis e são chamados de 'cabelo ruim'. Precisam passar pelo teste do pente".

Aquilo estava se tornando demasiadamente fortuito e superficial. Senti que era hora de partir. Ele me acompanhou até o quintal.

Disse: "Eu sempre quis fazer isso".

Eu não fazia ideia do que ele queria dizer, mas então ele segurou a porta do carro aberta para mim. Seus seguidores — de jeans e camiseta — estavam relaxados na rua sem tráfego, à luz de uma tarde fresca. Podiam nos ver pelo portão aberto; mas ele estava tão seguro da afeição deles que podia se permitir aquela palhaçada com a porta do carro.

10.

Em minha primeira viagem a Soweto (ou através de Soweto), eu tinha visto a casa de Mandela de frente e de lado e em seguida, quando a estrada se elevou, do alto. Ela me parecera impressionante. Não era pequena. Era de tijolo vermelho-escuro, com uma cerca do mesmo material, e tinha um jardim externo de pedras. Esse jardim era uma excentricidade em Soweto e seu propósito, sem dúvida, era dar privacidade e proteção adicionais às pessoas da casa.

Agora havia sido marcado um encontro com Winnie Mandela, e naquela manhã de domingo pudemos entrar no pátio de Mandela pela frente, atravessando um dos dois grandes portões. Havia cinco ou seis seguranças de terno escuro.

Na entrada da casa, havia diversos artefatos e fotografias. Estavam dispostos no chão, como se estivessem dispostos numa mesa de exposição. Bloqueavam parcialmente a soleira da porta que dava para o que era mobiliado como uma sala de jantar. As fotografias pareciam pessoais; eram da família. Os artefatos pareciam presentes oficiais. Havia um surpreendente número de peças indianas entre eles: versões modernas de divindades indianas, com rostos e corpos muito influenciados pelas fotografias e pelo cinema, todas com um acabamento artificial parecido com bronze. Entre as fotografias, havia umas grandes de Nelson Mandela, algumas coloridas. Ele não morava na casa, mas a gente sentia que ele era a presença-guia; e a casa parecia carente de seu senhor.

Logo depois da sala de jantar, havia um grande cômodo com cadeiras de encosto alto: a sala de estar, obviamente. Uma porta de vidro corrediça se abriu e um vento fresco de inverno soprou para dentro. A porta de vidro dava para o interior do jardim de pedras, onde alguns homens arrancavam ervas daninhas e outros usavam uma mangueira. Sem aquela rega, o jardim ficaria seco, como o resto de Joanesburgo.

Nós nos sentamos com o homem que tinha providenciado o encontro, e esse simples ato de esperar deu um toque de realeza à sra. Mandela quando ela apareceu, bastante recatada, corpo esguio, com um terninho cinzento, sua famosa peruca e pérolas em torno do pescoço e dos pulsos. Era difícil não ser afetado por ela, vendo-a de perto, uma mulher que já tínhamos visto em incontáveis fotografias e com humores variados, uma mulher em certa medida ultrapassada agora pelos grandes eventos ocorridos na África do Sul.

Ainda era repleta de paixão política, ainda próxima dos temores que sentiu nos anos de chumbo.

"O senhor não faz ideia do que significava o nome Mandela. Significava encarceramento e interrogatório. Foi um período em que as pessoas desapareciam ou eram mortas pelas forças de segurança por serem membros do CNA. O maior perigo era que a liderança morresse na prisão e que as pessoas ficassem desencorajadas ou perdessem a fé. Por isso eu me expus, e fiz isso muito deliberadamente. Àquela altura eu já tinha perdido todo o medo. Quando você sofre toda humilhação possível ou tortura, não sobra nada. Você perde o medo. Certa noite eles simplesmente vieram e jogaram todas as minhas coisas numa caminhonete, e fui banida para um lugar desolado por nove anos."

Ela usou a expulsão e o distanciamento para recrutar pessoas e enviá-las para fora do país a fim de serem treinadas.

Foi em Soweto em 1976 que a revolução se tornou crítica. "Foi onde começou, e eu ainda vivo aqui. Não posso sequer sonhar em deixar meu povo e ir morar num bairro elegante."

Estava se referindo indiretamente à monumental estátua de Mandela instalada numa praça requintada de Joanesburgo. Ela a achava uma estátua "tola", e no dia em que fui vê-la duas crianças brancas brincavam em cima dos pés volumosos.

Ela disse: "É preciso lembrar que o Mandela que foi para lá" — para lá: a prisão — "era um revolucionário e que o Mandela que saiu de lá estava pregando a paz e o compromisso. De fato, a estátua devia estar aqui em Soweto, onde tudo começou e onde ele viveu. Um modo de diluir uma pessoa é comercializá-la, e ele foi comercializado. O homem que foi para a prisão não teria permitido essa comercialização nem ser uma grife para uma fundação.

Meus netos ficam profundamente magoados com toda essa comercialização, que é um fardo para eles".

A maior das mágoas era a liberdade "negociada" que se fizera na África do Sul. "Sinto que fomos enganados no troco. Foi uma liberdade baseada em compromissos e concessões, e foi o que Mandela aceitou. O empoderamento econômico negro é uma piada. Foi uma medida de confiança branca inventada pelos capitalistas brancos daqui. Pegaram negros maleáveis e fizeram deles seus parceiros. Mas aqueles que lutaram e deram seu sangue foram deixados sem nada. Ainda vivem em barracos: sem eletricidade, sem saneamento e sem nenhuma chance de educação."

Quando dizia o nome Mandela, ela não usava o primeiro nome, Nelson; e tinha duas formas distintas de enunciar o nome Mandela. Mandela, o revolucionário, era pronunciado de um jeito; o Mandela posterior era pronunciado de outro.

Ela disse: "Eu me senti péssima quando ele foi receber o prêmio Nobel junto com seu carcereiro De Klerk. Por que ele levou o opressor a reboque? De Klerk não tinha feito nada para soltar Mandela. O tempo ditou a necessidade de soltá-lo, e havia sempre a promessa de uma grande violência por vir se as coisas fossem levadas adiante como antes".

Falamos sobre a Comissão da Verdade e da Reconciliação. Sua intenção era sanar as divisões raciais no país, mas Winnie Mandela (e outros) eram sarcásticos. Ela considerava especialmente duro para os negros, que tinham sofrido tanto, aparecer diante da Comissão e se condenarem por haverem resistido.

Ela disse: "Devia ter sido um processo individual e não forçado sobre uma sociedade. Eu acho um insulto terrível para mulheres e homens que sacrificaram sua vida pelo fim do apartheid. Eles tinham de ir e prestar conta de suas ações. Poucas pessoas sabem o que foi viver sob aquele regime dia após dia. O que eles esqueceram foi que por mais de quatro décadas a gente negra tinha vivido como não gente. A anormalidade do racismo tinha se tornado uma realidade normal para elas. A Comissão da Verdade e da Reconciliação não foi uma ideia realista. Ela abriu feridas que não puderam ser curadas. Você ficava sabendo das atrocidades, dos métodos e dos meios pelos quais seus entes queridos tinham morrido. Como e onde foram mortos. O que foi feito com eles e seus corpos. Como você pode perdoar ou esquecer algo assim? O bispo Tutu apareceu com esse conceito de contos de fada. Quando Tutu veio me ver, eu disse que não ia pedir desculpas para que todos se sentissem bem, e no meu caso eu não me arrependia nem um pingo do que tinha feito. Eu lhe disse que ele e os outros membros da comissão só estavam sentados ali, na minha sala de estar, por causa de pessoas como eu. Foi a nossa luta, o que tínhamos feito e estávamos prontos para fazer, que nos deu essa liberdade. Tutu transformou tudo isso numa espécie de confissão religiosa, e ele devia saber que as pessoas que vão à igreja e se confessam rapidinho saem de lá e fazem exatamente a mesma coisa. Isso lá é confissão? Mas logo a paz lança heróis como Tutu".

Me ocorreu então, pensando na longa vida de Winnie e em tudo que ela havia passado, perguntar quanto de sua cultura tribal xhosa tinha sobrevivido nela.

Fiquei espantado com a resposta, e com sua paixão.

Ela disse: "Sou definida por minha cultura e sei que venho da terra xhosa. Sei que sou africana, e sabemos o que fazer graças às nossas avós. O advento da cultura europeia afetou nosso povo, mas nossos homens ainda vão a escolas de iniciação. No meu caso, é uma escolha pessoal, e vou lhe dar um exemplo. Se alguma coisa não estiver indo bem com meus filhos ou netos, eu irei aos túmulos dos meus ancestrais em nossa terra e pedirei ajuda a eles. Nós acreditamos que o ancestral trabalha com Deus".

Quando menina, ela pensava que gostaria de ser médica. Mas

não sabia o que isso queria dizer, e a ambição desmoronou. "Agora temos negros ricos que mandam seus filhos para sofisticadas escolas brancas. Querem que os filhos tenham o tipo de educação com que sonharam, e por que não?"

Então ela estava satisfeita?

"Quando vejo meus netos, me sinto uma bilionária. Não há nada parecido. Mas depois, quando estou só em meu quarto, penso no que é estar no corredor da morte e no longo confinamento solitário em que te colocam para quebrar seu espírito. O cérebro lembra de tudo."

Não longe daquela casa de Winnie Mandela, havia um monumento ou memorial que me disseram que eu devia ver. Era o memorial Hector Pieterson, em homenagem a um escolar de doze anos que, com outros dezenove, tinha sido morto a tiros em junho de 1976 durante um protesto em Soweto contra a imposição do africâner como meio de instrução nas escolas das *townships*. Isso seria parte do grande levante de Soweto em 1976, o ponto de virada de que Winnie Mandela tinha falado.

Atrás do memorial havia uma banca vendendo peles de animais. Lamentei ter visto aquilo. Achava que tal comércio devia ser posto na ilegalidade na África do Sul; a pele de zebra parecia muito branca, como se tivesse sido lavada com alvejante ou com algum detergente feroz.

O memorial propriamente dito era um artefato de placas de gesso e água gotejando numa piscina: as metáforas-padrão desse tipo de memorial. Aquilo não significaria nada sem a fotografia de jornal ampliada da morte de Hector Pieterson: o menino morto ou moribundo carregado nos braços de um jovem, sua irmã atormentada caminhando ao lado deles. Por acaso, ela estava ali naquela manhã, falando com um grupo de visitantes estrangeiros; e quando terminou com eles, veio até nós: uma mulher de meia-idade, 33 anos mais velha do que na fotografia, pronta para reviver os incidentes daquele dia.

Mesmo com as peles de animais em segundo plano, foi intensamente tocante; e no entanto o memorial parecia uma coisa passageira, um desperdício de espaço; a fotografia, peça central, parecia destinada a desbotar; e me perguntei por quanto tempo mais ia sobreviver aquele memorial ao sofrimento verdadeiro. Ele só tinha sete anos e já havia sido vandalizado mais de uma vez por crianças da região, para quem suas metáforas arquitetônicas nada significavam. Em outro lugar de Soweto, do lado de fora de um café, a fotografia de jornal tinha sido transposta de modo bem efetivo em uma escultura, sem nenhum comentário; aquilo parecia ter mais chance de durar.

## 11.

Na África do Sul, com seus diversos grupos, suas diversas paixões, suas tensões persistentes, o visitante, ao buscar um ponto de repouso necessário, passa de um grupo para o outro dizendo, como um estudante zen: "Esse não, esse não". Eis como se resume o método do grande livro de Rian Malan, *My Traitor's Heart* [O coração de meu traidor]; mas a divisão no coração dele — um africâner de nove gerações — é a básica e sangrenta divisão entre pretos e brancos. O livro começa com a apresentação breve e incompleta de um ancestral do século XVIII que, desafiando a lei e o costume, foge com uma mulher escrava. Quando esse ancestral reaparece, não há nenhuma mulher escrava a seu lado; mais do que isso, ele se tornou totalmente um líder branco. O escritor não dá nenhum motivo; os registros também não dão nenhum; não há nenhuma história sobre a vida do ancestral com sua amante escrava. A coisa toda é um mistério, e *My Traitor's Heart* sugere, apenas sugere, que as oscilações do autor lembram um mistério antigo.

O método incomum de ir e vir, entre autobiografia e reportagem, funciona porque Rian Malan é um mestre da paisagem e um mestre da narrativa, com talento para a linguagem vívida que borbulha de um coração repleto e de uma mente ativa. Mas um livro é um livro; tem necessidades narrativas. O método do vaivém não levará um livro até o final; ele precisa de algum tipo de resolução. O leitor tem que se despedir com uma sensação de propósito, de algo conquistado. Rian Malan é escritor bastante para entender isso. O grosso do livro levou dois anos para ser escrito; mas as poucas páginas finais levaram seis meses. A linguagem não seria um problema; a preocupação do escritor seria a resolução do material que desfiou, um problema tão grande em seu livro quanto na vida real.

Quando conversávamos sobre coisas, ele disse: "Essa é uma história de vítimas. Não existem heróis reais além de Mandela, que sofreu nobremente. Não há ninguém que vá decifrá-la. O apartheid acabou, e você está com o abismo à sua frente, e a única coisa que deixará você vivo é trabalho, trabalho e trabalho". Ele não era um admirador de Winnie Mandela, mas achei que essa ideia de trabalho (que também era a de Joseph Conrad) teria coincidido com a dela. (De *O coração das trevas*: "A conversa deles, porém, era a conversa de sórdidos bucaneiros: era inconsequente sem ousadia, ambiciosa sem audácia, e cruel sem coragem; não havia sequer um átomo de previdência ou de intenção séria em todo aquele bando, e não pareciam cientes de que tais coisas eram requeridas para o trabalho do mundo".)

Rian Malan disse: "Tenho obsessão pelo que veio depois do apartheid. Um legado do apartheid é que este é o único país onde a economia funciona e existem sólidos arranha-céus na paisagem. O resto da África é uma tremenda bagunça. Se esses países africanos querem ver como a coisa funciona, têm de olhar para a África do Sul".

Por isso, *My Traitor's Heart* termina com uma parábola (o autor realmente usa esse termo). É a história de um casal branco (ou inglês) que tenta — por meio de uma vida de trabalho e sacrifício numa paisagem desolada e dolorosa — chegar ao coração da África (se é que se pode dizer assim). Porém, nada em Rian Malan é direto, e essa parábola de aparente triunfo é de fato a história de uma tragédia, de duas vidas desperdiçadas; mas Rian Malan, enquanto reconhece isso, ascende, à sua maneira inflexível, acima de seu relato e sugere que esse pode ser um caminho que se oferece para a África do Sul branca: um lugar onde brancos não têm nenhuma garantia.

O casal de sua parábola são Neil e Creina Alcock. Eles se mudam para um pedaço de terra da igreja nos confins da África do Sul e começam a praticar ali a agricultura simples e sem máquinas que pode atrair africanos. É um pedaço de terra horrível. Ela jamais — como partes de fazendas brancas — se parecerá com a Califórnia central. É rochosa e árida, sujeita a secas repetidas que podem varrer o trabalho de anos. A terra suporta gente demais. Também está repleta de ódios entrecruzados: de brancos por negros e de todo o ódio despropositado — que frequentemente explode em guerras de grande escala — que as facções zulus têm umas das outras. No entanto, Neil e Creina lavram aquela terra nada promissora até que a igreja (travando sua própria guerra, e descontente porque Creina dá pílulas anticoncepcionais às africanas) pede a eles que vão embora. Eles têm a boa sorte de conseguir um lote de terra, a cem quilômetros dali, de uma empresa sul-africana, e lá prosseguem seu trabalho.

A primeira ideia deles fora iniciar uma cooperativa de gado. A pastagem, então, poderia ser controlada por segmentos naquela terra asperamente erodida e a grama poderia reviver. Mas havia uma tradição de roubo de gado entre os zulus; centenas de animais desprotegidos seriam uma constante provocação. Por isso, a ideia da cooperativa de gado foi deixada de lado, e Neil e Creina pensaram, em vez disso, em desenvolver um projeto de agricultura autossustentável. O rio fornecia água; havia fogões solares experimentais e digestores de metano. O projeto foi abrigado em onze cabanas de estilo zulu: barro, pedra e palha. Neil e Creina viviam com cinquenta dólares por mês. Começaram a chegar visitantes, alguns para passar a noite numa cabana, e começou a parecer que o difícil projeto estava decolando.

Em determinado momento, Neil teve a impressão de que o perigo podia vir de fazendeiros brancos do outro lado da fronteira. Eles achavam que Neil dava demasiado estímulo a seus africanos, especialmente durante tempos de seca, quando derrubava cercas na fronteira e mandava bois e cabras dos africanos pastar no capim mais abundante do outro lado. Mas, na verdade, Neil parece ter gozado de algum grau de liberdade como louco em ambos os lados da fronteira. E o perigo, quando veio, foi de uma fonte inesperada, que ninguém poderia ter previsto: uma guerra de facções zulus que praticamente não tinha causa e que era, acima de tudo, uma expressão do amor dos zulus pela luta.

E — ironia final, dolorosa — por ter concordado em tentar pôr fim à guerra zulu, Neil foi morto. Foi morto numa emboscada por guerreiros de um dos lados. Estava dirigindo seu micro-ônibus para um encontro de paz. Os guerreiros, levantando-se detrás de rochedos ao lado da estrada, miraram nele, o pacificador. Foi atingido no pescoço; abriu a porta do micro-ônibus e caiu para fora, na estrada, morto.

A vida se tornou muito árdua para Creina. Uma viúva na África não é nada, e Creina perdeu toda a autoridade de que gozara como mulher de Neil. Rapazes subnutridos que ela acolhera e alimentara agora se voltavam contra ela, começaram a roubá-la.

Roubaram seu gravador, sua máquina de escrever. Roubaram seu dinheiro, dois mil dólares, que ela tinha poupado para pagar mulheres da fazenda por seu artesanato de contas; era uma parte importante da renda da fazenda. Agora que não havia dinheiro para pagar as mulheres, ela tinha de pagar a elas em prestações com seu salário mensal de setenta e cinco dólares. Era fácil roubar de Creina; não havia trancas em suas portas. E a coisa piorou. Um homem acusou-a falsamente de matar oito de suas cabras. Ele queria dinheiro pelas cabras; senão, a mataria. Pessoas que a conheciam imploraram para que ela deixasse a fazenda, mas ela não deixou.

Ela disse a Rian Malan: "Se você realmente está indo viver na África, precisa ser capaz de olhar para ela e dizer: 'Este é o caminho do amor, mais adiante: olhe para ela com dureza. É aonde ela vai levar você'".

Essa é a resolução desse livro maravilhoso. Não é fácil de aceitar. Creina é muito mais refinada do que os imbecis que a exploram. Talvez o problema esteja no fato de não se definir "amor". Sem essa definição, é difícil seguir Creina quando ela diz a Rian Malan: "Acho que você vai saber o que quero dizer se eu lhe contar que o amor não vale nada até ele ser testado por sua própria derrota". Pode até ser que nessa parábola o autor esteja encontrando um modo de dizer algo bastante difícil: que depois do apartheid uma resolução não será possível enquanto as pessoas que desejam se impor à África continuarem violando alguma parte essencial do ser delas.

*Março de 2008 — setembro de 2009*

ESTA OBRA FOI COMPOSTA PELA SPRESS EM ELECTRA E IMPRESSA EM OFSETE
PELA PROL EDITORA GRÁFICA SOBRE PAPEL PÓLEN SOFT DA SUZANO PAPEL E
CELULOSE PARA A EDITORA SCHWARCZ EM JUNHO DE 2011